黑龙江省哲学社会科学研究规划项目『中国近代科学教育发展及特点——基于物理教科书的研究（1840-1949）』（项目编号：20EDE375）

晚清中学物理教科书科学启蒙特点研究

（1840—1911）

刘志学◎著

上海交通大学出版社
SHANGHAI JIAO TONG UNIVERSITY PRESS

内容提要

本书详细论述了晚清时期中国出版、发行的中学物理教科书的发展、演变历程及其对晚清社会科学启蒙产生的历史影响。该书将晚清时期物理教科书的发展划分为鸦片战争、洋务运动、维新运动和新学制等四个时期，分别从科学知识、科学方法和科学精神三个维度，对上述四个时期物理教科书科学启蒙的特点进行梳理，形成了晚清中学物理教科书科学启蒙特点，以及其对中学物理教科书编写的建议与启示。本书适合物理教育研究者、教科书研究者、物理教师、物理专业研究生等使用。

图书在版编目（ＣＩＰ）数据

晚清中学物理教科书科学启蒙特点研究：1840—
1911 / 刘志学著. — 上海：上海交通大学出版社，
2022.7

ISBN 978 - 7 - 313 - 27916 - 3

Ⅰ.①晚… Ⅱ.①刘… Ⅲ.①中学物理课－教材－研
究－中国－1840－1911 Ⅳ.①G633.72

中国版本图书馆 CIP 数据核字(2022)第 237080 号

晚清中学物理教科书科学启蒙特点研究（1840—1911）
WANQING ZHONGXUE WULI JIAOKESHU KEXUE QIMENG TEDIAN YANJIU（1840—1911）

著　　者：刘志学				
出版发行：上海交通大学出版社		地　　址：上海市番禺路951号		
邮政编码：200030		电　　话：021 - 64071208		
印　　刷：上海文浩包装科技有限公司		经　　销：全国新华书店		
开　　本：710mm×1000mm　1/16		印　　张：17.25		
字　　数：326 千字				
版　　次：2022 年 7 月第 1 版		印　　次：2022 年 7 月第 1 次印刷		
书　　号：ISBN 978 - 7 - 313 - 27916 - 3				
定　　价：78.00 元				

前　言

　　晚清时期是中国封建社会的末期，也是中国历经多年闭关锁国之后，在列强的舰炮威逼之下被迫打开国门与世界接轨的时期。接轨的结果是西学在中国的引进和传播以及中西文化的交融。物理学是这一时期进入中国的西学代表学科，物理教科书是传播西学的主要载体，是学校进行物理教育的主要材料，更是晚清时期民众科学启蒙的重要形式之一。

　　通过整理晚清时期物理教科书的出版情况，梳理不同阶段物理教科书的文本特点，发现各个阶段物理教科书科学启蒙的特征，我们可以深化对晚清物理教科书特别是其科学启蒙（包含科学知识启蒙、科学方法启蒙和科学精神启蒙）特点、价值的认识和理解，为当前的科学启蒙工作、物理教科书建设与物理教学改革等工作提供参考和启示。

　　本书首先介绍了"科学""科学启蒙""物理教科书"等几个核心概念，明确了本研究的关键内容及其相互关系。对晚清时期科学启蒙的主要形式即科学报刊、科学展演和教科书等进行对比分析，对物理教科书在科学启蒙过程中的优势、影响和独特价值进行了阐释。

　　根据晚清时期（1840—1911）物理教科书科学启蒙特点的变化情况，结合具有重大意义的历史节点，我们将晚清物理教科书的发展分为强调科学知识的鸦片战争时期、引入科学方法的洋务运动时期、渗透科学精神的维新运动时期和趋向实用科学的新学制时期等四个时期，并对每个时期的历史背景、物理教科书编写、出版的总体情况、科学启蒙的特点和影响、具有代表性的教科书文本进行了分析和阐释。

　　鸦片战争时期是物理教科书的引入时期。在该时期，传教士是教科书编写的主体，教会学校是教科书使用的主要场所，教会学校学生和其他对西学感兴趣的知识分子是教科书的主要受众。物理教科书在发挥科学启蒙作用的同时，更多的是传教士进行"科学传教"的工具,科学的巨大威力、科学产品的强大功能是教科书的主要内容,物理教科书一般以"格致""格物"或物理学的某一分支学科的形式出现。

洋务运动时期是物理教科书的发展时期,部分开明人士和洋务派官员开始认识到物理学"格致制造"的功用,将其视为"富国强兵"的关键,大力兴建洋务学堂、组织编写物理教科书。这一时期洋务派官员主导了物理教科书原本的选用,部分国人开始参与物理教科书的翻译和编写工作。在"中体西用"思想的指导下,物理教科书成为"西用"的代表学科,成了洋务派官员"自强求富"的工具,在"中学为体"的影响下发挥着其特有的科学启蒙作用。

维新运动时期,物理教科书中所蕴含的科学思想和科学精神被维新派人士关注,成为维新人士提出维新思想、反对封建势力的有力精神武器。这一时期开办的维新学堂普遍开设物理课程,推动了物理教科书的翻译、编写工作,也扩大了科学启蒙的受众群体。甲午战争之后,在"东师日本"风潮的影响下,大量学生赴日留学,留日学生很快成为物理教科书翻译、编写的新生力量和主体,开启了物理教科书的"日译时代"。

新学制时期,物理课程成为学校的"法定课程",物理教科书的科学启蒙作用得到了更大的发挥。伴随着学制的颁布、科举考试的废除、清学部的成立,物理教科书也进入了规范化时期,物理教育的主旨、物理教科书内容的选择、编排等都"有法可依",在"适于日用生计及实业之用"的实用主义思想的主导下,物理教科书的实用属性得到了更加彻底的体现,其科学启蒙更多体现的是科学功用的启蒙。

经过对晚清物理教科书发展历程的历史性考察和文本内容分析,本书最终揭示了晚清中学物理教科书科学启蒙的影响,即物理学知识趋于系统、规范,为民国时期物理教育奠定基础,在一定程度上提升了普通民众和知识分子的科学素养;提出了晚清中学物理教科书科学启蒙的启示,即教科书编写过程要处理好教科书与意识形态的关系,要对科学精神与科学方法进行显性化处理,教科书建设要融入物理文化,坚持文化自觉、坚定文化自信。

目　录

第一章

绪　论

第一节　研究的背景

一、研究缘起

一百多年前的"新文化运动"高举"德先生"和"赛先生"两面大旗,使"科学"和"民主"思想在中华大地生根发芽,逐渐广为人知。经过"科玄之争"的大讨论,"科学"一词更是被抬高到了崇高的地位。经过一百多年的发展,我国的科研实力与日俱增,上天下海的各类先进设备层出不穷。同时,我们也需要看到,国人的科学素养整体情况依然不高,科学启蒙在中国依然处于一种"未完成"的状态。如何结合时代发展形势不断调整科学启蒙的方式、有效改进科学启蒙的效果、提升民众特别是广大学生群体的科学素养是每一位教育工作者必须面对的时代课题。

2015年,因参与工作单位基础教育教科书陈列馆建设相关工作,机缘巧合,笔者有机会接触到清末物理教科书。这些教科书有的纸张泛黄,有的还有虫蛀的痕迹,普遍使用繁体字且竖排,这些与现行教科书完全不同的形式和特点引起了我的注意。翻开这些教科书,我想起了当时学堂学生学习这些"声、光、电、化"的场景。清朝末期,经历了由"闭关锁国"到"国门洞开"的转变之后,教科书同各类科学著作、报刊等新式传媒一同承担起了民众科学启蒙的重任。相对于开明学者一般通过读书看报接受启蒙,学生群体则主要通过这些"格致"教科书接受科学的启蒙,不论是读者群体的数量还是产生的影响力,总体而言,教科书的启蒙作用均远大于科学著作和报刊。①

那么,这些教科书中的科学知识、科学方法和科学精神是通过何种方式呈现的? 教科书的内容选取的依据是什么? 哪些编著者、出版机构参与这些教科书的编写和出版工作? 这些教科书的传播和使用情况如何? 对后来的教科书产生了哪些影响? 对今天学生科学素养提升、物理教科书编写、科学教育改革又有哪些启示? 带着对这些问题的思考,我开始对晚清中学物理教科书进行专项研究。这也是本书撰著的缘起。

二、目的与意义

教科书是学校教学的主要材料,是实现教学目标的重要工具。一百多年前,著名教育家陆费逵在中华书局成立宣言中就曾说过:"立国根本在乎教育,教育根本实在教科书。"②可见当时的有识之士就已经认识到教科书在教育中的重要地位和作用。物理教科书作为学校教科书的一种,除具有普通教科书的一般属性外,同时还肩负着传播科学知识、训练科学方法、培养科学精神、进行科学启蒙的重要作用,物理教科书的编写质量将直接影响科学启蒙的效果和物理教育的质量。

在我国,自物理作为一门学科进入学校教育至今已有一百多年的历史,回望一百多年前物理教科书的产生与发展历程,有助于我们加深对当前有关问题的认识。历史是一面镜子,就如恩格斯在《卡尔·马克思〈政治经济学批判〉》中所说:"历史从哪里开始,思想进程也应从哪里开始。而思想进程的进一步发展,不过是历史过程在通向理论上前后一贯的形式上的反映;这种反映是经过修正的,然而是按照现实的历史过程本身的规律修正的。"③

近代物理学产生于西方,并于明清之际经由西方传教士引入中国。作为一种有别于我国传统文化的异质文化,物理学在中国的传播经历了漫长而又艰辛的过程。物理教科书作为传播物理学知识的主要媒介,不同时期的编写者基于自身的知识储备和对物理学的理解,结合相应的社会、历史背景,如何选择、引入相关物理学知识、设计相关内容顺序都有很大不同。这些不同都是如何呈现的,为何会有这些不同,这些不同产生了哪些影响,都值得引发我们关注。

---

① 石鸥,吴小鸥.清末民初教科书的科学启蒙[J].高等教育研究,2012,33(11):85-90.

② 宋原放.中国出版史料·近代部分[M].武汉:湖北教育出版社,2004:208.

③ 恩格斯,马克思.政治经济学批评[M]//中共中央马克思恩格斯列宁斯大林著作编译局.马克思恩格斯选集:第2卷.北京:人民出版社,1995:122.

全面梳理物理教科书早期引入中国的过程,了解其内容变化、作者编写理念和历史背景的关系,分析不同版本教科书的利弊得失,可以为当前科学启蒙、物理教育和物理教科书的编写等方向提供借鉴与参考。

三、学术价值

进入 21 世纪以来,随着课程改革的逐步深入,我国教科书开始实行"一纲多本"的审定制度,众多教科书编制机构的不同版本物理教科书纷纷涌入市场,物理教科书的多样化时代来临。分析一百多年前的物理教科书的一些主张与做法,不但可以更好地发挥教科书的作用,还可以吸取之前的经验和教训,对改进当前的科学启蒙事业、教科书编写工作和促进教育改革的不断深入与发展都具有重要意义。

1. 挖掘物理教科书的科学启蒙价值

本书将完善晚清时期物理教科书出版信息,全面梳理 1840—1911 年中学物理教科书的信息,补充、完善这一时期物理教科书的出版情况。

同时,物理教科书作为向学生传播科学知识、训练学生科学方法、培养学生科学精神、开展科学启蒙的重要载体,在当前学校教育中具有举足轻重的作用,物理教科书改革是学校教育教学改革的重要组成部分,深化对物理教科书的历史研究,是推进物理教育改革的重要前提。本书将有助于明确物理教科书在近代民众科学启蒙过程中的历史地位,丰富对物理教科书的历史研究,充分挖掘晚清中学物理教科书的科学启蒙价值,分析其对当前的物理教科书编写、科学教育改革和科学启蒙的启示。

2. 发现物理教科书的文化价值

物理学作为外来文化,如何做到近代物理学知识与本土有关物理知识的融合,挖掘物理教科书的文化价值,促进学生在学习物理知识的同时,理解并接受物理文化,形成文化自信,是对教科书编写者智慧和能力的考验。清末物理教科书的某些处理方式,值得当前教科书编写者参考与借鉴。

3. 梳理物理教科书的思想价值

教科书是教育思想和教育理念的集中体现。分析各个时期的物理教科书文本有助于我们梳理不同时期教育思想的发展与演变,如传教士译书中对宗教思想与世俗知识的处理;洋务运动时期,教科书内容对"富国强兵"理念的体现;新学制实施后,其实用思想在物理教科书中的融入与体现等。这些都可以丰富中国近代教育思想史的相关研究。

4. 梳理物理教科书中教学方法的体现

教科书除了可以体现教育思想,还可以体现相应的教学方法。我国传统教育的教学内容主要是儒家经典,主要的教学方法是背诵和铭记。早期物理教科书重视知识的系统性和明确性,很多教科书都是知识的罗列,且有很多问答体例的教科书出现,为开展问答法教学提供了方便,适应了传统教学方法的现代转型。之后的教科书特别是译自日本的教科书开始注重教学方法的引入,赫尔巴特的五段式等教学方法被引入中国课堂教学,而且直观教学、演示教学和实验教学逐步受到重视,并在部分物理教科书中有所体现。深入研究物理教科书的发展过程,可以帮助我们梳理不同时期各种教学方法在我国学校教育中的运用情况,有助于相关理论研究的开展。

四、研究现状

一直以来,教科书被视为现成的真理,是只能供师生被动使用的教学材料,教科书的权威地位使其成为经典。这与课程改革相关研究的不断深化与发展格格不入。有学者不禁大声疾呼:教科书这样重要的、不该忽视的教学文本,却极少引起研究者的关注,最不该忽视的研究却被忽视了。①

近年来,人们对教科书的研究逐步深入,许多学者从历史学、出版学、教育学、社会学等不同的视角对教科书的萌芽与诞生、发展轨迹、编审制度、内容设计、出版机构、中外对比研究、作用功能等进行了研究,研究成果不断丰富。

国内关于清末民初时期教科书研究首屈一指的是首都师范大学石鸥教授的研究团队。该团队自20世纪开始,即开展了老旧教科书的收集、整理、研究工作,截至目前已收集各个时期的教科书近30000册,正在筹建教科书博物馆,且每年举办教科书论坛,开展教科书研究和学术交流活动,促进了国内教科书研究的不断深入发展。石鸥教授团队编辑、出版的《中国近现代教科书史》《中国近代教科书图文史》和《教科书评论 2019》系列图书等,都是开展教科书研究工作的重要工具书和参考资料。2010 年,由人民教育出版社牵头、众多科研机构参与开展的国家社科基金项目"中国百年教科书整理与研究"立项建设,经过大量学者多年的努力,该项目取得了较为丰硕的研究成果。但该团队的研究成

---

① 石鸥.最不该忽视的研究——关于教科书研究的几点思考[J].湖南师范大学教育科学学报,2007
(9):5-9.

果分散,系统性不强。内蒙古师范大学科学技术史研究院针对数学教科书的发展历史开展了很多卓有成效的系统研究,聂馥玲等针对《重学》等部分清末物理教科书进行了深入的研究,但并未对晚清物理学教科书的发展历程和科学启蒙等问题开展研究工作。

对相关的研究成果进行梳理可以发现,对于教科书的宏观研究较多、微观研究较少,多数研究都基于历史学、出版学或社会学视角,从近代教科书在我国社会转型、国民启蒙、国民常识建构等方面作用开展研究,而针对教科书与科学启蒙、与教育教学适应情况、教科书内容演变情况、教学思想对教科书编译产生的影响等教育学方面研究涉及较少;教科书研究学科一般关注社会科学学科,如修身、语文、政治、历史等,而对于物理、化学、生物等自然科学学科的研究较少。教科书研究一般为文本研究,研究需要大量的一手资料支撑,但鉴于清末民初至今年代久远,很多老旧教科书散落民间,一手资料收集困难,当前很多研究都是结合他人的研究成果开展的,其结果的可信度难以保证。针对物理教科书的相关研究,目前国内已初步形成了一批研究成果,如宏观教科书发展史、中国物理教育发展史、中外物理学交流史等,但尚未对现代物理学刚刚传入中国的清末时期物理教科书科学启蒙情况、发展情况进行深入、系统的研究。本书将针对这一现状开展工作,力争完善物理教科书发展研究历程,发现物理教科书的科学启蒙特点,挖掘物理教科书的科学启蒙价值,丰富物理教科书史研究,为其他学者深入开展物理教科书研究、物理教育教学历史研究奠定一定的基础。

第二节　　研究方案

一、研究的主要内容、基本观点、重点、难点

1. 有关问题的界定

时间:本书研究时间范围为晚清,具体以 1840 年鸦片战争开始至 1911 年辛亥革命爆发,时间跨度为 72 年。

中学:1904 年壬寅、癸卯学制颁布之前,我国没有统一的学制体系,各类学校各自为政,互相之间缺少衔接,新学制颁布之后才开始出现小学、中学和高等学堂之分。因此,将新学制之前除蒙学和明确高等学堂之外的教育,笼统称为

中学教育,新学制之后,以实际情况为准。

物理:1900年藤田丰八和王季烈编译的《物理学》面世后,我国才开始正式出现以"物理学"命名的教科书,之前一般以"格致""格物"或"重学""光学"等物理学的某一分支学科命名的教科书,因此笔者将研究时间范围内的、涵盖相关物理学知识的教科书均纳入研究范围。

教科书:本书研究仅限于教师教学、学生学习使用的教学用书,不包含教授书、教学参考书、习题册等教学辅助资源。

启蒙:启蒙主要是指启迪和教育儿童,消除蒙蔽,恢复光明;一般是指传递知识,使人从无知变为有知。在现代的中国语境中,启蒙的要点是使初学的人得到基本的、入门的知识。

科学启蒙:科学启蒙即传播科学,提升民众的科学素养;具体而言就是传播科学知识、训练科学方法、塑造科学精神。科学知识包括科学理论、科学产品、科学应用等;科学方法一般是指人们在认识世界和改造世界过程中采取的符合科学原则的方式和手段,主要有观察、实验、归纳、演绎等方法;科学精神是人们在长期的科学实践活动中形成的共同信念、价值标准和行为规范的总称,主要有不畏艰险、勇于创新、挑战权威、批评质疑等。

2. 研究内容

本书研究的主要内容为晚清中学物理教科书,首先全面梳理72年间出版发行的一百多种物理教科书,对这些教科书根据出版时间和编写主体进行分类和整理,将清末物理教科书发展分为鸦片战争时期、洋务运动时期、维新运动时期和新学制等四个时期,之后对每一个时期的教科书的基本情况进行总体概括,对其产生的历史背景、社会思潮进行分析,并选取部分有代表性的教科书进行个案分析,总结其中的内容的选取、知识的排布情况,整理其中科学知识、科学方法、科学精神的体现情况,形成各个时期物理教科书科学启蒙的特点及其历史影响。

结合当时的时代背景、社会思潮和教科书的编者情况和出版机构特征,分析不同教科书所反映的不同的编写理念。例如:鸦片战争时期,强调科学知识的罗列和应用物理学知识制作的各类器械和新近发明,意在展示科学的魅力,吸引国人的关注,借此宣传宗教。洋务运动时期,则要践行"师夷长技以制夷"的理念,根据"中体西用"的原则,在努力传播物理知识的同时,注意物理学的应用,重在通过物理学实现"富国强兵"。维新运动时期,留日学生成为教科书编写主体,开始注重教学方法的渗透。新学制时期则以学堂章程为依据,各个版本的教科书编写、出版都尽量按照章程要求:"使知自然形象并其变化之法则及人生之关系,以备他日讲求农工商事业及理财之源。"①这体现了教科书编写的实用目的。这也完成了外来文化输入由"器物阶段"到"制度阶段"的转化,这一转化最终在新文化运动期间,通过胡适、李大钊、陈独秀等人的不断呼吁和倡导,实现了向"文化阶段"的转型,进而实现了以物理学为代表的西方近代科学在中国的生根发芽,为广大民众所接受和理解。

科学素养一般可以分为科学知识、科学方法和科学精神三个层面。不同时期的物理教科书中,对这三个层面都有所涉及,但是基于不同编写理念编制的教科书,在这三个层面的体现方式和侧重又各不相同。早期传教士编写阶段有意无意地都会渗透部分宗教思想,其更多的是将物理学作为传播宗教的工具,侧重于其科学产品的展示,现代科学诞生于基督教国家,信仰基督教即可更好地理解科学、利用科学,进而可以进入发达国家行列,使大清国不至于亡国灭种;洋务运动时期,那时的人们强调物理学知识是建造坚船利炮的利器,学习物理学可以实现"富国强兵",故而一般重视各类矿山机械、枪炮制造等实用性较强的知识;维新运动时期,通过留日学生对日本物理教科书的翻译、引入,教科书对科学方法逐步予以重视;新学制时期,人们更加注重物理知识的使用价值,传播科学知识成为教科书的主要目的。

纵观晚清中学物理教科书的发展历程,作为整体的科学知识、科学方法和科学精神,在不同时期的受重视程度各不相同,这种偏差造成了国人对物理的片面理解,即将科学看成现成的科学知识或知识体系,对科学方法和科学精神等科学自身的本质(nature of science)理解不够深刻。这样就造成了学习方法上注重以背、记为主,解决实际问题的能力差,科学的思维方式难以形成,对实证、质疑等科学精神理解不到位。这些问题在当前物理教学乃至科学普及过程中都有所体现,且都可以从物理学教科书引入中国之初找到原因,因此有必要对这一时期的物理教科书发展历程进行深入的梳理与探讨。

3. 基本观点

物理学作为自然科学的重要组成部分,在近代自然科学的形成和发展中具有举足轻重的地位。物理教科书作为传播科学知识、训练科学方法、培养科学精神的主要载体,在对国人进行科学启蒙方面发挥了重要作用。早期作为西方

① 陈元晖,璩鑫圭,唐良炎.中国近代教育史料汇编-学制演变[M].上海:上海教育出版社,2007:331.

传教士传播基督教的工具,物理教科书即被赋予了吸引国人眼球、向国人展示现代科学威力的属性,其主要内容为现成的科学知识以及各类依据科学原理而制造的各类工具和机器。洋务运动时期,物理教科书成为洋务学堂的教学材料,根据洋务派官员"师夷长技以制夷"的主张,物理教科书成为"师夷"的工具,物理教科书承载了洋务派官员的"富国强兵"梦想,其继续强调科学知识的巨大威力,重点关注其在舰船、枪炮、工矿、生产中的众多应用。甲午战败,洋务运动破产,物理教科书发展进入"东师日本"时期,留日学生开始参与物理教科书编译工作并逐步成为教科书编写的主要力量。他们在关注科学知识的同时,积极吸取日本物理教科书编写的特色,注重将教育思想和科学方法教育融入教科书中,促进了物理教科书的发展。1904 年,癸卯学制正式颁布,物理教科书进入新学制时期,基于清政府得真确之知识,使适于日用生计和实业之用的指导思想,物理教科书的实用属性继续加强,物理教科书以明确知识为主体、以实际应用为导向的编写理念得以确立。[①]

首先,中学物理教科书的编制队伍由英美传教士与中国学者合作编译、留日学生翻译到留日学生独立编译、中国学者独立编译教科书编写工作,体现了早期学者的文化自觉,物理教科书的编译工作也从被动接受转为主动选择,促进了物理教科书的中国化进程。

其次,西学东渐时期西方传教士引入了西方物理学教科书,洋务运动时期开始,国人开始参与教科书编译,东师日本时期出现了留学生编译教科书的热潮,新学制之后,教科书发展出现了黄金二十年,可见物理教科书的发展一直都受到各种社会思潮的影响。[②] 物理教科书的广泛使用,促进了民众科学素养的提升。同时,它也对社会思潮的产生与发展起到了一定的推动作用,科学教育与社会思潮形成了相互促进的双向互动关系。

最后,物理学作为从西方引入的学科,其引入以后一直受到中国传统思想的影响,从早期的"道器之辨",到"中体西用",再到后来"科学救国"和"科学万能论"的提出,人们对以物理学为代表的西方科学的理解一直存在偏差,导致物理教科书的编写理念一直存在重应用轻原理、重演绎轻归纳、重科学知识轻科学方法和科学精神等不足。这些问题在不同时期不同版本的物理教科书中均

①　陈元晖,璩鑫圭,唐良炎.中国近代教育史料汇编-学制演变[M].上海:上海教育出版社,2007:331 - 335.

②　吴小鸥,褚兴敏.中国现代教科书发展的"黄金二十年"[J].宁波大学学报(教育科学版),2014,36 (4):16 - 22.

有所体现,并对我国的科学启蒙事业、科学教育的发展等产生了很大的影响。

4. 研究重点

物理教科书与科学启蒙的关系。物理教科书是学校进行物理教育的主要教学材料,在晚清时期的物理教科书不仅供学堂学生使用,学生家长也可以通过学生的介绍,了解部分物理学知识,很多晚清的知识分子也通过西学教科书了解了西方自然科学。因此,晚清的物理教科书不仅发挥了物理教育教学材料的功能,同时也是对民众进行科学启蒙的重要载体。如何深入分析物理教科书文本的科学启蒙特点,梳理教科书与科学启蒙间的关系,是本研究的一个重点问题。

教科书文本的梳理、选择与使用。经考证,晚清共出版中学物理学教科书100 种以上,如何在清末共计 100 多种物理教科书中选取具有代表性和研究价值的教科书对本研究至关重要,为本研究另一重点问题。鉴于此,笔者认为具有代表性的教科书应起码具备如下条件:编写者为当时知名学者,具有一定的学术影响力,如西学东渐时期的傅兰雅、丁韪良,东师日本时期的杜亚泉、陈榥、陈文哲等编译的物理教科书;在当时产生重大影响即教科书使用范围广、发行量大,影响深远,这些可以通过其他资料印证或查看教科书版权页上的出版印刷信息获取其使用情况。

5. 研究难点

教科书文本的收集与整理。教科书文本是教科书研究的原始材料,如没有一手教科书文本作为支撑,而基于他人的研究使用二手材料开展研究,其研究结果的可信度和原创性将受到影响。晚清出版的物理教科书大多散落在民间,保管不善,寻找困难;有的教科书仅存在于部分文献或宣传广告中,未发现实际文本。据笔者分析,其原因有二:一是有可能发行量较少,存世量更少,确实遗失;二是教科书广告为尚未发行的教科书造势,仅为教科书出版计划,但实际可能并未出版发行。如后藤牧太在《物理学课本》(1907)的书后就附有 15 页的教科书广告,涉及各个学科教科书 64 种,其中提到的部分物理学教科书就无法找到,且在其他研究文献中也没有提及,很可能即属于后一种情况。如何有效收集足够的教科书文本材料是顺利开展本研究的重点,也是一个研究难点。

文本材料的分析与梳理。清末时期的教科书和当时的报刊材料的原始文本均为繁体字,当前研究所用的教科书文本大多数为扫描版本或复印版本,模糊不清,难以辨认。如何在浩瀚的文本中找到有价值的文字材料,开展研究工作,做好文本分析,需要付出大量的时间和精力,同样是本书研究的难点。

物理教科书文本的理解与使用。如何将跨越七十多年的百余本物理学教科书与社会学、历史学、教育学、心理学、科学哲学等学科联系起来,基于多个版本的教科书文本,对其进行整体分析与把握,形成清晰的脉络和可信的结论,对研究者的学术能力和学科素养提出了较高的要求。

二、创新之处与研究方法

1. 创新之处

全面梳理 1840—1949 年中学物理教科书信息,补充、完善这一时期物理教科书的出版情况。王冰的《中外物理交流史》(2001)、《明清时期(1610—1910)物理学译著书目考》(1986),咏梅、冯立昇的《清末译自日文的物理学书籍考》(2012),毕苑的《建造常识:教科书与近代中国文化转型》(2010)、北京图书馆的《民国时期总数目(中小学教材卷)》(1995)、王有朋的《中国近代中小学教科书总目》(2009)等均对晚清的教科书信息进行了统计,但大多不完整,且有的信息有误,有的无法查找到实物文本。因此,通过对这一时期的中学物理教科书的信息进行梳理、校对,我们可以整理一份相对完整的教科书信息统计表,为有关研究提供教科书信息参考。

当前的教科书史研究一般集中于宏观研究或针对部分社会科学学科的教科书史研究,而自然科学教科书史相关研究,特别是物理教科书史研究相对薄弱。本书研究以清末中学物理教科书为研究对象,分析物理教科书科学启蒙特点,明确了物理教科书在近代民众科学启蒙过程中的历史地位,丰富了物理教科书的历史研究。

充分挖掘晚清中学物理教科书的科学启蒙价值,分析其对当前的物理教科书编写、科学教育改革和科学启蒙的启示。

2. 研究方法

文献法:通过收集、整理有关教科书文本等文献开展研究,全面查阅有关教科书特别是物理教科书、清末时期物理教科书的研究著作、硕博论文、学术期刊等,全面了解当前研究现状,熟悉当前研究者普遍关注的教科书研究热点,常采用的研究方法及取得的研究成果,为本书研究提供借鉴和参考,避免选题不准确或重复前人研究活动,并根据文献的查阅情况,完成论文撰写工作。

文本分析法:对物理教科书文本进行分析,了解不同时期、不同版本教科书中物理概念的引入方式、教学内容编排形式和例题、习题的设计形式,发现晚清物理教科书的科学启蒙特点和发展、演变规律,分析其背后的原因,梳理影响教科书发展的主要因素,形成相关研究结论。

比较研究法:该方法可分为共时性比较和历时性比较。共时性比较主要比较同一时期不同版本、不同作者、不同出版机构的物理教科书文本,发现各个版本教科书的差异和各自的优缺点,发现该时期物理教科书的发展水平和特色教科书的优势之处。历时性比较主要比较同一出版社或同一作者不同时期的物理教科书,通过比较发现物理教科书内容和形式的演变过程,分析演变的原因及产生的影响,梳理教科书发展的脉络与轨迹。经过共时性和历时性的比较,我们可以全面了解清末物理教科书的全貌,发现其科学启蒙的特点和价值等。

第三节　文献综述

一、国内研究情况综述

1. 清末民国时期的教科书研究

教科书是学校教育中教师教学、学生学习的重要材料,但在中国传统教育中,教科书以蒙学读物和儒家经典著作为主。具有现代意义的教科书出现在清末,关于教科书的研究也开始于清末。早期的教科书研究一般仅对教科书的编制、使用和出版发行情况进行介绍,且散见于传教士、中国民间、官方进行的各类教育统计、教育年鉴以及创办的教育杂志中。之后,教科书研究逐步规范化、系统化,研究成果的数量不断增加、质量不断提高。

(1)教科书研究有关著作。

清末的教科书研究较为肤浅,尚未形成较为系统的教科书研究体系,一般都出现在目录学著作中。如:梁启超著的《西学书目录》(1896)、《西学书目表》(1903),傅兰雅撰的《江南制造局翻译西书事略》(1880),梁启超撰的《西书提要》、《西学书目表》(1896)、《日本书目志》(1897),卢靖撰的《增订西学书目表》(1897),沈桐生撰的《东西学书录提要总叙》(1897),黄庆澄撰的《中西普通书目表》(1898)、《上海制造局各种图书总目》(1899),徐维则撰的《东西学书录》(1899),顾燮光撰的《东西学书录(增订本)》(1902)、《译书经眼录》(1904),沈兆炜撰的《新学书目提要》(1903),王景沂撰的《科学书目提要初编》(1903)、《江南制造局译书提要》(1909)等。这些基本上都是目录学著作。这些著作对当时引入的教科书进行了简单的评述,相对客观地反映了时人对教科书的一般看法,具有一定的代表性和参考价值。

在民国时期,相关著作相继出版发行,如:1925 年周予同等著,上海商务印书馆出版的《教材之研究》;1934 年张宗麟编著,上海黎明书局出版的《乡村小学教材研究》;1935 年朱杨、俞子夷合著,上海儿童书局出版的《新小学教材研究》;1948 年现代教学社编辑、上海华华书店出版的《小学教科书的改革》等,均属早期教科书研究著作,开启了我国教科书研究的先河。

(2)涉及教科书的教育资料汇编。

清学部总务司编的《光绪三十三年第一次教育统计图表》(1907)、《光绪三十四年第一次教育统计图表》(1908),清学部编的《初等小学教授细目》(1909),直隶学务公所总务课编的《治理教育统计表图》(1908)等对清末学校教育及教科书使用情况进行了统计。民国教育部自 20 世纪 30 年代开始进行了两次大规模的教育统计工作,并将统计结果以年鉴的形式公开发表,分别为 1934 年上海开明书店出版的《第一次中国教育年鉴》,1948 年上海商务印书馆出版的《第二次中国教育年鉴》。在《第一次中国教育年鉴》中单列了"教科书之发刊概况",对清末至 20 世纪 30 年代以来学校教科书的产生与发展情况进行了详细的描述;在《第二次中国教育年鉴》中对 1934—1948 年中学教科书的编审情况进行了统计,两次教育年鉴对全面了解清末民国教科书出版、审定、发行具有重要的参考价值。

(3)部分期刊、报纸对教科书的相关报道。

自清末开始,具有发行量大、时效性强的现代信息传播形式如期刊、报纸陆续涌现。传教士成立的"学校教科书委员会"的机关刊物《教务杂志》(The Chinese Recorder)就曾刊出了许多关于教科书研究的相关文章。清末学部发行的《学部官报》、著名教育家罗振玉创办的《教育世界》、商务印书馆创办的《教育杂志》、直隶学务处创办的《直隶教育杂志》等都有对当时教科书相关法令、教科书编译、发行情况的报道。其中,《学部官报》主要报道清政府对教科书的法令、规定,学部对教科书的审定情况及审定评语;其他刊物主要报道对教科书编译、使用情况、教科书特点介绍及教科书使用指导、征订、刊发广告等。通过对当时教育类期刊、报纸的查阅和研究,我们可以从官方和民间两个侧面了解当时教科书有关政策、法规,教科书的编译、出版、审定、发行、使用、评价等各个方面信息。

2. 近年来教科书的相关研究

(1)基于历史学角度的教科书研究。

王余光以图书史的视角,对近代新式教科书的思想内容、组织形式等做了简要论述,认为中国近代新式教科书诞生于 1868 年前后,并以 1919 年为界,将整个近代教科书划分为发生与发展两个阶段。① 王建军从中国教科书近代化发展历程的视角,对从清末西方传教士翻译西学教科书开始,洋务学堂、新式学堂、各大民间印书馆、学部编书处到民国时期的自编教科书和教科书审定制度等进行了论述,指出了教科书发展受制于社会政治、经济等因素,中国教科书的近代化历程体现了中西文化冲突,教科书编写者的素质也制约着教科书近代化的进程。② 但该书对清末教科书发展的重要力量即留日学生的教科书编译工作鲜有介绍,为一缺憾。

毕苑对近代教科书在中国文化转型过程中的重要作用进行了研究,对各个时期具有代表性的教科书进行了分析,指出教科书的编审制度在教科书发展中逐步走向成熟。③ 曲铁华和于桂霞对近代教科书的发展历程进行了梳理,认为中国近代中小学教材经历了洋务运动、维新运动、民初教育改革和新文化运动等不同的发展阶段。其中,白话文教材法定性地位的确立,标志着教科书由近代向现代的根本性转变。④

石鸥和吴小鸥根据教科书各个时期的发展特点,将中国近现代教科书发展史共分为西学开放与西学教科书之引进(1840—1896)、中国近现代教科书之开端(1897—1911)、中国现代教科书之定型(1912—1927)、教科书的模式化时期(1927—1937)、国统区和沦陷区的教科书(1937—1949)、共产党领导的根据地教科书(1927—1949)、新中国初期的教科书(1949—1957)、教科书的放权探索与品质提升(1958—1966)、新中国教科书之变异(1966—1976)、教科书的恢复与发展(1976—1986)、教科书多样化的制度启动与实践探索(1986—2000)、教科书的繁荣时期(2000—2010)等 12 个时期,对从清朝末年的鸦片战争(1840)开始至 21 世纪新课改时期(2010)共计 170 年的中国近现代教科书的产生、发

① 王余光.近代我国新式教科书的产生和发展——中国近代图书史论之一[J].图书馆学刊,1984(2):75-78.
② 王建军.中国近代教科书发展研究[M].广州:广东教育出版社,1996.
③ 毕苑.建造常识:教科书与近代中国文化转型[M].福州:福建教育出版社,2010.
④ 曲铁华,于桂霞.中国近代中小学教材的改革[J].教育研究,2006(4):65-70.

展、代表作品、影响因素及其产生的影响进行了全面的梳理和展示。① 该书史料翔实、论理清晰,是开展教科书研究不可或缺的工具书,但该书以粗线条的宏观论述为主,并未涉及具体学科教科书的微观视角,如对物理学科教科书的产生与发展情况论述较少。

此外,郑逸梅、周士林、吕达、熊承涤、曾天山、吴洪成、山人、齐红深等都对中国近代中小学教科书发展历程进行了研究。这些研究对全面了解中国近代教科书的产生与发展过程具有一定的借鉴意义和参考价值。

施若谷对晚清时期西方物理学在中国的传播特点和产生的影响进行研究,指出中国科学技术发展的关键不仅是引进和吸收先进成果,更重要的还在于自主创新。②

蔡铁权对我国近代科学教科书的发展演变进行了研究,并将这一历程分为西书译介和自主编撰两个时期,分别对两个时期科学教科书的发展特点和代表作品、出版机构进行了介绍,指出科学教科书的发展促进了教育的近代化。③④

笔者对晚清时期中学物理教科书的总体情况进行了梳理,形成了1840—1911年中学物理教科书出版统计表,将这一时期的物理教科书发展分为滥觞期(1840—1899)、发展期(1900—1904)和规范期(1905—1911),并对各个阶段教科书的特点进行了整理。笔者指出,历经这三个阶段的发展,我国中学物理教科书实现了从译著到编著、从移植到创生、从无序到规范的历史性转变。⑤笔者对清末留日学生编译的物理教科书进行了整理,日译物理学教科书注重学生科学观的培养和实验的作用,关注教学方法指导,大量使用插图,注意规范度量衡和物理学名词,并对部分原版内容进行了调整,促进了物理学知识在中国的普及,对我国现代物理教育的产生与发展具有重要意义。⑥

(2)基于出版学角度的研究。

汪家熔从出版史的角度对从清末到民国时期的出版、发行情况进行了论述,其关注点在于参与教科书出版发行的商务印书馆、中华书局等出版社,张元济、高梦旦、王云五等重要人物及具有代表性的教科书。该书注重史料的收集

①　石鸥,吴小鸥.中国近现代教科书史[M].长沙:湖南教育出版社,2012.
②　施若谷.晚清时期西方物理学在中国的传播及影响[J].自然辩证法研究,2004(7):85-88.
③　蔡铁权.我国科学教科书之近代递嬗:西书译介时期[J].全球教育展望,2015(3):98-106.
④　蔡铁权.我国科学教科书之近代递嬗:自主编纂时期[J].全球教育展望,2015(6):104-112.
⑤　刘志学,陈云奔,张磊.晚清时期中学物理教科书发展及其特点[J].物理教学.2017,39(8):73-78.
⑥　刘志学,陈云奔.清末日译中学物理学教科书及其特点研究[J].自然辩证法通讯,2017,33(9):102-107.

与使用,以民族魂为主线,以教科书在塑造国民精神、促进民族觉醒中的巨大作用为重点,展示了中国近代教科书的变迁历史。① 但该书论述重点为语文、修身等学科教科书,对物理、化学等理科教科书涉及较少。

史春风对中国近代教科书出版重镇——商务印书馆在中国近代文化转型与发展中的重要作用进行了研究,部分章节对该馆的近代教科书出版情况进行分析,总结了商务印书馆出版的教科书在清末社会文化塑造中的作用②,但其中对物理教科书的专门论述较少。

咏梅、冯立昇对译自日文的物理学书籍进行了考证,指出清末 61 种译自日本的物理学书籍中,教科书占 57 种,为翻译的主体,大量日本教科书的引入是中日文化交流的产物,是国家层面推动教育改革的结果。③ 王扬宗对晚清科学译著进行了考证,对《博物通书》《声论》等清末科学译著的作者、出版、主要特点等进行了论述。④ 王扬宗还对江南制造局的翻译书目进行了考证,指出该馆译书有 183 种,已译未刊译书有 40 种。⑤ 研究发现,19 世纪末到 20 世纪初是物理学知识普及阶段,大量译著纷纷出版,且其中教科书数量占三分之一左右。⑥上述成果对开展晚清教科书研究提供了文献基础和史料支持。

关晓红对晚清学部的建立、发展、职能等进行了系统研究,对学部教科书编撰、审定工作进行阐述,指出学部的教科书编撰工作虽成效不大,但通过加强教科书的审定工作,规范了清末的教科书发展,统一了部分科学名词,维护了教科书的权威地位。⑦

王广超对中国第一本国人自主编译的物理学教科书《物理易解》进行了研究,认为该书适应了当时新式教育所需,在当时发行量较大,但后期因该教科书自身质量问题,逐渐退出了历史舞台。⑧ 王广超还对王季烈译编的《近世物理学教科书》和《共和国教科书物理学》进行了研究。这两本书出版于不同年代,经过对比分析可发现,作者顺应时代变化,调整教学内容是其所编写教科书长

① 汪家熔.民族魂:教科书变迁[M].北京:商务印书馆,2008.
② 史春风.商务印书馆与中国近代文化[M].北京:北京大学出版社,2006.
③ 咏梅,冯立昇.清末译自日文的物理学书籍考[J].自然辩证法通讯,2012,34(3):44-49.
④ 王扬宗.晚清科学译著杂考[J].中国科技史料,1994(4):32-40.
⑤ 王扬宗.江南制造局翻译书目新考[J].中国科技史料,1995(2):3-18.
⑥ 王冰.明清时期(1610—1910)物理学译著书目考[J].中国科技史料,1986(5):3-20.
⑦ 关晓红.晚清学部研究[M].广州:广东教育出版社,2000.
⑧ 王广超.清末陈榥编著《物理易解》初步研究[J].中国科技史杂志,2013,34(1):27-39.

盛不衰的主要原因。① 咏梅对饭盛挺造著,藤田丰八、王季烈翻译的《物理学》的内容设计、编排知识等特点进行了研究,并认为该教科书知识结构设计合理、逻辑严密,在中国物理教育史上具有重要地位。② 吴小鸥对傅兰雅编著的《格致须知》在中国近代教科书发展中的地位和作用进行了论述,指出该套教科书虽存在要素不全等不足,但其没有以科学证明宗教,关注科学实验和方法,强调儿童的认知规律,在中国近代知识分子的形成过程中具有重要作用。③

(3)基于文化学角度的研究。

部分研究者进行了文化学视角的清末教科书研究,针对物理教科书的研究重点是基于文化交流。熊月之在其著作中全面展示了以传教士为代表的西方文化传播者,在晚清社会开办教堂、学校、医院、译书馆,传播西方现代科学,编译西方科学著作、教科书的历史画面,并对其在晚清中国社会产生的深远影响进行了评价。④ 书中对于传教士的译书情况、教会学校、新式学堂的课程开设情况的论述对本书具有重要参考价值。

咏梅对清末民初中日两国物理学交流情况进行了研究,中日两国物理学交流的主要中介即为物理学教科书,通过对从早期日本翻译中国物理学教科书,到中国大量翻译日本物理学教科书、派遣留日学生、聘请日本教习到中国教授物理学,到后期"东师日本"热潮的减退的论述,得出了要注重教育制度的整体性、合理性,科技交流要注意本国文化等观点。⑤ 该书关注点在于中日两国物理学的交流方面,仅关注了藤田丰八、王季烈编译的《物理学》等少数几本具有代表性的物理学教科书,但其对于了解中日物理学交流情况、汉译日本物理学教科书情况具有一定的启发意义。

武际可对从明末清初西方现代力知识的传入开始,直至中华人民共和国成立结束,这一历史时期力学知识在中国的传播情况进行了论述,其论述范围涵盖传播力学的著作、教科书和期刊报纸,物理学教科书仅为其中的一种,且涉及的教科书仅为较有代表性的几种。⑥

胡浩宇以晚清时期传入中国的西方物理学知识为线索,对晚清时期编译的

① 王广超.王季烈译编两本物理教科书初步研究[J].中国科技史杂志,2015(2):191-202.

② 咏梅.中国第一本《物理学》内容研究[J].内蒙古师范大学学报(自然科学汉文版),2006(12):499-503.

③ 吴小鸥.《格致须知》与中国近代新式教科书[J].教育学报,2011(6):112-119.

④ 熊月之.西学东渐与晚清社会[M].上海:上海人民出版社,1994.

⑤ 咏梅.中日近代物理学交流史研究:1850—1922[M].北京:中央民族大学出版社,2013.

⑥ 武际可.近代力学在中的传播与发展[M].北京:高等教育出版社,2005.

物理学著作、教科书、报刊进行了考察,并对其在晚清中国社会产生的影响进行了论述。该文对研究晚清物理学教科书提供了部分线索,但其对具体物理学教科书的论述涉及不多且论述不深刻。[①]

(4)基于教育学角度的研究。

石鸥和吴小鸥对清末民初的教科书科学启蒙价值进行了探讨,将教科书的科学启蒙分为首倡期、鼎盛期、稳定期等三个时期,指出清末教科书在促进中国近代学术转型,引介科学常识和现代文明等方面的重要作用。[②] 王海英认为,清末民初小学科学教科书将近现代自然科学内容引入教科书体系,这在促进中华民族的科学启蒙事业,促进西方现代科学知识在中国的推广和普及方面,迈出了坚实的一步。[③]

吴小鸥和李想对"蒙学科学全书"在 20 世纪初的科学启蒙价值进行了分析,指出该书明确了学科概念和知识分类,彰显了中国学术由四部之学到分科之学的转型;下移中国科学启蒙的重心,大量普及科学常识;突出科学研究的基本方法,特别强调试验与观察;全面规范"教科书"要素;分化了科学译著与教学用书;渗透教育学、心理学知识,提升了教科书编制的科学化程度。[④]

陈旭麓认为,近代中国的启蒙者接受的启蒙主要有,阅读西书、参观租借和海外留学三种方式,并指出启蒙的激扬理性、启迪民智、反对专制、反对迷信、反对愚昧,在于改变传统的生活方式、观念意识、伦理精神、行为模式与思维方式,对两三千年的中国传统社会来说,是具有特殊意义的。[⑤]

陶亚萍对京师同文馆的物理学教育进行了研究,对同文馆物理学学科的设置、教科书的使用、师资情况、考试制度和试题等进行了介绍,指出了同文馆物理学教育的历史地位,并对教科书内容陈旧、不系统、缺乏创新等问题及原因进行了探讨。[⑥] 仲扣庄对 20 世纪前期高中物理教科书中近代物理内容进行了研究,指出 20 世纪前期,高中物理教科书中近代物理内容总体呈逐步增加的趋势,在及时反映物理学的最新成果等方面表现比较突出。但教科书中对近代物理学术语的翻译较为混乱,在新文化运动倡导白话文多年后,仍用文言文叙述,

① 胡浩宇.晚清时期西方物理学在中国的传播与影响[D].广州:中山大学,2007.
② 石鸥,吴小鸥.清末民初教科书的科学启蒙[J].高等教育研究,2012,33(11):85-90.
③ 王海英.致知在格物——清末民初科学启蒙教科书[N].中华读书报,2012-8-15(14).
④ 吴小鸥,李想."蒙学科学全书"与 20 世纪初的科学启蒙[J].教育学报,2012(10):118-128.
⑤ 陈旭麓."戊戌"与启蒙[J].学术月刊,1988(10):43-49.
⑥ 陶亚萍.京师同文馆中的物理学教育研究[J].内蒙古师范大学学报(自然科学汉文版),2005(9):341-347.

落后于时代。①

王冰对明清时期的物理学术语的发展、演变、审定与统一情况进行了研究，指出物理学名词的发展和演变与物理学知识的学习和吸收息息相关，经过多年的发展，直至 20 世纪 30 年代趋于规范和统一。②③

（5）从社会学角度的研究。

于冰和于海波对物理教科书插图的性别文化进行了研究，发现物理教科书插图中对人物表征存在明显的性别差异，表现为不平等的性别文化，会再生产不平等的性别关系。教科书编者应对教科书插图设计加以改进，消除其中的性别歧视和性别偏见，创建平等的性别文化氛围。④ 毕苑认为，教科书是近代中国社会文化交流与变迁的产物，承担了近代民族认同和国民塑形的教育使命。⑤ 吴小鸥认为，清末民国教科书是近代中国社会变革的策源地，并对清末民国教科书影响社会变革的原因、途径和方式、程度等进行了论述。⑥

于冰对教科书的意识形态问题进行了研究，认为物理教科书作为一种教育文本，具有极为深刻的意识形态属性；物理教科书并非总是反映官方的意识形态；物理教科书中的意识形态具有隐蔽的特点。于冰建议，有必要从意识形态视角审视教科书，保持对教科书意识形态问题的高度敏感，提高物理教科书的设计质量。⑦

二、国外研究情况综述

1. 国外教科书研究代表人物及其代表作品

迈克尔·阿普尔(Michael Apple)是美国教科书研究方面的代表人物，他在《教师和文本》(1986)和《官方知识》(1993)等著作中，对教科书生产和消费中充满文化霸权的历程进行了批判分析。他和琳达·克丽斯蒂安—史密斯

① 仲扣庄,郭玉英,彭征.20 世纪前期高中物理教科书中近代物理内容介绍与评析[J].课程·教材·教法,2014,34(5):98－104.
② 王冰.我国早期物理学名词的翻译及演变[J].自然科学史研究,1995(3):215－226.
③ 王冰.中国早期物理学名词的审订与统一[J].自然科学史研究,1997(3):253－262.
④ 于冰,于海波.教科书的文化再生产:物理教科书插图的性别文化分析及反思[J].当代教育与文化,2015,7(5):79－83.
⑤ 毕苑.从《修身》到《公民》:近代教科书中的国民塑形[J].教育学报,2005(2):90－95.
⑥ 吴小鸥.浸润与激荡——清末民国教科书对社会变革之影响[J].湖南师范大学教育科学学报,2007(9):19－24.
⑦ 于冰.中学物理教科书的意识形态研究[D].长春:东北师范大学,2015:160－162.

(Linda Christian-Smith)合编的《教科书政治学》(2005)强调了教科书的双重特征,即一方面教科书是强势群体用以构建社会文化的工具,另一方面教科书同时也是大众揭露学校知识选择性的手段。①

国际教科书研究组织副理事长福尔克·品格尔(Falk Pingel)在其撰写的《联合国教科文组织教科书研究和修订指南》中提出了许多在从事教科书研究必须考虑的问题,探讨了教科书研究的过程。② 荷兰的威布瑞那(P. Weinbrenner)参与编写的《教科书分析方法论》(1992)一书对于了解教科书研究方法体系具有重要意义。③ 此外,爱沙尼亚的简·梅克(Jaan Mikk)于2000年出版的《教科书——研究与编写》也是一部关于教科书研究方法的重要著述,作者的论述涵盖了教科书使用、评价、分析等方面问题。④

2. 国外关于物理教科书的研究

乔治·莱考夫(George Lakoff)和马克·约翰逊(Mark Johnson)对物理教科书中抽象概念的表述进行了研究,指出隐喻理论可以作为解释语言的一种框架,并能够帮助学生在学习情境中以不同的方式去理解抽象概念。⑤

澳大利亚学者保罗·施特鲁布(Paul Strube)关注教科书的解释方式、逻辑类型和其他修辞手法对教学效果的影响,并从文章结构、词汇选择和文学特征三个方面分析了物理教科书的内容。⑥

美国学者杰拉德·库尔姆(Gerald Kulm)等从内容分析和教学分析两个维度对教科书进行了评价,并对部分教科书文本进行了分析。⑦ 内容分析评价主要从教科书的内容是否符合课程内容标准进行评价,教学分析评价主要从教科书是否适应学生认知规律和学习特点进行,共提出了七条评价标准。⑧

---

① 阿普尔,克丽斯蒂安—史密斯.教科书政治学[M].侯定凯,译.上海:华东师范大学出版社,2005.

② Pingel F, UNESCO. UNESCO Guidebook on Textbook Research and Textbook Revision [J]. Journal of Textbook Research,2003.

③ Weinbrenner P."Methodologies of Textbook Analysis Used to Date" [M]//Bourdillon H. History and Social Studies — Methodologies of Textbook Analysis, Amsterdam: Swets and Zeitlinger. 1992.

④ Mikk J. Textbook: Research and Writing [M].New York: Peter Lang, 2002.

⑤ Lakoff G, Johnson M. Metaphors We Live By [M]. Chicago, IL: University of Chicago Press, 2003.

⑥ Strube P. The Notion of Style in Physics Textbooks [J]. Journal of Research in Science Teaching, 1989,26(4):291-299.

⑦ Kulm G, Roseman J, Treistman M. A Benchmarks-Based Approach to Textbook Evaluation [J]. 1999.

⑧ 丁朝蓬.新课程评价的理念与方法[M].北京:人民教育出版社,2003:105.

　　英国学者牛顿对 1870—1980 年的物理教科书进行了分析,并将这些教科书划分为书目成分、传记成分、科学教学方法、认知与一般内容、情意与情结等六类。作者认为学校教科书虽已有悠久的历史,但物理教科书却出现于 18 世纪以后。①

　　希腊学者康斯坦丁·斯科杜莱斯(Constantine Skordoulis)和詹纳·卡察姆波拉(Gianna Katisampoura)对 18—19 世纪希腊出版的大量物理教科书进行了研究。作者对教科书中实验教学的实验设备、插图等信息进行了分析,最终指出,这一时期教科书中的实验一般为思想实验,教师是物理教学的中心。②

　　韦弗(J. F. Weaver)对标准化考试与物理教科书编写的关系进行了探讨。研究结果显示,在不同的物理测试中,物理学各个学科知识所占比例大不相同,但是在不同的物理教科书中,这些内容分布则相当一致,且题型的设置也会对测试结果产生很大的影响。③

　　德国学者威廉·克拉克(William Clark)对康德时期的物理教科书进行了研究,从影响教科书的材料因素、效率因素、形式主义因素和终极因素等四个方面,对 1770—1830 年出版的 131 种物理教科书进行了分析。④

　　德扬(De Jong)对基础教育领域的物理教科书中存在的问题进行了剖析,认为大多数教科书是正确的,但是少数存在一些基础性的错误,作者希望一些常识性的问题能够引起教科书编写者的注意,作者建议教科书编写者和教师能多开展一些"做科学"的活动,让学生在实验中获得科学认识。⑤

　　吉萨索拉(J. Guisasola)等以经典磁场理论为例,针对科学本质对物理教科书的影响进行了研究,指出尽管科学教育中关于科学本质的内容在增加,但是在物理教科书中这一内容却是背道而驰的。作者建议物理教科书中经典磁

①　Newton D P. The Sixth-Form Physics Textbook 1870‒1980‒Part 1[J]. Physics Education,1983,18(4):192‒198,241‒246.

②　Skordoulis C,Katsiampoura G. eaching Experiments in 18th-19th Century Greek Physics Textbooks [J]. Archives Internationales d'Histoire des Sciences, 2010,60(164): 79‒92.

③　Weaver J F. The Distribution of Emphasis in Ten Physics Tests and in Twelve Physics Textbooks [J]. The Journal of Educational Research, 1945,39(1):42‒55.

④　Clark W. German Physics Textbooks in the Goethezeit, Part 1 [J]. History of Science, 1997, 35 (2):219‒239.

⑤　Jong D,Marvin L. Physics in Elementary School Textbooks [J]. The Physics Teacher, 1988, 26 (4):218.

场理论部分应以关注问题和变化的方式展示科学本质。①

土耳其学者奥甘—贝基尔奥卢(F. Ogan-Bekiroglu)认为,物理教科书是进行物理教学的重要工具,通过设计评价指标,对土耳其教育部批准发行的高中物理教科书满足教学需要情况进行了测评。评价结果显示,经土耳其教育部认可的物理教科书标准过于狭隘,虽能够给学生传递相关知识,但是不能很好地培养学生发现问题的能力,不能有效地支持学生的物理学习。同时作者认为,其所设计的评价标准不仅可以用于物理教科书,还可以用于对其他学科教科书的评价。②

诺厄·波多莱夫斯基(Noah Podolefsky)和诺厄·芬克尔斯坦(Noah Finkelstein)对教师和学生视角下的教科书的感知价值进行了研究。作者认为,教师一般要求学生在课前阅读物理教科书,以便更好地理解课堂教学内容。为了解学生如何使用、何时使用物理教科书,作者设计了调查问卷并进行了调查。调查结果显示,只有不到40%的学生会在课前阅读物理教科书,多数学生阅读物理教科书仅为了应付考试和作业,因此作者建议教科书编写者要重新审视物理教科书在学生学习过程中的作用,提升物理教科书的教育价值。③

博克斯特尔(C. A. M. V. Boxtel)等对56名15—16岁的学生在学习电学导论课程过程中,在合作学习物理的情境中有无教科书的辅助学习效果进行了对比研究。研究结果显示,在合作学习过程中表现活跃的学生学习效果更好,教科书在帮助学生学习的过程中具有重要作用。同时,研究还发现教科书的存在让学生花较少的时间去对某些概念进行解释和说明,学生倾向于接受和依赖教科书中已有的解释和案例。④

澳大利亚学者施特鲁布(P. Strube)将教科书的编写体例称为"教科书体"。作者从文体的角度对教科书的文本进行了考察。研究结果显示,基于文本识别的内容分析可以揭示物理教科书重点的结构。关于物理教科书的文体研究有待深入,对教科书文本的修辞学研究将有助于改善教科书的编写,促进学生对

① Guisasola J, José M. Almudí, Carlos Furió. The Nature of Science and Its Implications for Physics Textbooks[J]. Science & Education, 2005, 14(3 - 5):321 - 328.
② Ogan-Bekiroglu F. To What Degree Do the Currently Used Physics Textbooks Meet the Expectations? [J]. Journal of Science Teacher Education, 2007, 18(4):599 - 628.
③ Podolefsky N, Finkelstein N. The Perceived Value of College Physics Textbooks: Students and Instructors May Not See Eye to Eye[J]. The Physics Teacher, 2006, 44(6):338.
④ Boxtel C A M V, Linden J L V D, Kanselaar G. The Use of Textbooks as a Tool During Collaborative Physics Learning[J]. The Journal of Experimental Education, 2000, 69(1):57 - 76.

教科书内容的理解。①

　　英国学者布鲁克斯(B. C. Brookes)对物理教科书的内容呈现方式进行了研究,作者主要从我们获得了什么样的教科书、这些教科书有什么问题、我们应该鼓励哪种教科书等几个维度进行了分析,作者认为物理学是公共和社会活动,而非个人活动,科学家必须用可以被理解的语言解释他所做的工作,物理学家必须用学生能够理解的语言编写教科书。②

　　土耳其学者伊尔迪兹(Ali Yildiz)对职前教师对待物理教科书中的错误的态度进行了研究,超过60%的职前教师对教科书中的错误持否定观点,近40%的职前教师认为教科书中的错误没有影响他们的物理课程学习,他们可以通过其他资源学习,发展他们的技能。尽管如此,教科书的翻译者、编写者仍应保持冷静和耐心的态度,尽量减少教科书中的错误,提高物理教科书的编写质量。③

三、研究现状评析

　　首先,从研究视角来看,研究者多从历史学与图书出版学的角度梳理中国近代中小学教科书的发生发展,其中基于教育学的研究很少,结合教科书编制的历史背景、社会因素等方面的研究也很少。

　　其次,从学科类型来看,学者对语文等人文社会类教科书关注较多,而对物理、化学等自然科学类教科书研究较少。自然科学教科书的编制特点、发展历程、科学启蒙价值等问题的研究,将对完善自然科学教科书的发展历史、改进当前的教科书编写工作、推进科学启蒙、学生科学素养的养成等都具有极大的历史价值和现实意义。

　　再次,从研究方法来看,部分研究仅结合二手资料开展研究,立足于教科书文本的实证研究较少。由于晚清时期中小学教科书编辑出版卷帙浩繁,且年代久远,多因保存不善而损毁严重,少数幸存下来的大多躺在图书馆中或书商的库房里蒙尘。同时,由于部分商家的炒作,近年来还掀起了老课本热,甚至出现"买得起的人不研究、研究的人买不起"的奇怪现象。一手资料的匮乏,影响了

①　Strube P. The Notion of Style in Physics Textbooks[J]. Journal of Research in Science Teaching, 2010, 26(4):291 - 299.

②　Brookes B C. Presenting Science in Physics Textbooks[J]. Physics Bulletin, 1958, 9(7):165 - 172.

③　Yildiz A. Views of Pre-service Teachers Related to the Mistakes Encountered in the Textbooks Which They Benefited from in Physics Courses[J]. International Journal of Academic Research, 2013, 5(4):406 - 411.

教科书研究的质量。

最后,国外教科书研究远比国内丰富,这些教科书研究涉及范围广、历史长,具有一定的深度和广度,基本上形成了较为规范的教科书研究范式。这些研究一般先建立一定的研究模型,再基于该模型对教科书文本进行分析,最终形成研究结论。这种研究范式为我们开展教科书研究提供了借鉴和参考的样式,值得国内研究者关注。

第二章
科学启蒙与物理教科书

第一节　科学启蒙的内涵

　　教科书作为传递人类文明成果的主要文本,在传播知识、启迪蒙昧、提升学生科学素养方面具有重要作用,一直以来都被各级各类学校广泛使用。但是,在不同的历史时期,教科书的类型和内容具有不同的表现形式。在鸦片战争之前,教科书主要有两种类型:一类为蒙学读物,供儿童识字和习礼,如《三字经》《百家姓》《千字文》等;另一类为准备科举考试之用,如四书、五经等。① 鸦片战争之后,受到西方传教士创办的教会学校的影响,传统教科书的内容和形式都发生了转变,内容不再局限于蒙学和科考,"声光电化"等涉及西方近代自然科学的教科书逐渐走入教科书市场,教科书的启蒙价值也不再限于识字、习礼和应对科考,科学启蒙成为教科书的题中应有之义。

　　科学启蒙,顾名思义是对人进行的关于"科学"方面的启蒙,但"科学"是什么呢? 科学是一个外来词,其涵盖的内容非常广泛,在不同的历史时期和不同的语境中,都有不同的理解。

一、科学的含义

　　我们广泛使用的"科学"一词虽为经由日本引入的词语,但是在中国传统典籍中对该词早有记载,如宋代陈亮的《送叔祖主筠州高要簿序》一文写道:"自科学之兴,世之为士者往往困于一日之程文,甚至于老死而或不遇。"中国古代的

---

① 吴研因.清末以来我国小学教科书概观[M]//张静庐,辑注.中国出版史料(补编).北京:中华书局,1957:149.

"科学"一般都是指"科举之学"，即关于科举考试的学问，与近代的"科学"一词含义相差甚远。①

　　"科学"对应的英文单词为"science"，源于拉丁语"scientia"，原意为学问、知识，即含有"learning""knowledge"之意。该词于 14 世纪进入英语词汇，但在当时并未被广泛使用。当时参与科学研究者一般都将其从事的工作称为"自然哲学"（natural philosophy），牛顿、卡文迪许等大科学家在当时都被称为"自然哲学家"（natural philosopher），牛顿于 1687 年出版的划时代巨著就是以《自然哲学的数学原理》（又译《自然哲学之数学原理》，英文名为 *Mathematical Principles of Nature Philosophy*）之名出版发行。

　　从 19 世纪开始，"science"一词在英语世界被广泛使用。1831 年英国科学促进会（British Association for the Advancement of Science）的成立和 1833 年休厄尔创立科学家（scientist）一词标志着"science"正式取代"natural philosophy"，成为具有与今天"科学"相近的英文词汇。②

　　"science"和"natural philosophy"等词随着明清的两次西学东渐而进入国人的视野。最初的传教士及其中国合作者一般选取"格致"作为以上两个词语的译词，如牛顿的著作《自然哲学的数学原理》被译为《数理格致》。"格致"为"格物致知"的简称，最早出于儒家经典《礼记·大学》，原文为："古之欲明明德于天下者，先治其国；欲治其国者，先齐其家；欲齐其家者，先修其身；欲修其身者，先正其心；欲正其心者，先诚其意；欲诚其意者，先致其知，致知在格物。"作为修身、齐家、治国、平天下的前提条件，格物致知在《礼记》中并没有任何解释，这就给后世的儒学大家一个想象的空间，在不同时期，对"格物致知"有着不同的解读。比较具有代表意义的是南宋大儒朱熹的解读，朱熹认为："所谓致知在格物者，言欲致吾之知，在即物而穷其理也。""格物致知"在朱熹看来，成为一种内省的智力活动。可见，用"格致"译"science"和"natural philosophy"具有一定的说服力。

　　到了清末，随着丁韪良的《格物入门》（1868）、傅兰雅的《格致须知》（1882—1898）等教科书的出版，格致书院（1876）、京师同文馆格致馆（1888）等机构的设立，"格致之学"成为西学的代名词，广泛进入了国人的文化教育领域。

---

① 学者周程专门对《四库全书》等中国古代文献进行了考证，最终形成结论："科学"一词中国古已有之，但多数为"科举之学"，少数可以理解为"分科之学"。详见：周程. "科学"一词并非从日本引进 [J]. 中国文化研究，2009(2)：182-187.

② 吴国盛. 什么是科学 [M]. 广州：广东人民出版社，2016：22-23.

就在这一时期,"格致"一词的使用出现混乱,主要有四种用法:科学技术的总称,如在傅兰雅创办的《格致汇编》中,其内容涵盖了科学技术的各个方面;泛指自然科学,如《格致须知》等;包含物理和化学两个学科,如《格物入门》等;专指物理,如京师同文馆的格致馆。①

1895年甲午战争后,中国的战败使国人开始反思日本强大的原因,并开始向日本学习,大量日本书籍被译成中文引入中国。日本学者西周等人取"science"为"分科之学"之意,将其译为"科学"的译法也被康有为等学者所借鉴。在康有为、蔡元培和严复等人的大力倡导下,"科学"开始被国人所接受,并在20世纪初被广泛使用。除在教科书书名等少数场合外,"格致"一词逐渐退出了历史舞台。特别是经历了20世纪初、新文化运动期间的"科玄之争"中科学的大胜,更增加了科学在国人心目中的地位和分量,为之后"科学主义"在中国的盛行奠定了基础。

在《现代汉语词典》中,"科学"一词的释义是:"名 反映自然、社会、思维等客观规律的分科的知识体系。形 合乎科学的。"②

词典中对于"科学"的解释是较为典型的解释方式:一种是作为名词的"科学",即"科学"是一种关于自然、社会、思维等学科的、系统的、规范的知识体系,这是从"科学"属于分科的知识的角度定义"科学"的。另一种是作为形容词的"科学",这种解释暗含着"科学主义"的色彩,即将科学看成一种正确的、合理的行为或规范,并且存在着循环论证的嫌疑,即用"科学"解释"科学"。

除《现代汉语词典》外,《辞海》《简明社会学词典》等工具书中关于"科学"的概念也大多相似,都将其定义为系统化的实证知识,这都是19世纪典型的传统看法,长期以来影响深刻。

英国科学学创始人约翰·贝尔纳(John D. Bernal)则认为:科学不能用定义诠释,必须用广泛的阐明性的叙述来作为唯一的表达方法。③ 贝尔纳认为,可以将当代的科学理解为:一种建制,科学已经成为全世界数以百万计的人从事的一种工作,科学家成为一种社会职业;一种方法,科学家从事科学活动需要的一套思维和操作规范,即科学方法;一种知识积累的知识传统,随着科学的不断发展,科学具有累积性;一种维持或发展生成的主要因素,当今科学已经成为

---

① 樊洪业.从"格致"到"科学"[J].自然辩证法研究,1988(3):39-50.

② 中国社会科学院语言研究所.现代汉语词典[M].北京:商务印书馆,2018:735.

③ 贝尔纳.历史上的科学[M].北京:科学出版社,1981:6.

推动社会进步的主要力量;一种重要观念的来源,科学知识受到社会、政治、宗教等因素的影响。同时,科学也会对这些观念的变革提供推动力。此种定义方式,强调了科学与社会的互动关系,拓展了我们对科学的认识。

上述都是静态的科学观,同时,我们还可以从动态的角度去认识科学,苏联学者阿列克谢耶夫认为:科学的直接目的是描述、解释和预言世界的过程和现象,这些过程和现象是人从根据科学已发现的规律加以研究的对象。一般地说,科学的直接目的是以理论的方式描述客观世界。①

经过上述对科学的静态的、动态的分析和思考,我们发现,任何一种对科学的认识都有其道理,同时又是不全面的、不完整的。但是,我们大体可以从以下几个方面对科学进行概括。科学是人类特有的一种产生新知识的活动形式,科学是人类特有的社会活动的成果,是发展着的知识体系。科学活动是一种需要物质条件支持的、精神的、智力的活动。同时,科学活动也是一种社会体制,并与其他社会体制不断地发生互动,互相影响。②

二、启蒙的内涵

谈到"启蒙",我们一般想到的是 17—18 世纪发生在法国,之后波及欧洲,并对整个近代世界都产生重大影响的启蒙运动。

16—17 世纪,以牛顿力学为代表的近代科学体系基本形成。但在这一时期,科学的影响力非常有限,就连知识阶层对新兴的自然哲学和科学方法论也知之甚少。1762 年,启蒙运动的代表人物、法国作家伏尔泰在英国学习期间,学习了牛顿力学,并参加了牛顿的葬礼,对牛顿力学的功用和英国对科学的重视深感震撼。回到法国后,他立刻著书立说,介绍、宣传牛顿力学思想和英国先进的科学文化与思想,先后完成了《哲学通讯》(1734)、《牛顿哲学原理》(1738)和《牛顿的形而上学》(1740)等著作,拉开了启蒙运动的大幕。

随后,狄德罗、达朗贝尔等人主持完成的《百科全书》(1751—1777)成为启蒙运动最伟大的标志性成果之一。该书高举人文主义旗帜,将人类零散的知识以系统化、通俗化的形式展示给公众,全面叙述了当时人类已经取得的自然科学知识、技术和工艺过程,对法国启蒙乃至整个近代世界的历史进程产生了巨大的影响。③

①　阿列克谢耶夫.科学[J].科学与哲学,1980(4):17.

②　刘大椿.科学活动论,互补方法论[M].桂林:广西师范大学出版社,2002:8 - 9.

③　吴国盛.科学的历程[M].北京:北京大学出版社,2002:268 - 269.

　　启蒙运动以人文主义、理性主义为旗帜,强调人类需要重新认识自己,发现人类自身的力量,新的时代需要新的知识来扫荡中世纪在人们心中遗留下来的迷信和无知,更需要由理性的力量支配人类生活的方方面面,促进民众对近代科学的理解,使16—17世纪科学革命的成果深入人心,为19世纪的科学社会化奠定了基础。

　　许多学者都对启蒙运动的重大价值进行了分析,如哲学家卡西尔在其著作《启蒙哲学》中写道:"启蒙运动认为,近代以来科学思维复兴的实际道路就是一个具体的、自明的证据,它表明'实证精神'和'推理理性'的综合不是纯粹的假设,相反,已确立的这一目标是可以达到的,这一理性是可以实现的。启蒙哲学认为,自然科学能够实现自己的理想……最终完成了把自然现象的多样性还原为单一的普遍规律的重大使命。"[①]霍克海默等的《启蒙辩证法》一书认为:"就进步思想的一般意义而言,启蒙的根本目标就是要使人们摆脱恐惧,树立自主。"[②]

　　对于启蒙运动最权威也是最为深刻的论述,当数德国著名哲学家康德的《答复这个问题:"什么是启蒙运动?"》一文。在文中,康德认为:"启蒙,就是人类脱离自己所加之于自己的不成熟状态。不成熟状态就是不经别人的引导,就对自己的理智无能为力,但其原因不在于缺乏理智,而在于不经别人的引导就缺乏勇气和决心去加以运用时,那么这种不成熟状态就是自己所加之于自己的了。Sapereaude! 要有勇气运用你自己的理智! 这就是启蒙的格言。"[③]

　　康德启蒙理论指出,人处于蒙昧状态即不成熟状态的原因是人没有运用自己的理智,启蒙就是要有勇气运用你自己的理智,人启蒙与否的标志是"是否运用自己的理智","理智"成为其理论的核心,这与其哲学思想是一脉相承的。康德认为,人们通过空间和时间,可以获得"感性"认识。但是这些"感性"认识是不可靠的,不具有普遍性和必然性,要获得可靠的知识,必须通过"知性"的人类思维活动。而"知性"则是运用范畴、概念进行判断、推理的思维能力。康德说:"思维无内容是空的,直观无概念是盲的。"所以人们必须将"感性"和"知性"联合起来,才能产生严格意义上的知识。

　　康德指出,人类通过运用"知性"获得的科学知识,仅仅是一种对"现象界"的认识。但是,这种"现象界"中的认识是相对的、有条件的,无法完全满足人类

①　卡西尔.启蒙哲学[M].顾伟铭,等译.济南:山东人民出版社,2007:7.
②　霍克海姆,阿道尔诺.启蒙辩证法[M].渠敬东,曹卫东,译.上海:上海人民出版社,2003:1.
③　康德.历史理性批判文集[M].何兆武,译.北京:商务印书馆,1990:22.

的求知欲望。要超出"现象界"的认识,进一步把"知性"获得的各种知识再加以"综合""统一",最终形成绝对完整的知识,这种人最高级的认识活动的能力即为"理性"。其启蒙理论中的"理智"与人类认识事物的"知性"相近,都是获得确定知识的方式和途径,人只有不断地通过感性、知性和理性去认识事物,才能实现"为自然立法"。

在汉语中,"启蒙"一词由"启"和"蒙"两个字组词,"启"从字面上理解就是"开启""启发""开导"之意。《论语》中就曾有"不愤不启,不悱不发"的记载,即"教导学生,不到他想求明白而不得的时候,不去开导他;不到他想说出来却说不出的时候,不去启发他"①,此处的"启"大致就是"启发"或"开导"之意。而"蒙"一般理解为"蒙蔽""欺骗""掩盖"之意,《易经》中就有一卦,称为"蒙",《易经》云:"蒙,亨,匪我求童蒙,童蒙求我。"根据孔颖达等人的解读"蒙者,微昧暗弱之名也"②,即为"蒙昧"的意思。因此,"启蒙"的大致含义是启迪蒙昧,消除蒙蔽。《现代汉语词典》一般将启蒙解释为"使初学的人得到基本的、入门的知识;普及新知识,使摆脱愚昧和迷信"③。

由上可见,不论是在中国还是在西方,"启蒙"的主体都是人,启蒙的目的都是使人从无知到有知。从知少到知多。但其不同之处在于,西方的启蒙强调的是作为主体的"人"的意识的觉醒,自觉的、主动的、不经别人引导,就能够运用自己的理性(理智);而中国的启蒙更加强调的是经由他人的帮助,获得知识,或引导他人,走出蒙昧。可见,西方的"启蒙"重视主体自我的作用,而中国语境下的"启蒙"更突出了"他人"的作用。从这个视角来看,中国近代的两次"启蒙运动",不论是"救亡压倒启蒙"(李泽厚语)的 20 世纪 20 年代的"第一次启蒙",还是强调"思想解放"的 20 世纪 80 年代的"第二次启蒙",都不能像西方的启蒙运动那样取得良好的效果。除去其他一些客观原因之外,对于"启蒙"内涵理解的偏差,可能也是一个重要的原因。④

本研究所使用的"启蒙"一词的含义,更贴近于中国式的理解,主要是指通过向民众特别是学生群体传播科学"启迪蒙昧",使其获得科学知识、掌握科学方法、培养科学精神,最终实现提升民众科学素养的目的。

---

① 杨伯峻.论语译注[M].北京:中华书局,1980:68.
② 孔颖达,王弼,韩康伯.周易正义[M].北京:九州出版社,2004:96.
③ 中国社会科学院语言研究所.现代汉语词典[M].北京:商务印书馆,2018:1028.
④ 邓晓芒.20 世纪中国启蒙的缺陷[J].史学月刊,2007(9):10 - 15.

三、科学启蒙

科学启蒙主要是通过传播科学,提升民众的科学素养,使民众掌握科学知识、科学方法和科学精神,实现科学的社会化。最早进入中国,并对民众进行科学启蒙的是西方的传教士。传教士来华的主要目的是传播宗教,在 19 世纪的基督教传教史上,自由派传教士将传播西方科学文明放在与传播福音几乎同等重要的位置上。因此,传播科学、进行科学启蒙,也成为传教士传教过程中的题中应有之义。

中国是一个具有悠久历史和灿烂文化的文明古国,在几千年的封建统治和儒家文化的熏陶下,虽历经王朝更迭,但形成了相对发达的农耕文明,并曾在政治、经济、文化等领域一度领先于世界。但是,由于儒家思想的影响、科举取士的人才选拔制度、重义轻利、视科学为“奇技淫巧”等多方面原因,虽也出现过《墨经》等具有一定科学知识、科学思想的著作,也出现了利玛窦等传播科学的传教士、徐光启等传播科学的士大夫,但是自然科学并没有在当时落地生根。

但是,到了近代以来,特别是在中世纪之后,历经“宗教改革”“文艺复兴”“科学革命”“启蒙运动”“工业革命”等对人类影响重大的历史事件后,西方现代自然科学已经基本脱离了其母体——哲学,并从“神学的婢女”的地位解放出来,其在西方经济社会发展过程中的作用日益凸显。在政治、科学、技术等多重作用下,西方很快由封建社会率先进入资本主义社会。

在自然科学领域中,随着科学家团体的不断壮大、英国皇家学会(1660)、法国巴黎科学院(1666)等科学研究机构的纷纷建立,新的科学理论的不断发现,蒸汽机、纺织机、抽水机、电动机、发电机等技术发明纷纷涌现,科学与工业的融合,促进了生产力的发展,极大地壮大了这些资本主义国家的经济实力,为资本主义的全球化扩张提供了条件。

有学者将科学分为科学知识、科学方法、科学态度和科学精神四个维度[1],也有学者将科学的内涵划分为科学知识、科学方法和科学态度三个维度[2]。根据笔者对科学内涵的理解和对晚清物理教科书的考察,认为科学态度属于科学精神的外显特征,有什么样的科学精神就能够因之影响而产生相应的科学态度,科学精神和科学态度可以合并为科学精神。因此,笔者更倾向于将科学划

---

①　袁振国.反思科学教育[J].中小学管理,1999(12):2-4.

②　刘克文.对我国近代科学教育价值缺失的反思[J].2009(2):18-23.

分为科学知识、科学方法和科学精神三个维度。科学启蒙即通过传播科学的方式启迪民众,使民众获得科学知识、掌握科学方法、养成科学精神(同时形成科学态度)。近代西方科学是一种与中国传统文化完全不同的异质文化,在国人已被儒家文化浸染两千余年的晚清时期,科学启蒙事业的难度可想而知。同时,科学启蒙也是一项任重而道远的艰辛工作,某种程度上可以说今日中国的科学启蒙仍未结束。

1. 科学知识启蒙

科学知识主要包含科学概念、科学原理、科学应用等,是科学文化最为外显的部分。谈到科学,人们首先想到的就是科学知识,科学知识也是科学文化的基础,离开了科学知识的科学方法、科学精神和科学态度都将成为空中楼阁,无法存在。

晚清时期,人们对科学的认知大多集中于科学的器物层面,即关注科学的产品和科学的应用,感叹科学的强大功效。冯桂芬就曾在其《采西学议》中写道:“则是而历算之术,而格致之理,而制器尚象之法,兼综条贯……又如农具织具,百工所需,多用机轮,用力少而成功多,是可资以治生。”①

早期在中国传播科学的西方传教士在其传教过程中,就高度关注科学知识和科学产品的传播价值,以求通过西方现代科学这一高于或者是异于受传对象已有认知的知识,获得其好感、尊重和信任。明代利玛窦来华传教时,就曾多次公开展示他从西方带来的西洋镜、自鸣钟、三棱镜、世界地图等物品,并将部分物品作为礼品送给当时的万历皇帝。② 到了清代,丁韪良、林乐知、李提摩太、玛高温等西方传教依然延续利玛窦的“科学传教”方式。1850 年,玛高温在宁波传教期间,就经常举办科学讲座,展示、使用幻灯机、电报机等电器③;丁韪良在京师同文馆任教期间,自费从美国费城购置两台电报机,供学生实验使用,同时,他还邀请总理衙门的政府官员参观实验过程,虽有些保守人士对西学一直持抵制态度,但许多开明的政府官员如大学士文祥、户部尚书董恂等都对丁韪良所倡导的西学很感兴趣,如董恂就经常参观丁韪良的实验室,后来竟学会了发送电报。④

晚清时期的科学知识启蒙,使接触西学的学生和学者看到了之乎者也、子

① 陈元晖.中国近代教育史资料汇编鸦片战争时期教育[M].上海:上海人民出版社,2007:441-442.
② 熊月之.西学东渐与晚清社会[M].上海:上海人民出版社,1995:34.
③ 雷银照.第一本中文电磁学著作及其历史地位[J].电气电子教学学报,2010(2):126-129.
④ 丁韪良.花甲记忆[M].沈弘,等译.桂林:广西师范大学出版社,2004:202-203.

曰诗云之外的另一片天空。让他们知道,在四书五经等儒家经典之外,还有那么多关于自然、关于宇宙、关于人类本身的学问,让他们见识到了风雨雷电、杠杆滑轮这些日常所见事物的背后道理。这些冲击对于开阔国人的视野、拓宽国人的知识面、改变国人的思维方式等都产生了深远而重大的影响。

2. 科学方法启蒙

科学方法是科学家在进行科学研究过程中所运用的程序和途径,通过一定科学方法,科学家使科学假设最终发展成为科学知识。如果没有科学方法,那么科学假设将一直停留在假设层面,而无法形成科学结论、成为科学知识。

近代科学脱胎于古希腊哲学,近代科学方法与希腊哲学研究方法也存在一定的关系。以苏格拉底、柏拉图等为代表的古希腊哲学所采取的研究方式大多基于假说、以思辨为主,重视逻辑、推理,而亚里士多德则重视归纳—演绎的研究方法,他主张科学家应该从一般现象中归纳出解释性原理,之后再从这些原理演绎出关于现象的陈述和解释。中世纪经院哲学家罗吉尔·培根对亚里士多德的理论进行了丰富,使之能够演绎出新的能与经验耦合的事实,形成了假说—演绎的方法。

伽利略作为近代科学之父,同时也是科学方法的奠基人,发现了自由落体定律和惯性定理。比这更有意义的是,他还提出了用观察、实验和数学方法相结合来研究自然规律的科学方法。他的实验—数学方法对假说演绎方法的完善,做出了巨大的贡献。伽利略不仅认为物理学原理必须来源于观测和实验,受观测和实验检验,还说明物理学研究应该寻求量的公理,即研究物体是怎样运动的,并用数学的公式定理辨识出物体运动的规律,这种将实验与数学相结合的方法,最终促成了第一个完整的科学理论——牛顿力学体系——的建立。[①]

牛顿是近代物理学的集大成者,也是假说—演绎方法的完善者,他的很多理论都是运用假说—演绎的方法获得的。如其颜色理论就是首先从实验中获取事实;在事实的基础上进行归纳概论,形成假说;再以假说作为解释性原理,推演出某种理论;最终经由实验验证假说正确与否。

除上述较为经典的科学方法外,在实践操作过程中,科学方法还可以分为基本方法和综合方法,基本方法一般包括观察、分类、交流、测量、估计、预测和推理等。综合方法包括明确问题、控制变量、定义、假设、实验、图形化、解释、模

---

① 刘大椿.科学活动论,互补方法论[M].桂林:广西师范大学出版社,2002:130.

型化等。① 这些经典科学方法和一般科学方法构成了科学方法体系,共同为促进科学研究事业的发展提供动力与支持,且随着科学的发展、技术的进步,不同时期、不同学科领域所使用的科学方法也有所不同,科学方法也在随着时代的前进,不断地得到改进和完善。

科学知识和科学产品与应用是科学的外显部分,人们认识科学,首先看到的是科学知识与科学产品,科学方法作为科学家获得科学知识的工具,却隐藏于科学知识之后,一般不为大众所认知。但是不能否认,与常见的科学知识相比,科学方法具有更强的稳定性和适用性。从某种意义上讲,在科学教育中,让学生掌握科学方法比掌握具体的科学知识更重要。②

受儒家思想和科举考试取士等因素的影响,我国传统知识分子的研究领域一般都局限于文学、哲学和伦理学等,所采用的研究方法一般局限于理论思辨,科学方法和逻辑推理的缺失,使中国古代的很多科学成果都停留在经验和应用的层面,一定程度上影响了近代科学在中国的产生与发展。因此,在科学启蒙的过程中,关注科学方法启蒙是"授人以渔"的启蒙方式。当接受启蒙的对象接受了科学方法之后,将不再局限于所接受的科学知识。科学方法将内化为其思维方式和行为准则,对其将来看待事物、明辨是非以及在工作、生活的方方面面都会产生深远的影响。

3. 科学精神启蒙

有学者将科学素养比作一座宝塔,科学知识是宝塔的塔基、科学方法是宝塔的塔身、科学精神则是宝塔的塔尖③,这一比喻形象地展示了科学知识、科学方法和科学精神各自的重要地位及其间的关系。科学精神是科学家在从事科学活动过程中所体现出来的气质和价值规范。不同时期的不同学者对科学精神的理解和界定各不相同。

在我国,最早明确提出并大力弘扬科学精神的当数民国时期著名科学家任鸿隽。任鸿隽认为:"科学精神者何,求真理是已。"他认为,科学精神至少有五个特征:崇实、贵确、察微、慎断、存疑。他还说,如果再加上不怕困难、不为利诱等美德,就更完备了。④ 可见,任鸿隽所理解的科学精神包括追求真理、尊重事

①　刘克文.对我国近现代科学教育价值缺失的反思[J].教育科学,2009(2):18-23.
②　涂艳国.论科学教育的基本要素[J].教育研究,1990,(9):25-30.
③　吴加澍.对物理教学的哲学思考[J].课程.教材.教法,2005(7):64-69.
④　任鸿隽.科学救国之梦——任鸿隽文存[M].上海:上海科技教育出版社,2002:70,353-360.

实、力求精确、反对权威、敢于质疑、不畏艰险等人类优秀的意志品质。

吴国盛回顾了西方近代科学的产生和发展历程,认为科学精神是一种特别属于希腊文明的思维方式。他强调知识本身的确定性,关注真理的自主自足和内在推演,进而认为科学精神就是理性精神、自由的精神。① 吴国盛所理解的科学精神更加强调"为科学而科学"即科学的纯粹性、科学的理性精神和自由精神。

托马斯·威斯认为,科学精神是"对逻辑的尊重,对寻找数据的渴望,对知识和理解的愿望,对结果的考虑,对前提条件的考虑,对验证的要求,以及质疑一切"②。可见,威斯更加强调科学精神是对未知世界的探索。

中国传统知识分子普遍存在"学而优则仕""学成文武艺,货卖帝王家"的心理,他们将知识看成实现个人和家族理想的工具,强调知识的工具属性而轻视知识的价值属性。因此,在中国古代一般将无用的知识称为"屠龙之术",很少有追求"为知识而知识、为科学而科学"的知识分子出现。特别是传统的儒家经典教育、科举取士的官员选拔制度,更加深了知识分子将学问视为跃入龙门工具的程度,"信古""好古""述而不作",讲究出身、门第,强调个人依附,缺乏学术研究的独立性,这些传统文化的特性严重阻碍了传统文人追求科学精神的脚步,加大了科学精神启蒙的难度。同时,也正因如此,科学精神启蒙的意义和价值显得更为重要。

科学精神是科学文化的重要组成部分,更是科学文化的精华。西方 17 世纪、18 世纪科学革命的爆发,科学成果的不断涌现,除科学方法不断完善和改进因素外,科学精神在其中发挥的作用也不可忽视。科学精神也是科学文化的助推器,激励着一代又一代的科学家投身科学事业,创造出新的科学成果,推动科学事业的不断进步。

科学知识、科学方法和科学精神各自具有其自身的独特性,科学知识和科学方法的启蒙不能替代科学精神的启蒙。科学知识的启蒙强调知识的传播,让学生理解知识的内容、知识的运用;科学方法的启蒙注重科学知识的产生过程和运用过程,在这些过程中,训练学生的科学方法,培养学生科学的思维方式;而科学精神启蒙则无法直接传播或训练。科学精神是科学家在科学研究活动中所体现出来的意志品质和价值规范,科学精神启蒙更多的是让学生接受科学

---

① 吴国盛.什么是科学[M].广州:广东人民出版社,2016:20.
② 秦元海.论科学精神[D].上海:复旦大学,2006:10.

史教育,让学生在学习科学史的过程中体会和感受科学家科学研究过程中的所思、所感,让学生在情感上产生共鸣,从而培养学生的科学精神。

第二节　科学启蒙的载体

科学启蒙作为人类启蒙的重要组成部分,是一项事业,也是一个过程。在这一过程中,有识之士需要通过一定方式、运用某种载体向受众进行科学启蒙。科学启蒙的方式多种多样,如开办学校、编译书籍、发行报刊、实物展示、讲座演示等。同科学启蒙的方式相互关联,启蒙载体同样多元,如著作、教科书、实物、报刊等。

一、科学启蒙的主要形式

1. 编译西学著作

在清末,自林则徐、魏源等早期启蒙思想家提出"开眼看世界"的口号后,一大批介绍西方近代科学的书籍被引入。熊月之指出,1860—1900 年,我国出版界共出版各类西书 555 种,其中,自然科学 162 种、应用科学 225 种、社会科学 123 种、其他书籍 45 种。[①] 可以想象当时大量西学书籍的引入,开阔了国人的视野,拓展了国人的知识结构。但是,这些西学著作一般发行量较少,影响范围仅限于一些开明的、对西学感兴趣知识分子和士大夫,其他读书人的视野仍紧盯科举考试的指挥棒,沉浸于儒家经典,无暇顾及这些新知识。

江南制造局是晚清西方书籍的出版重镇,在近代科学书籍出版中占有重要地位。作为该馆的主要译者,英国传教士傅兰雅曾写道,1871 年以来,江南制造局出版了 98 种译作,共 235 卷,但到 1880 年,只售出了 31111 部书,出售情况不好。比如《克虏伯炮说》(1872)在 9 年之内只售出 904 部,《防海新论》(1871)在 9 年里售出 1114 部,《运规约旨》(1871)8 年之内售出 1000 部,《代数学》(1873)7 年里只售出 781 部,《开煤要法》(1871)9 年之内只售出 840 部。[②] 可见,这些西学著作的发行量一般都极低,通常都是数百本,有的书籍发行数量可能会更少。这些启蒙著作虽在中国影响不大,但是它们却东渡日本,被日本学者所关注,并被大量翻印,对日本的知识分子发挥了启蒙作用,对明治维新等

---

① 熊月之.西学东渐与晚清社会[M].上海:上海人民出版社,1994:11.
② 傅兰雅.江南制造局翻译西书事略[M]//国近代出版史料:初编.北京:中华书局,1957:21-25.

社会变革的兴起产生了重大的影响。目前,在日本各大图书馆内,仍能找到许多晚清时期引自中国的西学著作及其翻印版本。

2. 发行报刊

除译书外,发行报刊也是早期科学启蒙的重要形式,报刊同样是重要的启蒙载体。晚清时期,较早出现的报刊均是西方传教士所创办的,如《察世俗每月统记传》《东西洋每月统计传》等。这些刊物的办刊目的一般都是传教工作所需,所以其内容多以基督教教义及与宗教有关的知识为主、其他方面的知识为辅。

1815 年,由米怜创办的《察世俗每月统记传》中与宗教相关的内容达到80%,其他的仅为 20%。该刊物初期每期印刷 500 册,后来增至 1000 册;《东西洋每月统计传》每期发行量为 600 册、《教会新报》每期印刷 500 份。其发行范围一般局限于广东、福建等沿海地区,发行方式一般都是与其他宗教书籍一道,免费发放给参加科考的读书人。[①] 当时影响较大的报刊,当数科学启蒙报刊傅兰雅传播的《格致汇编》。1890 年,该刊物的每卷销量达到 4000 册,并在国内多个城市,还有日本,以及新加坡等东南亚国家设立代销点,发行量占当时报刊的首位。[②] 可见,这些刊物大多发行量不大,即使每份报刊经多人传阅,接触过这些报刊的人数也不足万人,相对于晚清 3 亿多的人口基数尤其是其中50 万以上的读书人,即可知其影响力非常有限。

3. 实物展示与科学讲座

实物展示、讲座等也是早期的启蒙人士经常使用的科学启蒙方式。玛高温、丁韪良、傅兰雅等都曾通过实物展示和讲座的方式传播科学知识,进行科学启蒙。1850 年,玛高温在宁波传教期间,就多次开展科学讲座,展示各类电学仪器并进行电学实验,最多一次曾有近 500 人参加,将现场堵得水泄不通。[③]1876 年,傅兰雅、徐寿等创办的格致书院在上海开院,书院定期开展科学讲座,主讲人一般为傅兰雅等传教士和徐寿、王韬、栾学谦等中国学者。同时,书院还设置了专门的展览室,用于展示各国最新的机器、工具、模型和各类科学仪器,以吸引国人关注西方现代科学和科学产品,进行科学启蒙。[④] 丁韪良在京师同

---

① 熊月之.西学东渐与晚清社会[M].上海:上海人民出版社,1994:114,282.

② 赵忠亚.《格致汇编》与中国近代科学的启蒙[D].上海:复旦大学,2009:35.

③ 雷银照.第一本中文电磁学著作及其历史地位[J].电气电子教学学报,2010(2):126-129.

④ 龚昊.传科学的传教士傅兰雅与中西文化交流[D].北京:中国社会科学院,2013:69.

文馆任教时,更是自费从美国购买实验仪器,除用于教学外,还经常邀请清政府官员参观、演示。①

实物展示、讲座等科学启蒙的形式具有直观、真切、印象深刻的优势,能够对启蒙受众产生直接的震撼,科学传播的效果较好。但是,由于展示和演讲的形式所限,一般受众人数不会太多,且鉴于当时的交通状况,其辐射的范围非常有限,仅能在一定的距离内进行传播,传播速度也较慢。科学知识虽可以通过受众的口耳相传进行传播,但是传播内容容易失真,影响传播效果。英国伦敦传教士德贞于 1860 年来华后,在北京开办医院用照相技术为人治疗,并用照相机在北京街头当众表演,引得许多人好奇围观,一时间京城内外广为传播,但他的照相技术也被守旧人士斥为异端邪术,认为照相是摄人灵魂,令人恐惧。②之后一段时间,很多国人一见到照相机就避之唯恐不及。

4. 创办新式学堂

在近代中国的科学启蒙历程中,各种启蒙方式和载体都发挥了各自的作用,但其中覆盖面最广、影响最为深远的当数新式学堂和启蒙人士所编译的西学教科书。

晚清时期,传播西学的新式学堂主要有两类:一类为教会学校,另一类为洋务学堂。自 1839 年马礼逊学堂在澳门成立以来,由传教士兴办的教会学校成为近代中国进行科学启蒙的重要组织。1877 年,第一届"全国传教大会"召开以前,全国共有各类教会学校 462 所,学生 8522 人;1890 年,学生数达到 16836人;截至清政府结束统治的 1912 年,全国教会学校在校学生数已达 20 万人。③这些教会学校的课程一般分为三类:一类是声光电化等西学课程,一类是四书五经等儒家经典课程,还有一类即宗教类课程。④

鸦片战争之后,特别是 19 世纪 60 年代之后,为应对"千年未有之变局"和"千年未有之强敌"(李鸿章语),清政府部分官员开始积极参与"洋务"事业,他们"采西学、制洋器"、建工厂、办学堂、译西书,开启了国人自主引入西学、翻译科学书籍、进行科学启蒙的序幕,洋务学堂即这一时期洋务派官员创办的新式学堂的总称。洋务学堂共分为三类,包括:外语学堂,如京师同文馆、上海广方言馆等;军事学堂,如福建船政学堂、上海江南制造局操炮学堂等;技术实业学

①　丁韪良.花甲记忆[M].沈弘,等译.桂林:广西师范大学出版社,2004:202-203.
②　韩建民.晚清科学的传播模式[J].自然辩证法通讯,2005(1):32-36,111.
③　熊月之.西学东渐与晚清社会[M].上海:上海人民出版社,1994:290-291.
④　俞启定.中国教育简史[M].北京:中央广播电视大学出版社,1999:199.

堂,如福州电报学堂、天津电报学堂等。洋务派官员共创办洋务学堂30多所,这些学堂开启了我国近代学校教育先河,也是早期进行科学启蒙的重要形式。

5. 编译西学教科书

伴随新式学堂而来的是西学教科书。随着教会学校和洋务学堂的大量创办,传教士和洋务派人士都深感能够满足新式教育教科书的匮乏。早期他们一般采用西学著作作为教科书,之后,开始自编西学教科书。如丁韪良编译的《格物入门》、玛高温译的《博物通书》、赫士译的《声学揭要》《光学揭要》等,都是他们在教会学校或洋务学堂教学过程中,为适应教学所需而编译的。

晚清时期,参与西学教科书编译、出版的机构主要分为三种类型:一为教会组织,包括教会学校和教会出版机构,如山东登州文会馆、益智书会、墨海书馆、美华书馆、广学会等;二为清政府主办,包括洋务学堂和洋务出版机构,如京师同文馆、江南制造总局等;三为民间书坊,如19世纪末期创办的商务印书馆及之后的文明书局、广智书局等,20世纪初创办的留学生教科书编译组织如东京教科书译辑社等。19世纪中期至末期,西学教科书出版以教会组织和政府主办的出版机构为主,自19世纪末期开始,民间书坊渐成主流,逐步占领了教科书编译、出版市场。

二、科学启蒙重要载体(西学教科书)的规模

教科书又称"课本""教材",是学校教育的重要组成部分,在教学过程中发挥着连接教师和学生、进行科学启蒙、传递科学知识、传承人类文明的重要作用。教科书的内容和形式虽在不同时期一直发生变化,但其在教学中的地位却从未降低。传统教育中,从启蒙教育教科书如《三字经》《百家姓》《千字文》《千家诗》,到应对科举考试的四书五经,这些教科书伴随着一代又一代的中国学生在琅琅的读书声中度过了自己的年少时光。"三纲五常"等伦理道德和"修齐治平"等政治抱负也伴随着这些教科书进入学生的头脑中,经由科举考试的强化,塑造了传统中国知识分子的知识结构、确定了他们的行为准则。虽几千年来王朝时有更迭,却在整体上保持了封建统治的稳定,形成了完善的官员选拔体系和管理制度,发展了高度发达的农耕文明。

正如美国学者任达所说:"在各类翻译材料中,对中国思想及社会最具渗透力和持久影响的莫过于教科书。"①同样,在晚清中国科学启蒙的各种载体中,

---

① 任达.新政革命与日本—中国:1892—1912[M].李仲贤,译.南京:江苏人民出版社,1998:132-133.

规模最庞大、影响最深远的也是教科书。

1. 覆盖范围广

早期教会学校一般都分布于沿海城市,鸦片战争之后,随着一系列中外条约的签订、传教禁令的放松和被取消,教会学校逐渐开始向内陆城市扩散。随着洋务运动的开展,一系列新式学堂纷纷建立。《第一次中国教育年鉴》记载,1904 年,全国有新式学堂 4200 余所,在校学生 9.2 万余人。① 1904 年壬寅、癸卯学制颁布、1905 年科举制度被废除,新式学堂成为时代的新宠,获得了极大的发展。从 1905 年开始,逐渐形成了都市有大学、府治有中学、县城有高小、乡镇有初小,与行政梯次相匹配的学校教育体制。截至 1912 年,新式学堂学生数达到了 293.3 万人。② 新式教科书伴随着新式学堂的发展,其覆盖范围基本上涵盖了全国绝大多数地区。

2. 发行量大

新式学堂的大量设立和学堂学生数的猛增,直接带动了新式教科书的"井喷"。如 1904 年商务印书馆的"最新"系列的《国文》教科书第一册,发行"未及数月,行销 10 余万册"③。虽然当时的教科书一般都不标注每一个版次印刷的数量,但可以通过其标注的版次,从侧面了解其出版、发行情况。1903 年,文明书局出版的《蒙学中国历史教科书》至 1908 年已出 38 版;1903 年出版的《蒙学中国地理教科书》,1908 年达到 27 版;1912 年商务印书馆出版的《共和国教科书新国文(初等小学)》,1913 年 2 月就达到 46 版,至 1926 年 7 月该教科书的版次竟然达到了惊人的 2358 版。④ 从这些教科书的一版再版可以看出,即使每次再版的数量不多,其总体发行量还是很大的。晚清的许多教科书版权页都标注官府授权的禁止翻印的标识,可见当时盗版、翻印现象时有发生。这些被翻印的教科书和当时很多学生因家贫无力购买教科书所使用的手抄本教科书因不在正规出版范围内,更是无法统计。

3. 种类多样

自传教士译书开始,他们就非常注意各个学科门类的引入,同时随着新式教育的逐渐完善新式教科书的种类逐渐丰富。由益智书会出版、傅兰雅主持编

① 田正平.中国教育史研究(近代分卷)[M].上海:华东师范大学出版社:2009:129.
② 桑兵.晚清学堂学生与社会变迁[M].桂林:广西师范大学出版社,2007:2-3.
③ 王建军.中国近代教科书发展研究[M].广州:广东教育出版社,1996:111.
④ 石鸥,吴小鸥.清末民初教科书的科学启蒙[J].高等教育研究,2012(11):85-90.

译的《格致须知》就是一系列教科书的统称,共包含 28 种教科书,内容涵盖了数学、物理学、化学、生物学、天文学、地理学、经济学、哲学等多个学科。且由于各个出版机构出版侧重不同、编译者的知识背景不同、引入教科书的底本也不同,一时间,以英国、法国、美国、德国、日本教科书为底本的译书和国人自主编著的教科书一道,极大地丰富了教科书市场。

笔者之前统计过,1840—1911 年仅中学物理学科出版发行的各类教科书种类即超过 100 种。[①] 1904 年颁布的壬寅、癸卯学制规定,全国学制共分为初等小学堂、高等小学堂、中学堂(初级师范学堂)和大学堂等四个等级,其中除大学堂外,小学堂有 13 门课程、中学堂有 12 门课程,每门课程还要分年级、分册,可知晚清时期新式学堂教科书的种类繁多。

三、西学教科书的影响

与内容相对深奥的科学著作相比,这些新式教科书内容浅显、语言直白,便于理解;与时效性较强的报刊相比,教科书内容相对稳定,留存和使用时间更长久;与演示和讲座相比,教科书中的理论知识更加规范、系统,涵盖内容更加丰富。在科学启蒙过程中,教科书与其他启蒙载体相比,存在着一定的优势,并对我国近代的科学启蒙产生了深远的影响。

1. 促进中国的学术分科

中国传统文化的学术分科一般以研究者主体和地域为准,而不是以研究客体为分类标准。其研究对象主要集中于古代典籍涵盖的范围内,如儒学、墨学、程朱理学、陆王心学等,并非直接以自然界为对象。[②] 而西方近代学术分科则以研究对象为分类标准,划分为物理学、化学、生物学、数学、文学、经济学、社会学等学科。晚清的新式教科书一般都按照西方的学科分类方式编写,这些书籍基本包含了西方知识体系中的各个学科门类,为中国的学术分科提供了典范,促进了中国传统文化的学术分科。

2. 促进科学知识的传播

清朝末期,长期以来的传统儒学教育和闭关锁国政策的实行,使国人的自然科学知识极为匮乏。这一时期引入的物理教科书大都重视自然科学知识的传播,陆续将西方近代科学的最新知识引入中国。以物理学为例,《博物通书》

---

① 刘志学,陈云奔,张磊.晚清时期中学物理教科书发展及其特点[J].物理教学.2017,39(8):73-78.
② 左玉河.先秦分类观念与中国学术分科之特征[J].学术研究,2005(4):48.

(1853)为传教士翻译的第一本电磁学著作,同时,也是玛高温在宁波讲学期间使用的教科书。《重学浅说》(1858)为最早的重学译著。《重学》(1859)为最早介绍牛顿学说的力学教科书,该书包含静力学、动力学、刚体力学和流体力学等知识,基本涵盖了现代力学教科书的全部内容。《光论》(1853)系统地介绍了几何光学的基本知识。《光学》(1876)一书则对光的本质进行了说明,并对部分概念进行了澄清。[①]《光学揭要》(1898)对 1895 年伦琴发现的 X 射线及其性质、用途进行了简要的叙述,是中国最早介绍 X 光的书籍。[②] 这些物理教科书中的知识基本涵盖了西方近代物理学的最新成果。

3. 实现科学方法的启蒙

贝尔纳认为,科学教育的目的有二:提供已经从自然界获得的系统知识基础,并且有效地传授过去、将来用来探索和检验这种知识的方法。[③] 一直以来,国人大多注重"天人合一"的有机自然观和顿悟、体验等思维方式,而对观察、实验、归纳、演绎等科学方法则不够重视。

物理教科书一般都会渗透一定的科学方法。如赫士的《声学揭要》(1893)、傅兰雅的《格致须知》(1894)等书,就常使用归纳法引出科学规律,一般过程为先介绍释义,使读者通过体会实验过程,得出实验结论。《声学揭要》第一章《论声之大小》一节中就写道:"设有钟五,形质同,击力又同,若将四钟并列,使距耳六尺,其一半之则,四远者之合声与一近者之声同大,故知远一倍,声小四倍也。"[④](标点为笔者后加注)《力学须知》第五章《试摆动法》一节中写道:"用甲乙丙丁四球,各以丝线悬于架,用螺丝配其线之长,甲为最短,摆乙摆之长,配使往复一次之时,为甲之倍,丙摆之长为,配其往复之时为甲三倍,各长配毕,以尺量之,则知乙长为甲四倍,丙长为甲九倍,可见摆动之时,与摆长之平方根有比例。"[⑤]而丁韪良的《格物入门》(1868)一书,则非常重视实验法的使用。在《格物入门·卷五·力学》中,讲完牛顿三定律后,即以"第一纲之理何法试验""第二纲之理何法试验""第三纲之理何法试验"的形式,分别用向空中掷物、舟上坠铅丸和手按于桌等浅近的事例[⑥],对如何通过实验验证牛顿三定律进行了解

① 骆炳贤.物理教育史[M].长沙:湖南教育出版社,2001:65-67.

② 王冰.中外物理交流史[M].长沙:湖南教育出版社,2001.

③ 贝尔纳.科学的社会功能[M].北京:商务印书馆,1982:340.

④ 赫士.声学揭要[M].烟台:山东登州文会馆,1893:2.

⑤ 傅兰雅.力学须知[M].上海:江南制造局翻译馆,1889:25.

⑥ 丁韪良.格物入门·卷二.气学[M].北京:京师同文馆,1868:28.

释,方便学生理解物理知识。

4. 抵制封建迷信

历经几千年农耕文明浸润,古代中国人大都具有泛神论思想,对于无法解释的自然现象,通常不去研究其根本原因,而是将其理解为有"神灵"在控制。因此,大自然中的各种自然现象都由相应的"神"来掌管:风由"风神"负责、雷电由"雷公电母"管理,下雨与否则由"龙王"决定。丁韪良在他的《花甲记忆》一书中就记载了当时国人因大旱,向"龙王"求雨的场景:"人们在地上铺了一块地毯,知府穿上全套的官服,跪在地上向龙王的化身磕头。"①

科学与迷信是水火不容的,"水火雷电"等各类自然现象如果都能够运用科学知识加以解释、说明,迷信也就难以藏身。通过与中国人的接触,传教士认识到当时中国人的迷信思想后,也认为"科学将有效的根绝异端迷信"②。因此,他们在编译物理教科书的过程中,时常运用物理学知识对各种自然现象进行解释,以破除人们的迷信思想。

傅兰雅的《电学须知》(1887)一书的总引中就曾写道:"昔人徒知发光者为电、击声者为雷,以为雷公电母主其事也,后有能者出,设法以引空中雷电试之,与摩电无异。"③接着,傅兰雅对电的产生、性质、应用等进行了详细的介绍,使读者能够对"电"这一物理现象有一个全面的认识,不至于再将其理解为"雷公电母"所掌控。

5. 培养中国早期科技人才

新式教科书作为晚清知识分子了解西方现代科学知识的一个窗口,深刻影响了一批具有求新、求变精神的知识分子,其中一部分后来成为科普工作者和科技人才。李善兰、王韬、张福禧、徐建寅、谢洪赉,杜亚泉、王季烈、朱宝琛等一大批中国近代科学的传播者和实践者,都是在参与编译教科书和学习西学书籍之后,走上了科学之路。

他们中的很多人在掌握一定的科学知识和具有一定的外语基础之后,便开始独立翻译或自主编写教科书。如谢洪赉、王季烈等都是早期中国物理教科书编写领域的知名作者,他们编译的教科书《最新中学教科书物理学》(1904)、《物理学新教科书》(1907)等成为20世纪初物理教科书的主流。

---

① 丁韪良.花甲记忆[M].沈弘,等译.桂林:广西师范大学出版社,2004:52.
② 陈学恂.中国近代教育史教学参考资料:下册[M].北京:人民教育出版社,1986:12.
③ 傅兰雅.电学须知[M].上海:益智书会,1887:1-2.

他们中有的人除参与编译教科书外,还自己动手开展科学实验、制作新式机械,并取得了一定的成就。这些成就可能在今天看来微不足道,但是在近代科学刚刚传入中国的晚清时期却是难能可贵的。如徐寿通过实验,质疑傅兰雅、徐建寅译的《声学》(1874)中"长度减半或加倍的管所发出的音,比原来长度的管所发出的音要高或低八度;在闭关和开管两种情况下,一定时间内的振动次数与管的长度成反比"的结论。傅兰雅无法对该问题进行答复,便将徐寿的问题写信反馈给该书的原作者英国物理学家廷德耳和美国《自然》(Nature)杂志,并获得了《自然》杂志的肯定的答复。徐寿、华蘅芳等人还参照墨海书馆出版的《博物新编》一书中的内容制作了一台蒸汽机,并利用这台蒸汽机制作了中国第一艘汽船"黄鹄号",轰动一时。

第三节　物理学、物理教育与物理教科书

一、物理学及其发展概述

物理学(英文:physics)古称"自然哲学",是自然科学的重要组成部分,也是最早形成严密理论体系和相对完整科学研究范式的学科,并被视为其他自然科学和人文社会科学应模仿和参考的典范。

物理学以物质的基本结构、相互作用和运动规律为研究对象,研究范围涵盖大到 150 亿光年的整个宇宙到小到 10^{-20} 米的夸克。物理学的发展深化了人们对物质世界的认识,同时也推动了科学、技术、经济、社会和文化的进步,以牛顿力学为代表的经典物理学为西方的工业革命奠定了科学基础,近代物理学的发展助推了航空航天、信息技术和新能源等领域的快速发展。可以说,没有物理学的发展和推动作用,就不可能有高度发达的现代社会。

2000 多年前,古希腊哲学家亚里士多德就开展了关于自然哲学的相关研究,并将其关于自然界的研究著作称为《物理学》,开创了物理学研究的先河。但由于古希腊时期的物理学研究主要集中于思辨,很少使用实验等研究方法,研究成果大都集中于天文学和自然史方面,在其他方面贡献不大。这一时期,亚里士多德开展了力学和物体运动的相关研究;阿基米德开展了杠杆和液体静力学研究,创立了阿基米德原理;泰勒斯和普林尼开展了电和磁的研究;德谟克利特提出了"原子说"。这些物理学研究成果有些已经被证实是与事实不符的,有的一直被作为科学理论而沿用至今。但无论如何,不能否认这一时期在物理

学发展史上的重要作用。

古希腊之后最伟大的物理学家是伽利略,他是近代科学的创始人,开启了动力学的研究,并率先运用观察、实验和数学相结合的方式开展物理学研究。他最重要的成就都记载于《关于力学和位置运动的两门信息的对话》(简称《对话》)中。《对话》记录了伽利略开展过的比萨斜塔、自由落体、斜面和抛体等实验,并对实验过程进行了演绎推理,建立了动力学的最初的原理①,为牛顿力学的创立奠定了基础。

牛顿在伽利略研究的基础上,进一步丰富了物理学特别是动力学研究,创立了以牛顿三定律为代表的牛顿力学。同时,牛顿在光学、天体物理学等领域也进行了很多开创性的研究。牛顿在物理学领域的巨大成就,使物理学的发展远超同一时期的其他学科,并对其他学科乃至整个近代科学的发展都产生了重大影响。

19世纪之后,西方社会经历了文艺复兴、宗教改革、科学革命、启蒙运动等。近代科学的快速发展推动了生产力水平的提高和人们自由、民主意识的觉醒,催生了工业革命和资产阶级革命。物理学的各个分支学科如力学、热学、光学、声学、电磁学、原子物理学等都得到了极大的发展,物理学的学科框架基本成型,物理学的研究范式基本确定。物理学的各项理论在西方逐渐被人们所熟知。物理学的产品如电灯、电话、电报、蒸汽机、火车和各类机械装置等在生产。生活中的巨大价值也逐渐被人们所认可和接受。

物理学严密的学科体系,重视观察、实验和数学知识的运用,其能够发现自然规律、运用自然规律并对事实和现象进行预测,极大提升了人类认识世界和改造世界的能力,为人类摆脱封建思想、宗教思想的束缚、抵制迷信提供了武器和力量。物理学的学科特点决定了其必然是科学启蒙的重要内容和现代学校教育的重要学科。

二、物理教育发展历程

物理教育是传播物理学知识、培养物理学人才、促进物理学发展的重要途径。自物理学诞生以来,物理教育就一直与之相伴而生。不论是西方的"七艺"教育即逻辑、语法、修辞、数学、几何、天文、音乐,还是中国古代的"六艺"教育即礼、乐、射、御、书、数中,都包含一定的物理学知识的教育。如西方的"天文"教

---

① 弗·卡约里.物理学史[M].戴念祖,译.北京:中国人民大学出版社,2010:30-35.

育中,就包含天体物理学和力学知识,中国的"数"是"术数"的简称,内容除数学知识外,还包含自然的道理和技术技巧等知识。

19 世纪之前,虽西方近代科学得到了极大的发展,但古典教育即以文法和艺术为主的教育仍然是学校教育的主流。19 世纪初,西方一些学者逐渐认识到了科学的高速发展与科学教育在学校教育中的地位的不对等,并开始大声呼吁将以物理学为主的科学教育纳入学校教育的范畴,使之成为学校教育的主要科目。

英国哲学家斯宾塞和赫胥黎是积极推动科学教育进入学校教育系统的代表人物。1860 年,斯宾塞的代表作《教育论》发表,其中,斯宾塞提出了著名的"什么知识最有价值"命题,他将所有知识分为五类,在该文的最后,斯宾塞总结道:"什么知识最有价值,一致的答案就是科学……为了直接保全自己或是维护生命和健康,最重要的是科学。为了那个叫作谋生的间接保全自己,有最大价值的知识是科学。为了正当地完成父母的职责,正确指导的是科学。为了解释过去和现在的国家生活,使每个公民能合理地调节他的行为所必需的不可缺少的钥匙是科学。同样,为了各种艺术的完美创作和最高欣赏所需要的准备也是科学。而为了智慧、道德、宗教训练的目的,最有效的学习还是科学。"[1]斯宾塞振聋发聩的论述,开启了科学教育进学校的大幕,经过近半个世纪的论战,到 19 世纪末,以物理、化学、生物等科目为代表的科学教育最终成功进入学校,成为学校教育的主要课程。

物理教育在古代中国的命运与西方相似,物理教育进入学校教育系统也经历了一段坎坷的过程。中国古代劳动人民在生产、生活过程中,积累了一定的物理学知识和经验,并形成了一些蕴含物理学知识的著作。2000 多年前,春秋战国时期的《墨经》即是墨家开展私学的教材,其中包含了力学、光学等方面的物理学知识,同时还涉及了观察、实验等科学方法的介绍。[2] 但是,到了汉代以后,儒学成为官方认可的唯一学说,其他学术的发展受到很大限制。特别是公元 621 年开始实行科举考试制度,不论是官学、私学,还是书院,所有的教学内容都围绕"经史子集"等儒家经典著作展开,所有读书人都是以通过科考博取功名为目的,更加强化了儒学的统治地位。明代以后,八股文成为科考的主要形式,进一步束缚了知识分子的思维,到了晚清时期,形成了"独是科名声利之习深入人心,积习难返,士子所为汲汲皇皇者,唯是之求"的局面。

---

① 斯宾塞.斯宾塞教育论著选[M].胡毅,王承绪,译.北京:人民教育出版社,1997:91.
② 骆炳贤.物理教育史[M].长沙:湖南教育出版社,2001:28.

最早将近代物理学知识引入中国并在中国开展物理教育的当数西方传教士。自明代万历年间,利玛窦来华开启"西学东渐"以来,由传教士翻译的《远镜说》《远西奇器图书》《灵台仪象志》等图书将西方物理学知识引入中国。明末,传教士金尼阁就曾携 7000 种西书来华[①],同时这些传教士也带来了许多显微镜、钟表、眼睛地球仪等科学仪器,但这些科学书籍和"远西奇器"除部分与天文学相关的受到重视外,其他的绝大多数"在很多人的手里不过是掌上的玩物,没有进行认真的研究和充分的利用,一旦这些传教士回国,这些东西也就大多随之销声匿迹,或弃置于深宫之中"[②],并没有引起当时统治者和知识分子的兴趣,也没有引发"科学革命"和"工业革命"。清朝雍正皇帝更是采取闭关锁国的政策,关闭了中西科学文化交流的大门,在西方科学快速发展的时期,继续做着"天朝上国"的美梦。

鸦片战争之后,西方列强通过不平等条约,打开了古老中国的大门。一时间,西方传教士与商人、外交官一起涌入中国,开启了他们"科学传教"之路。开办教会学校是传教士进行"科学传教"的主要方式,1839 年创建的教会学校马礼逊学堂就开设过包含力学知识在内的物理学课程,之后的教会学校大都将物理作为主要的教学内容,供学生学习。

在历经了两次鸦片战争的失败之后,清政府的一些开明官员逐渐认识到自身的不足,并开始探索林则徐、魏源等早期启蒙思想家所提出的"师夷长技以制夷"的主张,一场以"自强""求富"为理想,以引入西方近代工业体系、科学知识和教育形式为途径的"洋务运动"在 19 世纪 60 年代逐渐形成,经过与守旧派的斗争,物理教育成为这些洋务学堂的主要教学内容。1904 年,壬寅、癸卯学制颁布之后,物理课程正式成为学校教育科目,成为亿万中国学生的必修科目,伴随了一代又一代中国儿童的科学启蒙。

三、物理教科书的发展

物理教科书是物理教育的主要载体,也是传播物理学知识、对学生进行科学启蒙的重要材料。物理教科书伴随着物理教育的产生而产生,尽管"教科书"这种教育形式已存在多年,也有很多人将伽利略的著作《关于两门新科学的谈话和数学证明》称为世界上第一本物理教科书,但真正意义上的物理教科书直

---

① 方豪.中西交通史[M].长沙:岳麓书社,1987:708-710.
② 蒂尔贡,李晟文.明末清初来华耶稣会士与西洋奇器——与北美传教活动比较[J].中国史研究,1999(2):149.

到 18 世纪才开始出现。[1] 在中国,直到 19 世纪 50 年代之后,伴随着教会学校的兴起,为适应物理教育的需要,由传教士翻译的物理学教科书逐渐涌现,成为我国近代物理教科书的雏形。

明代徐光启在参与西书引进过程中提出,以汉语中"格致"一词指代西方自然科学的概念。该词取自儒家典籍《礼记》中的"格物、致知、诚意、正心、修身、齐家、治国、平天下"。徐光启在《刻几何原本序》中就曾写道:"顾唯利先生(指利玛窦,笔者注)之学,略有三种:大者修身事天,小者格物穷理,物理之一端别为象数。"其中的"修身事天"的学问为哲学,而"格物穷理"即"格致之学",就是西方自然科学。

自此之后到清代中期,一些与西方科技有关的著作,包括西方传教士所撰写的科学著作,大多被冠以"格致"之名,如熊明遇著的《格致草》、陈元龙著的《格致镜原》等。清代的教科书除丁韪良编译的《格物入门》,傅兰雅编的《格致须知》外,还有《格致启蒙》《格致小引》《格物探原》等。

1900 年之前的物理教科书的主要内容为物理学知识,但名称各异。有的教科书内容只限于物理学中的某一部分知识,且以物理学的分支学科命名,如英国传教士艾约瑟和张福喜译的《光论》《声论》,英国传教士傅兰雅、徐建寅译的《声学》《电学》;还有的教科书包含物理各个分支学科的知识,以"格致"或"格物"命名,如丁韪良译的《格物入门》《格物测算》、傅兰雅译的《格致须知》,以这类方式命名的教科书不光包含物理学知识,有的还包含化学知识以及其他学科的知识。中国第一本以"物理学"命名的教科书,当属藤田丰八译、王季烈重编的《物理学》(江南制造局翻译馆,1900)。自此,"物理学"作为包含"力、热、电、磁、光、声"等知识的教科书的名称,逐渐被国内的学者和教科书编撰者所接受。之后出版的物理教科书绝大多数均以"物理学"或"物理"命名,极少有像 1900 年之前用"格致""格物"或物理学分支学科命名的现象发生。

梳理晚清时期中学物理教科书在我国的产生、发展和演变过程可以发现,其产生于教会学校、发展于洋务学堂、最终成型于新学制颁布后的新式学堂;其编译者经历了传教士、传教士与国人合作、留日学生和本土学者自主编译的几个阶段;其出版机构也经历了教会出版机构、洋务出版机构、民营书局、留学生出版和官办出版机构的演变;其编译过程历经了翻译、编译、自主编写的过程;

---

[1] Newton D P. The Sixth-Form Physics Textbook 1870 - 1980,Part 2[J]. Physics Education,1983 (18):192 - 198.

其涵盖内容从单一涉及物理学的某一学科、涵盖物理学乃至自然科学的各个方面的"格致"或"格物"到包含物理学各个学科的物理学。

第四节　物理教科书与科学观念启蒙的互动

科学观念即对科学的基本看法和根本认识,表达了人们如何看待"科学","科学"是什么,"科学"能做什么,"科学"能为我们的生活带来哪些改变等基本问题。

一、中国传统文化与科学文化的差异

中国社会经过几千年的发展,形成了较为完善的政治、经济、文化、教育体制。特别是汉代之后,发端于"轴心时代"①的儒家思想成为正统,被历代皇帝和知识分子所推崇。隋代创立科举制度之后,儒学成为学校的教育材料、读书人登堂入室的敲门砖,更是千千万万民众的知识底色。

基于几千年来儒学思想的浸润,形成了独具特色的中国传统文化,这是一种以文学、伦理学、哲学等知识为主要内容的文化。这种以人文知识为主体的知识论,其本体论强调的是"三纲五常""克己复礼",遵循着"内省""体悟"的方法论,获得了中国传统社会的普遍认同和严格遵守,既确保了中国封建社会相对稳定和时代传承,又不断强化了其自身的权威性和稳定性,为各朝各代所遵从,甚至形成了"天不变,道亦不变"的共识。

现代科学诞生于欧洲,其前身可追溯到同样是"轴心时代"的古希腊,但是不论是现代科学,还是古希腊时期的科学,它们都与"指向人心"的中国传统文化不同,科学始终是一种关注外部世界的知识体系。科学的知识论指向为自然世界的客观规律,其本体论为自然世界是有规律的,这种规律是可发现的,其方法论则是基于观察和实验的。

不同的知识论、本体论和方法论,造就了科学文化和中国传统文化的巨大差异。科学的目的观是求真的,为求知而求知,目的就是要发现自然世界的客观规律,而中国传统文化则是致用的,这种"经世致用"的思想深刻影响了中国社会和中国文化。

科学求真的本质,决定了其在获得科学知识的科学活动过程中,需要秉持

---

① 雅斯贝尔斯.智慧之路[M].柯锦华,译.北京:中国国际广播出版社,1988:68-70.

一种自由、独立的科学精神和气质。美国社会学家丹尼尔贝尔在认可默顿的"普遍性、公有性、无偏见性和有条理的怀疑论"的前提下,同时指出,科学需要具有自我定向的独立性。① 科学自由、独立的精神特质,确保科学活动的顺利进行和科学知识的不断更新,推动了科学事业的发展。而中国传统问题则强调"纲常伦理""长幼尊卑"的道德秩序,所有的人和事物都被井然有序地纳入这张大网之中,造成了"述而不作,信而好古"的学术风气,所有的学术都成了为经典做注疏。早在 1874 年上海格致书院创建之时,近代著名化学家徐寿就曾撰文称:"中国所谓之格致,所以诚正治平,外国之所谓格致,所以变化制造也,中国之格致,功近于虚,虚则伪,外国之格致,功证诸实,实则皆真也。"②

科学文化与中国传统文化的另外一个差异,则是思维方式的不同。自然科学的思维方式最本质的特征是其可检验性,科学工作者首先提出假说,然后运用逻辑和数学工具,使假说在形式和内容上都具有可检验性,然后通过实验,确定假说是否成立,最终实现由科学假说向科学真理的过渡。而中国传统文化基于其伦理文化、道德哲学的特质,决定了其思维方式必然是直觉型的。一方面,其强调要以天人合一、知行合一的整体思维认识事物;另一方面,强调内心的体验以寻求对事物本质的认识,如《庄子》中的"以管窥天,以锥指地"和《礼记·大学》中的"格物致知"都是这种思维的典型表达。③

中国传统文化与科学文化产生于不同的文化背景之下,中西不同的哲学思想(天人合一和主客二分)导致求知对象(为道和为学)和求知方法(直觉体验和理性思维)上有重大差异,从而衍生和发展出不同的文化类型④,形成了不同的文化特质。中国传统文化和西方科学文化之间的巨大差异决定了在晚清中国所进行的科学启蒙过程,必然是一个中国民众逐渐地接触西方科学、认识西方科学并最终理解和接受西方科学的缓慢过程。

二、教科书参与下的民众科学观念启蒙与转变

明末清初,利玛窦等西方传教士来华传教,为中国带来了大量的西方近代科学知识,引发了第一次"西学东渐"的热潮。利玛窦、徐光启等中西人士将这一时期引入的西方科学知识,用中国传统文化中的"格物致知"的简称将其统称

① 马来平.探寻儒学和科学关系演变的历史轨迹[M].上海:上海古籍出版社,2015:391.
② 徐寿.拟创建格致书院论[N].申报,1874-3-16.
③ 转引自马来平.科学文化与中国传统文化的冲突[J].山东社会科学,1989(2):40-42.
④ 刘德华.基于人文立场的科学教育变革[M].长沙:湖南师范大学出版社,2016:13.

为"格致",开启了中西文化交流的大门,也使中国传统文化和西方近代科学建立了联系。

明末清初儒生对"格致"的理解较为宽泛,传教士带来的一切知识,如天文、地理、数学、物理、化学、博物等基本上都能称之为"格致"。[①] 这一时期,广大民众特别是读书人大多将科学视为"西学格致",不论是传教士带来的西学书籍还是实验设备,都属于"西学格致"的范畴。

鸦片战争之后一系列条约的签订,上海、宁波等口岸的开放,为西方传教士来华传教提供了极大的方便,传教士译书开始兴起,大量的科学书籍被引入中国。之后的洋务运动时期的洋务派官员、维新运动时期的维新派人士、留日学生和新学制后的晚清政府都十分关注西学教科书的翻译、编写,组织出版了大量的科学教科书。其中,仅物理教科书就达到100多种。各类教会学校、洋务学堂、新式学堂均开设物理课程,使用新式物理教科书。这些物理教科书伴随着一代一代学堂学生的成长,更新了他们的知识结构,改变了他们的知识底色,同时也塑造着他们的科学观念。

1. 物理教科书对国人科学观念的塑造

在京师同文馆总教习丁韪良编译的《格物测算》一书中,他就向读者表达了一种朴实的科学观,让人们了解到科学在日常生活中的巨大价值,他写道:"尝思人生在世,初为倮虫,无以蔽体,实不如鸟兽之有羽毛以御寒,有爪牙以自卫。然人秉性聪慧,能明物理。以此为万物之灵。万物皆供其需也,土则给衣食,金则做器用,水火风以架舟车,即雷电亦招致而役使之。是五行之力,尽在掌握焉。凡此莫不从格物而来。"[②]《格物测试》和丁韪良编著的另一部物理教科书《格物入门》一起,不仅被京师同文馆使用,也被其他的洋务学堂和教会学校所使用。教科书所表达的科学观念,随着使用范围的不断扩大,被学生所接受,深刻影响了晚清的知识分子。

晚清的留日学生陈榥在留日期间即参与翻译教科书。之后,他陆续翻译多部物理教科书,对晚清的物理教科书发展做出了重要贡献。在陈榥翻译的《物理易解》序言中,他将科学的作用提升至了"立国之本",表达了当时国人对科学功能的关注。他写道:"科学为立国之本,固夫人而知之矣,然而其理精,其功实,其造深,要非猎等所能至,故造车自舆始,造衡自权始,必循途,渐进而后科

---

①　金观涛,刘青峰.观念史研究:中国现代重要政治术语的形成[M].北京:法律出版社,2009:333.

②　丁韪良.格物测算[M].北京:京师同文馆,1883:2.

学至焉。中等物理学与各种科学已多相衔接之处……。"①

　　晚清的知名学者严复虽没有参与翻译物理教科书，但其对物理教育和物理教科书在科学启蒙方面的作用却非常重视。他在一次讲演中提到："以中国前此智育之事，未得其方，是以民智不蒸，而国亦因之贫弱。"要想改变这一现状，必须大力传播科学。"物理科学，但言物理，则兼化学、动植、天文、地质、生理、心理而言，诚此后教育所不可忽……""一切物理科学，使教之学之得其术……则其种之荣华，其国之盛大，虽聚五洲之压力以沮吾之进步，亦不能矣。"严复认为，物理等自然科学不仅可以在国富民强过程中发挥巨大作用，在个人的思想观念方面，也同样重要。"夫物理科学，其于开瀹心灵，有陶炼特别心能之功既如此"，甚至认为"欲变吾人心习，则一事最宜勤治：物理科学是已。"②

2. 物理教科书引发的世界观转变

　　物理教育的兴起、物理教科书的广泛传播，塑造了晚清知识分子的科学观念，也更新了国人的世界观。中国传统文化强调"天人感应""天人合一"的整体世界观和自然观，在《庄子·天道》中有云，"古之明大道者，先明天而大道次之"③，即表达了一种从天道到人道的思维路径。在宋代大儒朱熹的《四书章句集注》中，他也对天道与人道、自然世界与人类社会的关系进行了详细的论述："天以阴阳五行化生万物，气以成形，而理亦赋焉，犹命令也。""于是人物之生，因各得其所赋之理，以为健顺五常之德，所谓性也。""诚者，天之道也；诚之也，人之道也。""仁、义、礼、智，皆天所与之良贵。而仁者，天地生物之心，得之最先，而兼统四者。"④

　　在晚清的各类物理教科书中，天道与人道的关系变得清晰，西方自然科学中人物分离的原子论思想开始为人们所认识和接受，自然界的客观性开始变得清晰。在王化成编著的《格致教科书》中，开篇作者即写道："地球上之各物，无论为人目所能见，或不能见，既成一体，能占地位者，皆为一种或数种极细之质点合聚而成，其极细之质点即为原质。"⑤教科书中对物质固、液、气三态变化的论述，更是对传统"气化万物"思想造成了严重的冲击，还原了客观世界物质组

① 陈榥.物理易解[M].东京：教科书译辑社，1902：序.
② 严复.论今日教育应以物理科学为当务之急[M]//王栻.严复集：第二册下.北京：中华书局，1986：282-285.
③ 庄子.庄子集注卷五[M].北京：中华书局，1978：471.
④ 朱熹.四书章句集注[M].北京：中华书局，2011：19-35，220-222.
⑤ 王化成.格致教科书[M].上海：商务印书馆，1903：1.

成的真实面目。在《格致教科书》中,作者写道:"木石之类,实质也;油水之类,流质也;极细极微周流宇内者,气质也。实质,乃一种或数种原质凝合,甚坚,自具形性,必借他物之势力加之,乃得分散。流质,随器成形,无一定之式。气质,人目所不能见,似无质体者,其质与实质、流质无异。"①

3. 促进了新思想的形成

晚清物理教科书中所记录的知识在今天看来都是常识性的知识,但在当时却深刻震撼了刚刚接触自然科学的国人,颠覆了他们在四书五经中所认识、形成的思想和观念,促进了国人思想的现代性转换,推动了近代维新思想、革命思想的形成。这些新式教科书不光在自然科学领域影响重大,在社会科学领域也产生了深远的影响。中国近代思想史上的知名人士大多阅读、学习过新式教科书。这些不同于中国传统文化的异质文化,深刻地震撼了近代国人的心灵,并与这些知识分子内心原有的中国文化发生碰撞,结合当时中国内忧外患的实际情况,形成了之后影响近代中国历史走向的各种新思想。

康有为在 19 世纪 80 年代开始接触西方书籍并深受启发,思维为之一振。康有为曾写道:"光绪十年……秋冬,独居一楼,万缘澄绝,俯读仰思。至十二月,所悟日深,因显微镜之万数千倍者,视虮如轮,见蚁如象,而悟大小齐同之理。因电机光线一秒数十万里,而悟久速齐同之理。"②康有为以这些西学知识为基础,结合他对儒学和佛学的理解,最终撰写了《大同书》《诸天讲》《康子内外篇》等融合中西的思想著作,为其形成维新思想奠定了基础。

除康有为外,谭嗣同、梁启超、章太炎、孙中山等维新人士、革命人士都深受西学影响,开始思考用西方自然科学知识构建自己的维新理论或革命理论。

谭嗣同的《仁学》一书集中体现了他的哲学思想。该书中对"以太"的论述即参考了傅兰雅的《格致须知》和《声学》等物理教科书中的相关内容。③《光学须知》中写道:"天空之中,有一种极稀极轻气质名以脱(以太),最能引光,凡发光体,常自震动,即冲动周围以脱气,随动成浪,谓之光浪。"④谭嗣同的《仁学》一书中认为:任剖某质点一小分,以至于无,查其为何物所凝结,曰唯"以太"⑤。

① 王化成.格致教科书[M].上海:商务印书馆,1903:8.
② 康有为.康南海自编年谱 戊戌变法[M].北京:中华书局,1992:117.
③ 林庆元,郭金彬.中国近代科学的转折[M].厦门:鹭江出版社,1992:300.
④ 傅兰雅.光学须知[M].上海:益智书会,1884:1.
⑤ 林庆元,郭金彬.中国近代科学的转折[M].厦门:鹭江出版社,1992:300.

第三章
强调科学知识的鸦片战争时期

第一节　鸦片战争时期物理教科书总体情况

根据学者的定义，"只有根据一定的学制，按照学年、学期、学科而分年级、分册、分科编写，且具有相应的教学参考书，方可称为具有现代意义的教科书"①。据此考察，我国第一本具有现代意义的物理教科书当数 1904 年由谢洪赉翻译、商务印书馆出版的《最新中学教科书物理学》。在此之前的半个多世纪都属于现代教科书的萌芽时期。萌芽时期的教科书一般都具备传播科学知识、满足学校教学需要等属性，同时也存在着无国家颁行的学制体系可遵循、无配套教学参考书、物理学知识不系统等问题。因此，这些可被称为现代教科书的雏形。

作为现代物理教科书雏形的早期教科书，诞生于风云激荡的晚清时期。正如费正清在《剑桥中国晚清史》一书中所言："虽然历史学界关注的中心问题，每代各有不同，但就中国近代而言……一个需要阐明的重大问题就是外来影响的程度和性质。"②同样，物理教科书并非我国学校教育发展的结果，而是近代中西文化交流的产物。

---

① 石鸥.最不该忽视的研究——关于教科书研究的几点思考[J].湖南师范大学教育科学学报,2007
(5):5-9.
② 费正清,刘广京.剑桥中国晚清史:上册[M].中国社会科学院历史研究所编译室,译.北京:中国社会
科学出版社,1985:32.

一、鸦片战争与第二次西学东渐

1840 年的鸦片战争一直被学界看作晚清时期也是中国近代史的起点。1840 年之前,虽然中国仍在执行闭关政策,但是在部分西方传教士的努力下,他们的许多传教活动和科学传播活动已经开始渗透到中国国内。这一时期来华的传教士中,英国的马礼逊最为知名。1807 年,马礼逊乘坐美国货船来华,之后依托广州的外国商馆、澳门的东印度公司,以公司职员身份为掩护,秘密开展传教活动,并学习汉语,翻译汉文版《圣经》,编撰《华英字典》,同时向西方传播中国文化,安排他的助手米怜前往马六甲建立出版机构和英华书院。鉴于其对东印度公司在华商业活动及在中西文化交流等方面的贡献,1834 年,英国国王任命其为副领事,同年,马礼逊病逝于澳门。①

马礼逊去世后,广州、澳门等地区的外国商人和传教士为纪念其贡献,成立了马礼逊教育协会,并于 1839 年在澳门成立了马礼逊学堂。马礼逊学堂聘请美国传教士、耶鲁大学毕业生布朗为校长,负责学堂的教学及管理工作。1850 年,学堂因经费原因停办,共历时 11 年。马礼逊学堂开设的课程既包括西方现代自然科学,如天文、地理、算数、几何、初等机械学、化学,也包含“四书”“五经”等儒家经典和英文等。② 作为近代中国最早的教会学校,也是最早开设物理学等自然科学课程的新式学堂,马礼逊学堂为中国培养了容闳、黄宽、黄胜等中国第一批留美学生,在中国近代教育史上具有重要地位。

19 世纪的中国已经进入封建社会的晚期,国内贪官污吏横行、统治者采取文字狱等高压政策、举国知识分子醉心于科举,科举考试舞弊成风、民众中迷信者众多,国内政治矛盾凸显和激化。特别是 19 世纪中期和后期的太平天国运动和义和团运动,更是沉重地打击了清王朝的封建统治。

与此同时,18 世纪、19 世纪的欧洲历经了文艺复兴、宗教改革、科学革命和启蒙运动之后,科学的发展推动了技术的进步,技术的进步又促成了工业设备的革新和生产力水平的大幅度提高,在科学与社会的双重良性互动作用之下,欧洲各国陆续开始了工业革命和资产阶级革命,资产阶级取得了国家政权,英国、法国、德国陆续成为资本主义国家并成为世界科学研究中心。资本主义国家生产力水平大幅度提高,形成了拓展商品原料供应地和销售市场的需求,资

---

① 顾长声.传教士与近代中国[M].上海:上海人民出版社,1981:24 - 26.
② 熊月之.西学东渐与晚清社会[M].上海:上海人民出版社,1995:128.

本主义的殖民之路由此开始。

一直以来,西方对于古老而又神秘的中国充满向往,《马可波罗游记》《利玛窦中国札记》等传记中对中国的记载更让西方人认为中国遍地是黄金。晚清时期,就有一位英国商人曾说过:"只要每个中国人衣服的下摆长一寸,就够曼彻斯特所有的工厂生产几十年。"这一说法代表了当时西方资本主义国家对中国市场的垂涎和渴望。

18世纪下半叶至19世纪初,葡萄牙、英国等国的使臣一次次带来大量的科学仪器和工业产品,如地球仪、抽气机、枪炮、舰船模型、工艺品等,拜访清朝皇帝,申请通商。但这些器物一般都被收进深宫中供皇帝观赏、游玩,而通商的请求均以"此则与体制不和,断不可行""天朝物产丰富,无所不有,原不借外夷货物以通有无""天朝不宝远物,凡尔国奇巧之器,亦不视为珍异"①等原因一次次被回绝。可见,当时的乾隆、嘉庆等皇帝还沉浸于天朝上国、物产丰富,不需了解世界也不需要与世界互通有无的心态之中,处于一种自我封闭、保守落后的状态,对世界的潮流、科学的发展更是一无所知。

英国等新兴的、日益强大的、急需开拓海外市场的资本主义国家面对封闭、保守、腐朽落后的封建帝国,两种势力之间的冲突就这样不可避免地爆发了。这次冲突始于林则徐的虎门销烟,以鸦片战争的爆发达到顶点。这场以资本主义对封建主义、工业文明对农业文明的不对等战争,最终以清政府的战败,一系列不平等条约的签订,中国沦为半殖民地、半封建社会结束。

鸦片战争之后,战败的清政府被迫与西方列强签订了《南京条约》《望厦条约》《黄埔条约》等一系列不平等条约。根据这些条约的约定,广州、福州、厦门、宁波和上海等五口开始通商,外国传教士在这些口岸城市传教、开学堂、办医院获得了法律许可。作为中西文化传播使者的传教士的传教环境获得了极大的改善,传教事业也从地下开始转为地上,规模获得了极大的发展。

学者一般将明末清初利玛窦等传教士在中国开展的西学传播活动称为第一次西学东渐,而将晚清时期,特别是鸦片战争之后西方传教士的活动称为第二次西学东渐。明末清初的西学东渐涉及的范围仅限于少数士大夫阶层,其带来的部分泰西器物和翻译的书籍,或深藏宫中,或在有限范围内传播,其涉及的学科也仅限于天文、数学、地理等方面,产生的影响非常有限。

与第一次西学东渐相比较,第二次西学东渐的范围更大、涉及的学科更多、

---

① 斯当东.英使谒见乾隆纪实[M].北京:商务印书馆,1963:558-562.

影响也更为深远。晚清的传教士将目标指向了底层的民众。其创办的医院免费为病人治疗疾病。其开办的教会学校也大多不收取学费,而且提供食宿,很多无力将孩子送到私塾学习的家长,将孩子送到了教会学校。其发行的出版物一般也都免费发放给读书人。每年的科考期间,传教士都会在考场附近免费发放夹杂着一定西学知识的宗教宣传手册。太平天国运动的领袖洪秀全就是在考场外得到了传教士撰写、发放的《劝世良言》,受其影响而走上了农民起义的道路。

二、传教之工具:物理教科书

自明朝利玛窦来华起,传教士们就认识到在儒家思想根深蒂固的中国,要想让中国人接触基督教,就必须通过展示精巧之物,让其看到西方自然科学的优势,见识到科学的力量,引发关注进而说明这一切均出自造物主之手,使人们逐渐了解基督教、信仰基督教。美国传教士狄考文曾在一份报告中说道:所有科学都属于教会,这是合乎情理的,它是上帝特别赋予教会去打开异端邪说大门的工具和争取人们信仰福音的手段。中国人把近代科学的发展看作近乎奇迹,惊叹不已。我认为基督教教师不仅有权开办学校,教授科学,而且这也是上帝赋予他们的使命……科学不成为宗教的盟友,就成为宗教最危险的敌人。基督教教会的良机,就在于培养能以基督教真理来领导这场伟大的精神和物质变革的人才;这也是西方科学与文明迅速在中国生根开花的良好时机。[①] 另一位美国传教士丁韪良也曾说过:"(利玛窦)凭借科学的工具打开了传教之路,现在中国对科学的需求更大了。"他编写《格物入门》等书的目的就是树立上帝作为造物主的这一永恒真理。[②]

同时,传教士通过传播自然神学的理念渗透其宗教思想,也是其传教策略之一。1802 年,在英国出版的《自然神学》一书中就写道:"整个宇宙可以被理解为一部复杂的机械装置,根据规律和可以理解的法则来运转。"但这并不表明上帝是不必要的,相反,"机械装置本身就预示着设计,这也就是说有目的的意图,有设计和制作的能力"。[③] 这种自然神学的"宇宙设计论"思想将宇宙设想成为一个机械装置,其"设计""运转"都是由上帝完成的,了解宇宙运转奥秘的

① 转引自陈学恂.中国近代教育史教学参考资料(上册)[M].北京:人民教育出版社,1986:6.10.
② Covell R R. W. A. P. Martin: Pioneer of Progress in China [M]. Washingon: Christian University Press,1978:175.
③ 麦克格拉思.科学与宗教引论[M].王毅,译.上海:上海人民出版社,2008:90.

过程,也是认识上帝的过程。因此,传播科学不仅是传教士传播宗教的工具,也是让更多人认识上帝的途径。

教会组织编译的教科书主要有两类:一类为教会出版机构,这类出版机构早期以印制《圣经》和宗教宣传手册为主,之后开始涉足科学著作和教科书的编译、出版工作,如墨海书馆、美华书馆等;另一类为基督教教会学校及其成立的教育组织,为协调基督教的教育事业,在华基督教组织先后成立了益智会(Society for the Diffusion of Useful Knowledge in China)、益智书会(School and Textbook Series Committee)、基督教教育会(Educational Association of China)等机构。这些机构都非常重视基督教教会学校的教育事业。其中,在学校教科书领域影响最大的是1877年成立的益智书会,该书会在为教会学校编写教科书方面投入了巨大的精力。在出版物理教科书方面成绩较为突出的教会学校,当数狄考文在山东成立的登州文会馆。

1860年之前,在传播西方自然科学方面最重要的机构当数墨海书馆①,很多对后世产生重大影响的物理学教科书都出自该书馆。1843年,英国传教士麦都思于上海创办墨海书馆,该馆以出版宗教宣传品为主、科学书籍为辅。据统计,1844—1860年,墨海书馆出版了171种书刊,其中属于基督教教义、教史、教诗、教礼等宗教内容的有138种,占总数的80.7%;属于数学、物理、天文、地理、历史等科学知识方面的有33种,占总数的19.3%。② 伟烈亚力、艾约瑟、合信、慕威廉等传教士和李善兰、王韬、张福禧等中国学者都曾在该馆工作,并在该馆翻译、出版了《光论》《声论》《重学》《重学浅说》等多部物理教科书。

教会学校初创时期,一般都是分设在各个地区,无任何组织可言,缺少沟通与协调。随着教会学校数量的增多、规模的增大,如何协调各所学校间的关系,如教科书的编译、使用,课程的编订,教师的任用、选派等问题逐渐被各个教会学校所重视,特别是教科书问题变得日益突出。

早期的教会学校大多由担任教师的传教士自编教科书供学生使用,如山东登州文会馆的狄考文等就曾自编西学教科书供学生使用。但教科书的自编自用、不能流传带来很多问题,如资源浪费、重复劳动、许多科学术语使用混乱等。1877年,在华新教传教士第一届大会期间,与会的传教士就针对教会学校的教育问题、教科书问题进行了讨论。会后,大会建议成立一个专门的委员会负责

① 熊月之.西学东渐与晚清社会[M].上海:上海人民出版社,1995:183.
② 熊月之.西学东渐与晚清社会[M].上海:上海人民出版社,1995:188.

教会学校的教科书问题。该委员会英文名为"School and Textbook Series Committee",中文名为"益智书会"①,丁韪良为主席,成员包括威廉臣、狄考文、林乐知、利启勒和傅兰雅。

益智书会成立后,立即着手研究教会学校教科书的编写和使用问题,并最终决定编辑两套学校用书,一套供初等学校使用,一套供高等学校使用,科目包括数学、物理、天文、地理、历史、化学等,并力求使用浅显的语言撰写,翻译教科书所用的名称术语要统一。

截至1890年,益智书会共出版、审定各类适合学校使用的教科书98种189册。其中,科学类有45种,哲学和宗教类有19种,地理类有9种,算学类有8种,历史类有4种,其他有13种。② 益智书会编译、出版的教科书除在各个教会学校使用外,也通过赠送的方式送给全国各地的旧式私塾,供私塾学生使用。③ 在益智书会出版的众多教科书中,影响最为深远的当数傅兰雅编译的《格致须知》系列。1904年,壬寅、癸卯学制颁布之后,益智书会编译的部分教科书仍被全国各地的新式学堂所采用。

1864年,狄考文在山东烟台创办登州文会馆,为满足学校教学需要,他组织教师翻译了多部教科书。狄考文本人也曾翻译过《心算初学》《笔算数学》《形学备旨》等多部自然科学教科书,其后任馆长赫士编译的《光学揭要》《声学揭要》《热学揭要》等物理教科书在当时产生了重要影响。

三、传播科学的主力军:传教士

布道、出版、教育、医药是基督教传教事业的四大支柱。④ 其中,布道是中心事业,其后三项事业既是布道工作的工具,也是其布道的形式。这些西方传教士肩负着多重使命,从事着教师、牧师、医生、翻译家、出版人等多种职业,执着于他们的传教事业。这些传教士以传播宗教为宗旨,但是在其科学传教的思想指引下,客观上开启了中国民众的科学启蒙之路。

傅兰雅、丁韪良、艾约瑟、伟烈亚力、玛高温、合信、林乐知、李提摩太、潘慎

① 部分文献中将其称为"学校教科书委员会"。该学会中文名在创立时及之后一直为"益智书会","学校教科书委员会"应为后人根据其英文的字面内容翻译而成。
② 王树槐.基督教教育会及其出版事业[C]//林治平.近代中国与基督教论文集.台北:宇宙光出版社,1981:199.
③ 中华民国教育部教科书之发刊概况[M]//中华民国教育部.第一次中国教育年鉴:戊编 教育杂录.上海:开明书店,1934:115.
④ 熊月之.西学东渐与晚清社会[M].上海:上海人民出版社,1995:128.97.

文、金楷里、罗亨利这些晚清时期大名鼎鼎的英美国家传教士,无一例外地都参与了物理教科书的编写工作。其中,傅兰雅、丁韪良、艾约瑟等人更是编译了多部物理学教科书,为我国近代物理教科书的编写和物理教育的发展奠定了基础。

傅兰雅 1839 年出生在英国肯特郡海斯镇,自幼生长在宗教气氛浓厚的家庭中。受家庭环境的影响,他从小就树立了以拯救灵魂为己任的传教理想,并对中国充满兴趣。① 1858 年,傅兰雅进入由基督教圣公会开办的师范学院海伯利学院学习。傅兰雅在该校求学期间,学校开设的课程包括宗教知识、英国文学、历史、地理、天文学、代数学、欧式几何、物理学、学校管理等。② 1860 年,傅兰雅以班级第二名的成绩毕业。

1861 年,傅兰雅受差会派遣,到香港圣保罗书院任传教教师,1863 年任北京京师同文馆英文教习。1865 年,因傅兰雅与有污点的女子结婚,其所在的英国圣公会与其解除关系,傅兰雅正式成为一名自由派传教士。之后,他先后在上海英华学塾、《上海新报》工作。1868 年,他受聘于清政府,成为江南制造局翻译馆的专职译书人员,傅兰雅的西书东译事业于此开始。江南制造局翻译馆是洋务运动时期洋务派官员翻译、出版西书的主要机构,该馆自 1868 年成立至 1912 年清朝灭亡共计翻译、出版西书 183 种。其中,傅兰雅参与翻译的书籍达 93 种③,占该馆出版图书的一半以上。在江南制造局任职期间,他还参与创办了格致书院、格致书室,编辑出版科普报刊《格致汇编》。1877 年,他参与了传教士组织的教科书编译管理机构——益智书会,并一直担任书会总编辑,《格致须知》即为其在益智书会工作期间编译完成的。1896 年,傅兰雅受聘美国加州大学东方语言和文学教授,1928 年逝世于美国,享年 89 岁。

在晚清传播西学的传教士中,傅兰雅是一个特殊的人物。他宗教信仰虔诚,却因与有污点的女子结婚而被差会解雇;他编译西书、发行报刊、参与益智书会、举办格致书院和格致书室,通过多种方式传播科学,与其他传教士不同的是,他尽量不在科学书籍中渗透宗教思想。有人称:西方人并不将傅兰雅视为传教士,而中国人则常常将他误认为传教士。④ 其实,傅兰雅一直以其自己的宗教思想践行着传教主张,从没有放弃传教的努力。因此,我们可以认为傅兰

① 戴吉礼.傅兰雅档案[M].桂林:广西师范大学出版社,2010:12 - 16,212.
② 赵忠亚.《格致汇编》与中国近代科学启蒙[D].上海:复旦大学.2009:18 - 19.
③ 王扬宗.傅兰雅与近代中国的科学启蒙[M].北京:科学出版社,2000:51.
④ 王扬宗.傅兰雅与近代中国的科学启蒙[M].北京:科学出版社,2000:124.

雅不同于其他受雇于某个教会的传教士,而是一名特立独行的自由派传教士。

傅兰雅仅接受过两年的师范教育,其所学习的科学知识并不系统且非常有限,其在晚清中国能够编译大量科学书籍,很大程度上取决于其后天的努力以及传播科学于中国的恒心和意志。他在给表妹的信中曾提到在江南制造局翻译馆工作的情景,"我同时学习和翻译三个科目,上午是煤和采煤,下午是化学,晚上是声学"①,足见其译书工作的努力与辛苦。

丁韪良为美国传教士,生于 1827 年,卒于 1916 年,先后毕业于美国印第安纳州立大学和新阿尔巴尔神学院,并获得了两项学位。1850 年,丁韪良携妻子辗转香港,最终抵达宁波,并在宁波生活、工作了近十年。在宁波期间,他学习汉语、翻译《圣经》、编写宗教读物、开办男塾授课。1858 年,他作为译员参加了中美《天津条约》的谈判。1960 年,丁韪良返回美国休假,在美期间,他游说美国人支持其在中国的传教事业,争取在中国创办教会大学,并到美国费城学习电报业务。② 虽然此过程收获不大,但其在美国收集了大量自然科学方面的教科书,为之后在中国办学做了准备。丁韪良回到中国后,即在 1864 年于北京创办了教会学校——崇实馆,该校虽规模不大(开始时期仅有 6 名学生),但丁韪良全力投入该校建设,积极与美国长老会通信联系,要求教会为该校派遣科学教师、配备实验仪器。在长老会派遣的教师到来之前,丁韪良一直主持该校工作,在此期间他苦于学校没有合适的科学教科书,于是他用了两年(1864—1866年)的时间,自编了《格物入门》一书。③

1865 年,丁韪良受聘于京师同文馆任英文教习。从 1869 年开始,他担任该馆总教习。1883 年,丁韪良将《格物入门》中的部分内容进行了拓展,加入大量数学知识,形成了《格物测算》;先后于 1889 年、1899 年对《格物入门》进行了修订,分别出版了《增订格物入门》和《重增格物入门》。1898 年,京师大学堂成立,丁韪良担任总教习。

除傅兰雅、丁韪良外,英国传教士伟烈亚力、艾约瑟等编译的物理教科书在当时也产生了重要的影响。伟烈亚力 1815 年出生于英国,在伦敦期间便自学中文,具有一定的中文基础。1847 年,他受教会委派来华协助麦都思管理墨海书馆。伟烈亚力才华出众,来华之初负责组织出版《圣经》,之后几年陆续翻译、

---

① 戴吉礼.傅兰雅档案[M].桂林:广西师范大学出版社,2010:368.
② 顾长声.从马礼逊到司徒雷登——来华新教传教士[M].上海:上海人民出版社,1985:205.
③ 邸笑飞.丁韪良早期科学活动及科学辅教观——基于长老会档案的分析[J].自然辩证法通讯,2009
(1):66-70,102.

出版了《重学浅说》《谈天》《数理格致》《数学启蒙》《代数学》等科学著作和教科书,在上海主编了综合性的中文杂志《六合丛谈》,成为墨海书馆传播科学的关键人物。① 同时,伟烈亚力还积极向西方传播中国文化和科学进展,促进了中西文化的交流。② 为赞赏和纪念其在传播西学、沟通中西文化方面的贡献,在其1877年离沪返英时,上海文人沈毓桂特意写诗相赠。③

与伟烈亚力同在墨海书馆工作的还有英国传教士艾约瑟,其在传播科学知识、促进中西文化交流方面的贡献与伟烈亚力不分伯仲。艾约瑟生于1823年,毕业于英国伦敦大学,接受过神学训练。1848年,他被教会派来中国,协助麦都思管理墨海书馆。在完成书馆工作之余,他先后与张福禧、李善兰等人翻译了《光论》《声论》《重学》等物理学教科书,并成为《六合丛谈》《教会新报》《万国公报》等刊物的主要撰稿人之一。

第二节　科学以传教:
传教士译书时期物理教科书科学启蒙特点分析

传教士在鸦片战争前后,成为在中国传播西学的主要群体。在这一时期的译书过程中,虽也有中国学者参与部分书籍的编译工作,但翻译底本的选用、书籍内容的选择、科学知识的表述方式等均由传教士确定。他们传入中国的大多数西方科学知识的内容和层次都属于启蒙范畴,其编译的物理教科书更是当时民众和学生科学启蒙的主要载体和途径。这些教科书有的直接译自西方物理学著作,有的译自物理教科书,有的则是传教士根据自身的理解和认识综合其他书籍编写而成的,其难度一般都不大。它们虽缺乏系统性、规范性,但在客观上开启了中国近代科学启蒙的大幕,为之后的物理教科书编写、物理学术语的使用、物理教育的产生与发展奠定了基础。

一、以科学产品引发关注的科学知识启蒙

一直以来,基督教都通过举办教会学校培养传教人员、传播教义,同时也传授一定的知识。特别是在欧洲中世纪(一般认为是在公元5—15世纪)时期,教会的神职人员更是成了少数具备知识的群体,中世纪晚期基督教更是促进了近

① 熊月之.西学东渐与晚清社会[M].上海:上海人民出版社,1995:185.
② 韩琦.传教士伟烈亚力在华的科学活动[J].自然辩证法通讯,1998(2):57-70.
③ 熊月之.西学东渐与晚清社会[M].上海:上海人民出版社,1995:185.

代大学的诞生。由此可见,基督教一直与教育有着密不可分的关系。

晚清时期来华的传教士一直重视科学知识在其传教中的重要作用,并认为:"西方科学在中国已经有了极好的名声……它是上帝特别赋予教会去打开异教邪说大门的工具和争取人们信仰福音的手段。中国人把近代科学的发展看作近乎奇迹,惊叹不已。因此,我认为基督教传教士不仅要去开办学校,教授科学,而且这也是上帝赋予他们的权利……传教士除了要公开宣教外,还要教学,编写课本,写文章出版报纸,在某些情况下甚至包括传授西方文明生活的一般技艺。科学不是宗教的一部分,教授科学不是教会的专门职责,但是它能够十分有效地促进正义事业。"①

鸦片战争时期,西方传教士在中国编译的物理教科书开创了近代中国物理教育史上的诸多第一次。为方便其传教,这些教科书都非常重视科学知识的传播和科学产品的展示,其传播的是经过折射的西方科学,为晚清的科学翻译和科学启蒙打上了带有基督教色彩的文化烙印。②

1. 物理学知识的大量引入

(1)力学知识引入情况。

力学知识是物理学知识的基础,特别是 1867 年牛顿《自然哲学的数学原理》的出版,标志着牛顿力学的创立,也标志着力学成为近代科学第一个建立完整知识系统的学科。力学的英文为"mechanics",其中并没有"force",其直译应为"机械学",在希腊语中还含有技巧、装置之意。在亚里士多德的理解中,物理学为自然哲学,研究的是自然界事物运动的原理。可见,力学和物理学一个是研究人工机械,另一个研究自然事物。近代以前,力学和物理学完全是两个概念,具有非常不同的学术传统。直到 16 世纪,笛卡尔等机械论哲学家试图用物质和运动解释一切事物时,力学和物理学才真正地融为一体。③

力学在被引入中国之初,一般都将其称为"重学",如《重学浅说》《重学》《重学图说》《重学须知》等教科书中都使用"重学"。1868 年,丁韪良编译《格物入门》中开始正式使用"力学"一词,并将其中一部教科书称为《格物入门·卷六.力学》。傅兰雅编译的《力学须知》中写道:"力学者,动重学也。重学本分为两支:一曰静重学,专论体之相定,示人以用力之方,前辑有《重学须知》,已刊公同

①　陈学恂.中国近代教育史教学参考资料(上册)[M].北京:人民教育出版社,1986:6-11.
②　艾尔曼.科学在中国:1550—1900[M].元祖杰,等译.北京:中国人民大学出版社,2016:405.
③　胡翌霖.过时的智慧——科学通史十五讲[M].上海:上海教育出版社,2016:151-154.

好矣。一曰动重学,乃论体之动理及夫各力之根源,兹特别之曰《力学须知》。"①可见,傅兰雅将"动重学"称为"力学"。之后,"力学"逐渐被接受并最终取代了"重学"的用法。

1853 年,由英国传教士合信翻译、墨海书馆出版的《博物新编》一书的第一集中,涉及了少量与大气压力相关的力学知识。1858 年,该馆出版的由伟烈亚力和王韬编译的《重学浅说》中,简要地介绍了力学在造物制器中的重要作用。书中写道:"重学之由来古矣,制物造器无不出于重学,不明重学则不知夷险之理……重学亦分两科,一曰静重学、一曰动重学……重学实用,为造机器汽机众书,无一不从重学中来。轮船火车工艺制造之巨者悉由此出,重学讵不为格致制造之要学也哉。"②之后,书中对杠杆、轮轴、斜面、滑轮、尖劈、螺旋等简单机械及其力学原理进行了介绍,并对各个机械配备了插图,方便学生了解、认识相关机械。

19 世纪下半叶,对于力学知识介绍最为完整、系统,影响最为深远的当数 1859 年艾约瑟、李善兰翻译的《重学》。该书共计 20 卷,分为静力学、动力学和流体力学三部分,第一至七卷为静力学,内容分别为论杆、论并力分力、论七器、论诸器合力、论重心、论刚质相定之理、论面阻力;第八至十七卷为动力学,内容分别为论质体动之理、论平动相击、论平加速即互相摄引之理、论抛物之理、论物行于曲线之理、论动体绕定轴之理、论器动、论动面阻力、论诸器利用、论相击衹力之理;第十八至二十卷为流体力学,内容分别为总论、论轻流质、论流质之动。

《重学》一书的底本为英国物理学家胡威立著的《初等力学教程》,该书曾在剑桥大学被作为力学教科书使用。李善兰在《重学》的序中写道:"几何者度量之学也,重学者权衡之学也。昔我国以权衡之学制器、以度量之学考天,今则制器考天皆用重学矣,故重学不可不知也。我西国言重学者其书汗牛充栋,而以胡君威立所著者为最善。"③

《重学》一书中对力学知识系统性、公理化、定量化的表达方式,决定了其内容的丰富与艰深,注定无法被晚清时期的学生和知识分子广泛接受。但书中部分关于力学术语的翻译方式、概念、定理的表达方式对之后的《力学须知》《格物

① 傅兰雅.力学须知[M].上海:江南制造局翻译馆,1887:序言.
② 伟烈亚力,王韬.重学浅说[M].上海:墨海书馆,1858:1-5.
③ 艾约瑟,李善兰.重学[M].上海:墨海书馆.1859:序言.

入门》《格物测算》等书都产生了一定的影响。①《续修四库全书·子部·西学格致类》更称《重学》之后,传播力学知识的书籍"后无继者"。②

同样由墨海书馆出版,伟烈亚力、李善兰翻译的《谈天》一书,首次使用牛顿力学理论分析了日、月、星的运动规律、开普勒行星运动三定律、万有引力及测定行星质量等力学和天文学方面的知识。③

(2)热学知识引入情况。

1855 年,由墨海书馆出版,英国传教士合信编译的《博物新编》一书的一集中专设一节《热论》,介绍了物质三态变化、蒸汽、火轮车、汽柜、汽尺、火炉、锅炉、汽缸等知识,并设计了火轮车、汽柜、汽尺等构造图。该书在开篇介绍了"热"的巨大功效,"热乃世上最要之物,万类皆赖以生发者,使地无热,人类不成其为人,物产不成其为物,但其为用,无形无质,而见惯浑间,人自不察其理耳"。之后,作者将热分为"日热、火热、电气热、肉身热、化成热、相击热"等六类④,并分别进行了解释和说明。

该书在介绍火轮船时写道:"火轮舟车安得不快,驶如鸟飞、如鱼跃乎……英国火轮船之大者,自艏至艄长约三百二十五尺,阔约四十三尺,深约三十二尺,其快如驾一千二百马力,每一时辰能行一百零六里,曾在英国行驶埃及国,历一万两百里,只九日耳,李白之千里江陵,视此尤为慢程。"在该集的最后,作者介绍完各类使用热力驱动的设备之后,又写道:"以上机器,皆所以运动铁轮,由此法而触悟其心思,巧中生巧,有纺纱织布借火轮以代人力者,有以火轮耕田泄水者,有火轮打铜铸铁者,百工手艺,多以此法助人力,一人而兼百人之工,一日而故收一月之利。"⑤作者通过展示蒸汽机的巨大威力,使读者对西方现代科学产品有一个直观的认识,在传播科学知识的过程中,突出了对科学产品的宣传,为其进行"科学传教"奠定了基础。

1890 年,傅兰雅编译的《热学图说》中对热胀冷缩、热辐射、物体受热的分子运动论进行了说明,对以太的概念进行了介绍。1894 年,潘慎文、谢洪赉翻译的《格物质学》对能量守恒定律进行了介绍。1897 年,赫士、刘永贵编译的《热学揭要》首次引入了理想气体方程、比热、盖吕萨克定律、绝对零度等知识。

---

①　聂馥玲.晚清科学译著《重学》的翻译与传播[D].呼和浩特:内蒙古师范大学,2010:179.

②　王冰.中外物理交流史[M].长沙:湖南教育出版社,2001:132 - 133.

③　骆炳贤.物理教育史[M].长沙:湖南教育出版社,2001:64.

④　合信.博物新编:一集[M].上海:墨海书馆:1855:19.

⑤　合信.博物新编:一集[M].上海:墨海书馆:1855:29 - 31.

（3）声学知识引入情况。

1853 年,由艾约瑟、张福禧编译,墨海书馆出版的《声论》一书为中国最早的声学教科书,但该书早已失传,无从查找,只能从各类文献中看到对该书的记载。1855 年,合信编译的《博物新编》一书《地气论》一节中对真空不能传声进行了论述,但对其他声学知识并未涉及。

由美国传教士赫士和中国学者朱宝琛翻译,山东登州文会馆出版的《声学揭要》为初级声学教科书,共分为:论声之由来、速率及被返被折之理;论测诸音之颤数;论乐音;论弦琴风琴;论条片颤动之理;论以光显声原之颤动等 6 章、71 节,介绍了多普勒原理、扬声器、听诊器、留声机等声学仪器,其内容浅显,插图较多,便于学生理解。

（4）光学知识引入情况。

最早介绍现代光学知识的教科书当数 1853 年艾约瑟、张福禧编译的《光论》。在该书的序言部分,张福禧根据光源将光分为六种,分别为:"一曰日光、二曰火光、三曰磷光、四曰咸汐光、五曰虫光、六曰电光。"①之后,作者对光的直线传播、光的色散、小孔成像、光的折射、反射、全反射、海市蜃楼、光的热效应、化学效应等光学基本知识进行了介绍。

1855 年合信编译的《博物新编》一书也设置了《光论》一节,介绍了凹面镜、凸面镜、凸透镜、凹透镜成像、显微镜、人眼成像原理、彩虹及其成因、光传播的速度等光学知识。

（5）电磁学知识引入情况。

1851 年,宁波华花圣经书房出版了美国传教士玛高温编写的中国近代第一本物理学教科书《博物通书》,即为一本电磁学教科书。② 在该书序言中,作者写道:"西洋新法,凡通信移文,虽数千里,一刻可至,此实贵之要法,无论国政民事,皆所必需,今预详明其理,先从电气立论,高明者即此细究,自能知之。"③作者对"电气"在西方生活中的重要作用进行了介绍,全书共分为六章,分别为引言、电气玻璃器、电气五金、吸铁石、电气连吸铁石、电气通标。

书中介绍了手摇发电机、莱顿瓶、避雷针、伏打电堆、磁铁、电磁铁、电报机的构造及应用等。该书作为中国近代第一本物理学教科书,介绍了很多当时不为国人所知的电磁学知识,但由于书中内容艰涩难懂,且与日常生活联系不大,

① 艾约瑟,张福禧.光论[M].上海:墨海书馆:1853:序言.
② 王冰.中外物理交流史[M].长沙:湖南教育出版社,2001:140.
③ 玛高温.博物通书[M].宁波:华花圣经书房,1851:序言.

并没有引起国人的注意。书中虽对电报机进行了详细的介绍,玛高温还设计了汉字的电报编码规则,但中国设立第一家电报学堂——福州电报学堂已是1876年,距离该书出版已有25年的时间。该书虽在中国反响不大,在国内已很难寻到,但却远渡重洋传至日本,至今日本多家图书馆和科研机构仍存有该书原版或手抄本。[①]

《博物新编》一书中也设置了《电气论》一节,对发电机、指南针、电磁铁、蓄电瓶、富兰克林风筝实验等电磁知识进行了论述。

2. 物理学名词术语的创立

物理学名词是对物理现象或物理过程的精确描述,对物理学名词的使用能够反映编译者对物理学的理解程度,在教科书中选用恰当的名词对初学物理的学生理解物理过程、掌握物理知识具有重要作用。[②] 传教士引入的近代物理学是与中国传统文化不同的异质文化,国人虽对多数物理现象有一定的认识,但是对其中的物理意义却知之不多。因此,分析国人的语言习惯,选用贴切的物理学名词,成为传教士译书过程中必须面对的问题,其重要性不言而喻。

在传播科学知识、进行科学启蒙的过程中,科学所理解的光、运动等词语,并不是与日常所理解的光、运动等完全无关的全新概念,它们是日常概念的某种变形、延伸、深入。在不断的理论构建过程中,它们最后的理论意义和日常概念分离,但它们构成了自然理解和科学理论理解之间的桥梁。[③] 传教士译书过程中,选用新的物理学术语的过程,也就是在这两种理解间构建桥梁的过程。物理学名词的翻译有意译和音译两种形式,意译即为用汉字中原有的表达类似含义的词语翻译,如没有合适词语则用相关的词另组新词;音译则在实在无合适词语可用时,直接按该词的英语发音,用相应的汉语词语进行翻译。相对而言,意译的效果优于音译,更便于读者记忆和理解相应的物理概念和物理意义。

早在第一次西学东渐时期,明末清初的传教士在引入西学著作时就曾创设了部分物理学名词,如格物、格致(物理学)、重学、远镜、滑车、轮盘、重心、平衡、验气筒(气压计)等意译的名词,以及费西加(物理学:physica)等音译的名词,这些词曾出现在《西学凡》《空际格致》《远西奇器图说》《远镜说》《新制灵台仪像

① 雷银照.第一本中文电磁学著作及其历史地位[J].电气电子教学学报,2010(2):126-129.
② 刘志学,陈云奔.清末日译中学物理学教科书及其特点研究[J].自然辩证法通讯研究,2017,33(9):102-107.
③ 陈嘉映.哲学·科学·常识[M].北京:中信出版社,2018:194.

志》等物理学著作当中。之后,这些意译的名称在清末大多继续被使用,而音译名称的使用则不多。

从清末第一部近代物理学教科书《博物通书》开始,传教士又开始在科学启蒙过程中创设物理学名词。该书创设了电气[电荷,汉语"电气"就来自这本书,它是英语电流体(electric fluid)的直译]、独在(电容器)、大引(电容器)、电气增(正电荷)、电气减(负电荷)、电气玻璃器(电容器)、电气五金器(伏打电堆)、呆铁(无磁性的铁)、吸铁(磁铁)、弯吸铁(马蹄形磁铁)、电气吸铁(电磁铁)、电气通标(电报机)、通字(电报编码)等13个名词。[①] 因该书在当时发行量不大,影响力较小,其使用的这些词语并未广泛流传。

由于传教士译书之初彼此间缺乏交流,一般都是各行其是,按照自己的理解使用物理学名词进行翻译,因而造成了名词术语使用的混乱。以"弹力"为例,"弹力"是物体受到外力作用发生形变,在外力撤走后,物体恢复原状时所产生的力。在艾约瑟和李善兰翻译的《重学》一书中,作者将"弹力"称为"凸力",并将弹力解释为"何谓凸力,两小凸面平而复凸,其复凸有力名为凸力。凸力能另生速,其速恰当两球面相抵时生也,若疑平而复凸之理可试而知"[②];在丁韪良编译的《格物入门 卷五力学》中,将"弹力"称为"跃力",并写道,"凡物微质,莫不有空隙,或有跃力,若无驱力,以复原形,即无跃力,竹角之可以为弓,以其既弯能复原也,天气之可以为枪,以其既缩能复原也,至物之有无跃力,大相悬殊,然跃力十分满足之物,几乎未有也,绝无跃力之物,亦几乎未有也"[③];而在傅兰雅编译的《力学须知》中,又将"弹力"译为"凹凸力",并解释道,"凡体受压力,或屈力,或牵力,能仍复原形者,谓之有凹凸力也"[④];在赫士、朱宝琛编译的《声学揭要》中,作者将弹力称为"颤力",该书虽并未直接定义"颤力",但其在解释"声之由来"时写道,"凡有颤力之物,既静则非力不动,及动而欲静,必往返颤动,而其往返之略速者,即闻之有声,声之有无唯视其颤力之大小"[⑤]。

可见,对于力学中较为常见的"弹力"在当时并没有较为通用的译法,不同作者使用不同词语表达相同的含义,不论是"凸力""凹凸力""跃力"还是"颤力",读者通过对教科书的理解、结合生活常识都能够理解作者的意思,通过几

---

① 雷银照.第一本中文电磁学著作及其历史地位[J].电气电子教学学报,2010(2):126-129.
② 艾约瑟,李善兰.重学:卷一[M].上海:墨海书馆,1859:41.
③ 丁韪良.格物入门·卷五.力学[M].北京:京师同文馆,1868:20.
④ 傅兰雅.力学须知[M].上海:江南制造局翻译馆,1887:14.
⑤ 赫士,朱宝琛.声学揭要[M].烟台:登州文会馆,1893:1.

本教科书对照阅读,也能知道作者所论述的力的类型。但物理学术语的混乱,给读者学习物理带来了困惑,增加了读者的学习难度。

随着时间的推移,译著和教科书数量的增多,物理学名词术语不统一的问题日益严重,同一术语有多种译名,且译名大不相同。为解决西学书籍翻译过程中名词术语的混乱问题,美国传教士卢公明于1872年编辑出版了《英华萃林韵府》,其中涵盖了物理学、天文、地理学、医学、化学等学科已出版的相关书籍的译名名录,供之后的译者在译书过程中参考,对规范当时科学术语的翻译起到了一定的作用。[1]

1877年成立的益智书会一直注重科学术语的统一工作,其在成立之初就确定了该会所出版的教科书术语必须一致,并建议当时的教科书译者制定译名对照表,名词翻译参照书会译法,同时安排傅兰雅、林乐知、伟烈亚力等人负责收集各个学科的译法。

二、科学传教背景下科学方法的遮蔽

科学方法作为科学素养的重要组成部分,在科学普及和科学教育中具有非常重要的地位。在2017年教育部颁布的小学科学课程标准中,就明确将核心素养界定为:了解必要的科学技术知识及其对社会与个人的影响,指导基本的科学方法,认识科学本质,树立科学思想,崇尚科学精神,并具备一定的处理实际问题、参与公共事务的能力。[2]

在获取不同的科学知识的过程中,人们所运用的科学方法各不相同,有的来自归纳法、有的来自演绎法、有的来自理想实验、有的来自控制变量法、有的来自数学运算,这就造成了科学方法不像科学知识所体现的理论、定律、公式、概念那样规范、系统。

晚清时期,传统读书人的兴趣和关注点主要在科举制度所限定的知识范围内,因此,儒家经典著作是国人主要的学习内容,大多数醉心于科举的读书人都过着一种"两耳不闻窗外事,一心只读圣贤书"的生活,传教士引入的西方近代自然科学只能作为儒家经典之外的补充和点缀。物理教科书是晚清来华传教士进行"科学传教"的工具和手段,因科学知识和科学产品相对于科学方法更加外显和直观,更能够引起国人的关注和兴趣,且晚清时期参与译书的西方传教

① 王扬宗.清末益智书会统一科技术语工作述评[J].中国科技史料,1991(5):9-19.
② 中华人民共和国教育部.义务教育小学科学课程标准[EB/OL].(2017-02-15)[2018-04-01].http://www.moe.edu.cn/srcsite/A26/s8001/201702/t20170215_296305.html.

士一般都接受过基本的科学教育,具备一定的科学常识,但大多不能被称为学科专家或教育专家,因此不论从其主观意愿上还是从其自身的知识结构储备上来说,他们编译的教科书的主要内容必定是科学知识和科学产品。在论述科学知识和科学产品的过程中,虽涉及部分科学方法,但也都是零散的、不系统的,无法让读者感受到科学方法的重要性和真正内容。

1. 归纳法的运用

传教士在译书过程中,经常运用的科学方法主要有归纳法、演绎法和实验法。归纳法是近代科学研究常用的科学方法之一,最推崇归纳法的当数英国哲学家弗朗西斯·培根。作为英国唯物主义和经验主义的创始人,他经过多年的闭关潜修和刻苦自励,全面反思了之前的科学发展历程,对归纳法在科学发展中的作用进行重新认识,并指出:归纳法不仅是自然科学的方法,而且是一切科学的方法。[①] 培根将归纳法分为新旧两种,其共同之处在于都是从局部事物开始,最终得出普遍之理。而区别在于,旧的归纳法是"从感觉和特殊事物到最普遍的公理,把这些原理看成固定和不变的真理,然后从这些原理出发,来进行判读中间的公理",而培根所崇尚的新归纳法则是"从感觉和特殊事物把公理引申出来,然后不断逐渐上升,最后才达到最普遍的公理"。[②]

鉴于归纳法在近代科学发展中的重要作用,归纳法也成为晚清传教士编译物理教科书时最为常见的科学方法。合信的《博物新编》(1855)、赫士的《声学揭要》(1893)、傅兰雅的《格致须知》(1894)等书,就常使用归纳法引出科学规律,使读者通过体会实验过程,得出实验结论。合信在《博物新编》之《电气论》一节中谈道:"又有某医院,时值剖验死者,试以电气阴阳两线触其筋络,僵尸手撑足搐,突然起立,睁眼憧鼻,嚼齿张唇,状貌狞恶,生徒皆掩面却走,再试以猪首牛头,皆蠢动可畏,由此推论,可知地上万物,皆有电气在其内,特未得其法,则隐而不显,人自不觉耳。"[③]作者通过对人体和动物尸体因触电而引起的痉挛现象的分析,得出生物体内带电的结论。

赫士在《声学揭要》第一章《论声之大小》一节中写道:"设有钟五,形质同,击力又同,若将四钟并列,使距耳六尺,其一半之则四,远者之合声与一近者之

---

① 路德维希·费尔巴哈.费尔巴哈哲学史著作选[M].北京:商务印书馆,1978:43.

② 北京大学哲学系外国哲学史教研室.十六到十八世纪西欧各国哲学[M].北京:商务印书馆,1975:10.

③ 合信.博物新编:一集[M].上海:墨海书馆,1855:55.

声同大,故知远一倍声小四倍也。"①(标点为笔者后加注)。傅兰雅在《力学须知》第五章《试摆动法》一节中写道:"用甲乙丙丁四球,各以丝线悬于架,用螺丝配其线之长,甲为最短,摆乙摆之长,配使往复一次之时为甲之倍,丙摆之长,配其往复之时为甲三倍,各长配毕,以尺量之,则知乙长为甲四倍,丙长为甲九倍,可见摆动之时,与摆长之平方根有比例。"②

2. 实验法的运用

与归纳法一样,实验法也是传教士译书经常介绍的科学方法。从观察入手,掌握感性材料,对其进行加工整理后,进行归纳推演,上升到理论体系,再用实验检验之,这是近代科学的基本方法,也是近代科学与古代科学的区别之处。③ 实验方法的引入,使近代科学与传统的思辨科学有了本质的区别。科学史上的另一位培根——罗吉尔·培根,第一次明确提出实验应作为科学的第一要义,使科学在中世纪开启了对神学的反抗,形成了以实证为特色的现代科学的研究传统。实验方法的引入和广泛使用,促进了近代科学的发展,特别是在伽利略、牛顿等人的努力下,完成了以牛顿力学为代表的近代自然科学体系的建立。

傅兰雅在《力学须知》一书中谈及"力的传递"时写道:"凡动体相击,力必彼此相传……试用一架,上挂十球,如第二十二图,令各球相切成行,将首球拉开放之,使击二球,则传于余各球,至末球必自抛开,所抛之远,正与首球拉开之远同。其理因动球击静球,则静球受其击力而前行……则一一传力,至末两球抛开,拉放三球或多球,试之,理亦相同。"④该书通过结合文中的插图讲解了实验内容,展示了小球在运动过程中彼此撞击传递受力的过程。

赫士、朱宝琛在《声学揭要》一书中同样多次通过实验的方式展示声音产生和传播的原理。如在第一章《论声之来由速率及被返被折之理》中,论及"声之来由"时,首先写道"凡有颤力之物,既静则非力不动……",对声音的产生原理进行了论述,之后又写道:"如象皮本至易颤动而略如无声可闻者,为其颤力小也,钢条虽不易颤动而声却洪大者,为其颤力大也。发声物视发光发热等物之颤动迟,以其尚可见也,欲试之有数法:一将幻砂布于发声物之上,则砂之诸点

① 赫士.声学揭要[M].烟台:登州文会馆,1893:2.
② 傅兰雅.力学须知[M].上海:江南制造局翻译馆,1889:25.
③ 萧焜焘,等.科学认识论[M].南京:江苏人民出版社,2004:263.
④ 傅兰雅.力学须知[M].上海:江南制造局翻译馆,1889:22.

皆动;二取细绳一条,系紧两端,自中弹之,则做声而绳颤亦可见……"①作者首先讲述声音产生的原因,之后通过三个小实验验证了震动发声的原理,学生通过观察砂动、绳动等现象,能够非常直观地感受物体震动发声的过程,体会其中的科学原理。该书在谈及"气何以传声""论声之大小""风琴""舍琴"等问题时,都采取了类似的处理方式,即首先给出科学原理,之后采用小实验对原理进行演示和检验。

与上面的实例相类似,这一时期的物理教科书中所运用的实验法大多为解释说明科学理论的演示实验,属于科学理论在现实生活中的运用情况展示,一般都是以科学事实或科学产品的附属形式出现的。

其实,在18世纪,理论科学和实验科学的传统基本上是分开的②,理论科学负责不断地分析自然现象,发现新的科学理论,而实验科学则专注于对科学理论的实验演示。此时的实验更多的是一种引发民众关注科学问题、向民众展示科学理论、解释科学原理的表演性质的科学活动。1704年,英国牛津大学就开设了实验课程,举办配有实验演示的讲座。之后,法国巴黎大学的波利尼埃也开设了物理学讲座,法国国王曾参加过他的讲座。在其讲义的最初版本中,他将实验定位为说明理论的补充方法,但在此后修订版本中,他对实验在科学研究中的地位进行了重新的认定,并将实验称为达成真正物理学唯一可靠的方法。③

3. 数学方法的运用

数学方法的广泛使用和科学规律的数量化表达是现代科学与传统科学的典型区别。古希腊时期,亚里士多德的著作《物理学》(更确切的译法应为《自然哲学》),主要内容不是建立描述物理世界的形式系统,而是对物理现象的概念解释,是一种"质"的物理学,其中并没有用到数学工具。④ 而伽利略所开创的现代科学则是基于数学方法和抽象方法对局部过程进行研究,形成数学形式的定律,这些定律不仅符合一次测量,还适用于所有相似的物理过程⑤,极大地拓

---

① 赫士,朱宝琛.声学揭要[M].烟台:登州文会馆,1893:1.
② 胡翌霖.过时的智慧——科学通史十五讲[M].上海:上海教育出版社 2016:199.
③ 波特.剑桥科学史:第四卷:18世纪科学[M].方在庆,主译.郑州:大象出版社,2010:309.
④ 肖显静.伽利略物理学数学化哲学思想基础析论[J].江海学刊,2012(1):53-63.
⑤ 刘晓峰.试析伽利略运用数学工具研究自然的原因——对柯瓦雷《伽利略研究》的一点评论[J].自然辩证法研究,1999(4):4-8.

展了人们认识世界的能力。伽利略曾说过:"自然这部书是用数学文字写成的。"①

　　早期被引入中国的物理教科书一般都是科学知识的讲解、科学产品的介绍,对其中的物理公式、数学计算等数学方法和数学思维的介绍较少。如《博物通书》中只介绍了摩擦起电、发电机、导体、绝缘体、电报等电学知识和电学仪器,而并未涉及电流、电压、电阻及欧姆定律;《博物新编》一书同样重点介绍了力、热、光、电等方面的定性知识,而没有谈及数学运算的定量知识。其原因一方面是由于译者自身的数学水平限制了其中数学方法的使用,另一方面在近代物理学被引入之初,民众和学生的接受能力有限,大量运用描述性的定性知识,而对涉及较多数学方法的定量知识进行了回避,这有助于减少学生接受的难度,便于学生理解和接受。

　　晚清时期传教士所译物理教科书中,对数学方法较为重视,介绍较多的当数《重学》。在《重学》一书中,作者运用了大量的数学知识讲解其中的物理学规律,属于数学方法在物理学中运用的典范。在卷八《论质体动之理》一节,作者明确了数学推导在《重学》中的地位,写道:"动重学之论,以能力加质体令生动为主……本卷所论者,测验体动之理,而以算术推之。"②之后,在论述匀速直线运动的规律时,作者写道:"凡平速动,任若干时,其所过路,必等于速乘时,命一秒所过路为癸(速率),惟动系平速,故二秒钟所过路为二癸……命所用若干秒为寅,则寅秒钟所过路为寅乘癸,固有等数。路=癸寅　癸=。假如有船,一时平行六十里,求速率若干,等数如左:癸=　癸=一五。求得一丈五尺即为速率。"③作者首先给出速度公式,之后通过实例,引入数学运算对公式进行讲解,加深学生的印象。书中类似的编写方式比比皆是。

　　在该卷《论质与动相涉之理》一节中,作者首先写道:"欲知质与动有何相涉,当先明重速积(动量,笔者注),及动力率,质与速相乘为重速积,所历时中正加衹力所生重速积为动力率。动理第三律:凡衹力正相加生动,动力与衹力比例恒同,此衹力对力相等之理也……设丁丙二物,丙加速于丁,丁减速与丙,加减二力,与索力等,设几无面阻力,所历时中重速积所加所减等,则丙丁之重速积所加所减亦等,如丙重三斤,丁重一斤,一秒所生速为八尺,唯丁重悬空索力

————————————
①　克莱因.古今数学思想[M].张理京,等译.上海:上海科学技术出版社,1979:33.
②　艾约瑟,李善兰.重学:卷八[M].上海:小苍山房.1897:38.
③　艾约瑟,李善兰.重学:卷八[M].上海:小苍山房.1897:38-39.

引下,本当三十二尺强,则有等数。丙加重速积＝三斤八尺,丁减重速积＝一斤(三十二尺丁八尺),三斤八尺＝(三十二尺丁八尺)。设丁丙俱重三斤,速十六尺,以重速积相加相减有等数,三斤十六尺＝三斤(三十二尺丁十六尺)。"①

作者在进行数学运算过程中,采取了"几无面阻力"即理想化的方式,去掉了摩擦阻力这一对运算结果的干扰因素,提高了计算精度。19 世纪以来,西方物理学教科书的符号体系已经相当完备,有关的物理量都用相应字母表示,如用"I"表示电流、"U"表示电压、"R"表示电阻,欧姆定律即可表示为:$I=\dfrac{U}{R}$。

但通过对上述《重学》一书中部分数学方法运用过程的分析可知,这一时期的传教士译书中的数学公式大多使用文字而非英文字母,其中的数字同样使用汉语数字,而非阿拉伯数字,这种排版方式在一定程度上方便了读者的阅读。但是,与利用英文公式和阿拉伯数字的数学表达式相比,其对读者清晰地了解其中的数学知识和物理意义的阻碍也是明显的,同时也给读者进行数学运算带来了不便。

三、掺杂宗教思想的科学精神启蒙

科学精神是科学文化的重要组成部分,与科学知识、科学方法共同构成了现代科学。传教士翻译物理教科书的主要目的是通过传播科学以传播宗教,因此这些教科书一般都以科学知识和科学产品为主要内容,以此吸引中国读书人的关注,其中涉及的科学方法一般都是分散的、不系统的,涉及的部分科学精神也都是掺杂着宗教思想的科学精神,其目的同样是为完成其"科学传教"的任务,通过展示科学精神,引导人们认识宗教、信仰宗教。

正如狄考文所说:"教会学校建立的真正目的其作用不单是传教,使学生入教。他们看得更远,他们要进而给入教的学生以智慧和道德的训练,使学生能成为社会和教会里有势力的人物,成为一般人民的教师和其他领袖人物……我们必须培养受过基督教和科学教育的人,使他们能够胜过中国的旧式士大夫。"②其他传教士也大都秉持这一思想,如韦廉臣就认为,要将宗教精神和教义贯穿在整个编写过程中,"科学和上帝分离,将会是中国的灾难"③。他们编译的科学教科书与其建立教会学校的目的是一致的,均具有传播科学与传播宗

① 艾约瑟,李善兰.重学:卷八[M].上海:小苍山房,1897:40.
② 转引自陈学恂.中国近代教育史教学参考资料(上册)[M].北京:人民教育出版社,1986:14-15.
③ 转引自顾长声.传教士与近代中国[M].上海:上海人民出版社,1981:239.

教的双重任务。

在《博物通书》一书的封面上,作者将其分为三个部分,中间为"博物通书"四个大字,左侧标注为"耶稣降世一千八百五十一年 西医士玛高温译述",右侧为"咸丰元年正月镌 真神堂在宁城西门虹桥头 耶稣会堂在东门内大街上"。封面方寸之地,作者标注了一种不同于中国传统的皇帝年号的纪年方式即基督纪年,同时还展示了教会的具体位置,为展示其基督教属性,作者可谓费尽心机。封面之后是名为"三言真诠"的前言,其中夹杂着"四海之内皆兄弟""有朋自远方来不亦乐乎"等中国古语和宣传上帝造人、造万物、耶稣降世、神爱众人、去恶行善等宗教思想。在序言的最后,作者写道:"儒者耻一事之不知,博物穷理,固所不废,修身立命,奈何昧昧,予故因论电气,而冠以此三言为劝。"[①]通过这些论述,作者将其宗教思想与中国传统文化进行融合,将"上帝""耶稣"及其事迹描述成中国传统文化的一部分,并以"一事不知儒者之耻"的名义,说明了博物穷理、电气知识是儒者应知应会的知识,减少了中国传统读书人接受其介绍的科学知识的距离感,为科学知识成为正统知识打开了大门、奠定了基础。

在第三章《电气五金器》中,谈到电解水,生成氢气和氧气,氢气和氧气经过化合反应还可再生成水的部分内容之后,作者写道:"如华人说,水土各有神在,何以任人分合若是,若云造水土者为神,则真神独一者是,故人当舍无根之浮言,而信有据之实际矣。"[②]作者通过"电解水"这一事实,驳斥了"水土各有神在"的封建迷信言论,但是其宣传的不是真正唯物主义的无神论,而是明确了"上帝"作为唯一"真神"的宗教思想。

在《博物通书》的正文之后,作者设计了"叙",详细介绍了阳历纪年方式和安息日等宗教传统。可见,在该书中宗教思想贯穿始终,这就难怪如益智书会主持人狄考文所说:"委员会出版的相当大一部分根本不是什么学校教科书,而只不过是宗教传递。"[③]不光益智书会出版的教科书是如此情况,其他教会学校和教会出版机构组织翻译、出版的教科书大都如此。

在《博物新编》第一集《热论》一节中,作者在谈到热能时写道:"热之为用,散之则弥于空,聚之则藏于物,取之无禁,用之不竭,是**造物主**(加黑为笔者注,下同)之无尽藏也。"与之相似,在《水质论》一节中,开篇作者就写道:"天下之物,元质五十有六,万类皆由之以生,造之不竭,化之不减,是**造物**主之冥冥中材

---

① 玛高温.博物通书[M].宁波:华花圣经书房,1851:前言.
② 玛高温.博物通书[M].宁波:华花圣经书房,1851:23.
③ 转引自顾长声.传教士与近代中国[M].上海:上海人民出版社,1981:239.

料也。"在《光论》一节的开头,作者同样写道:"照物必籍乎光,用光必须平(凭,笔者注)目,光日互相应用,此造物之深意也。"①在伟烈亚力和王韬译的《重学浅说》中的《总论重学之理》一节中,谈到在建筑过程中,利用重力的原理能增加建筑物的强度时,作者也写道:大要造宫室桥梁,重之横加者该令直加使力,不同下而向两旁为最妙法,细察万物知**造物**主于一切动植用质少而得力大,故动植诸物,其体若更大,则本力必不能自胜其重。②

热能和光能是能量的两种形式,各种元素是自然界各种物质的组成成分,物质和能量都是自然界的重要组成部分,利用物体重心竖直向下,改变物体的形状,增加建筑物的强度是人们在劳动中总结出来的科学原理。在合信、伟烈亚力等传教士的口中,这些都成了造物主("上帝")创造世界所使用的材料和巧妙设计,自然科学的知识也就顺理成章地成为其传播宗教思想的工具和载体。

近代科学与宗教神学的斗争,体现得最为激烈的学科即为天文学。在从托勒密地心说到哥白尼日心说的转变过程中,布鲁诺、伽利略等科学家因此受到了宗教组织的迫害。最终,科学战胜了宗教,日心说体系被越来越多的科学家所接受。这一转变过程中,科学家所体现的追求真理、不畏艰险、敢于挑战权威的科学精神为之后的科学家从事科学研究工作提供了典范。但是,如此重要的科学精神教育素材,在伟烈亚力与李善兰翻译的《谈天》一书中却变了味道,成为其宣传宗教的工具。

伟烈亚力在《谈天》一书的序言中,对托勒密地心体系、第谷体系、哥白尼日心体系以及牛顿的工作一一进行了介绍,大致展示了西方天文学的发展历程。之后,伟烈亚力笔锋一转,写道:"夫造物主之全智巨力,大至无外,罔不莅临,罔不鉴察。故人虽至微,无时不蒙其恩泽。试观地球上万物,人生其间,渴饮饥食,何者非造物主之所赐!⋯⋯余与李君,同译是书,欲令人知造物主之大能,尤欲令人远察天空,因之近察已躬,谨谨焉修身事天,无失秉彝,以上达宏恩,则善矣。"③

从这篇序言中我们可以看出,与其他传教士译书一样,科学只是传教士宣传宗教的工具,而其所展示的科学精神同样是以宣传宗教精神为目的,只不过其中掺杂了一定的科学思想。虽然随着科学的发展,其宣传宗教的口径和方式在发生变化,但其传播宗教的宗旨一直没有改变。

---

① 合信.博物新编:一集[M].上海:墨海书馆;1855;27,34,43.
② 伟烈亚力,重学浅说[M].王韬,译.上海:小苍山房,1897;7.
③ 伟烈亚力,李善兰.谈天[M].上海:墨海书馆,1859;序言.

丁韪良是在晚清时期物理教育和物理教科书编写过程中产生过重大影响的传教士,他在京师同文馆任教时,馆中就已明确要求外国教习不得传教。丁韪良也曾说过:(同文馆)正式讲授宗教本是不许的,我却常常和学生谈论宗教问题,并且要求别的教习,课本如遇宗教问题,可不必删去。① 他在教科书编写过程中更是有意无意地渗透宗教思想。如在《格物入门》(卷四《电学》)中,作者首先讲解电的性质、用处,之后历数了电池、发电机、电动机、电报等电学知识应用成果,在谈及英美两国海底电缆铺设内容时,作者写道,两国人员历尽艰辛,终于将电缆铺设成功,通过电缆发送的第一封电报即"首报叩谢上帝默佑之恩,尽如此难为之举而竟成功,岂人力所能为哉"。电缆铺设成功,明明是科学家和技术人员经过多年努力实现的成果,作者却将其归功于"上帝"保佑。在《格物入门》(卷五《力学》)一书的最后,作者谈及了空心管状物体能够承载较大的力,列举了谷草的茎为空心,可承载其穗,人畜的骨头和禽鸟的羽毛均中空而能承力,然后说道:"因格物渐精,始喻空圆有力之故,而造物已先我而为之矣。"②作者将自然界演化的结果归结为"造物主"的精妙设计,其利用科学传播宗教的良苦用心可见一斑。

第三节　傅兰雅译《格致须知》科学启蒙特点分析

《格致须知》的出版机构为清末传教士成立的第一个教科书管理机构——益智书会。作者为英国学者、自由派传教士傅兰雅,全书原计划出版十集,每集八本,共计八十本,但因故仅于 1882 年至 1898 年间出版了三集半,共二十八本。该书内容涵盖了数学、物理学、经济学、哲学等多个学科,其内容浅显、语言流畅、插图丰富,被当时多家教会学校和新式学堂作为教科书广泛使用。根据学者的定义,"现代意义的教科书应根据一定的学制,按照学年、学期、学科而分年级、分册、分科编写,且具有相应的教学参考书"③。据此考察,《格致须知》并不能被称为现代意义上的教科书,但鉴于其编写目的、文本内容和实际使用情况,可将其视为现代教科书的雏形。

当前,学者针对《格致须知》的研究非常有限,吴小鸥就该书对新式教科书

---

① 顾长声.传教士与近代中国[M].上海:上海人民出版社,1981:245.

② 丁韪良.格物入门·卷四·电学[M].北京:京师同文馆,1868:53,57.

③ 石鸥.最不该忽视的研究——关于教科书研究的几点思考[J].湖南师范大学教育科学学报,2007(5):5-9.

产生的影响进行了研究,认为《格致须知》对新式教科书的产生具有"先导"作用,贡献巨大①;常林涛对《格致须知》中的力学和电学知识进行了分析,认为该书对之后出版的教科书具有示范作用②。结合《格致须知》的编写背景,我们对其中的物理学教科书文本进行考察,以期管窥傅兰雅的教科书翻译思想及其科学启蒙特点。

一、《格致须知》诞生的历史背景及作者情况

鸦片战争之后,中国封闭的国门被西方坚船利炮打开,传教士和帝国主义的军队、商人一起涌入中华大地,中国开始了艰难的、被动的近代化历程。晚清来华的基督教传教士来自不同的教派组织,运用不同的传教策略,却有着共同的目标,即在中国传播基督教思想。经过多年的传教探索,许多新教传教士开始认识到,在儒家思想根深蒂固的中国,要让人们接受基督教,必须让其认识到中国传统文化的不足。于是,在西方社会引发产业革命的近代科学,就成为传教士在传教过程中吸引中国民众的利器。一时间,传教士开办教会学校、创办译书馆、西医馆,传播西学以辅助传教。西方近代科学即在这一时期传入中国。正是这些西方传教士所带来的西学知识,正式开启了中国接受近代科学的大门。

有关傅兰雅的生平,前文已有介绍,此处不再赘述。傅兰雅仅接受过两年的师范教育,其所学习的科学知识并不系统且非常有限,其在晚清中国能够编译大量科学书籍,很大程度上取决于其后天的努力和传播科学于中国的恒心和意志。他在给表妹的信中曾提到在江南制造局翻译馆工作的情景:"我同时学习和翻译三个科目,上午是煤和采煤,下午是化学,晚上是声学。"③足见其译书工作的努力与辛苦。

二、《格致须知》基本情况

1.《格致须知》编写背景

1877年,为应对传播西学过程中教科书短缺和不规范等问题,由传教士组织成立的中国近代第一个编辑出版教科书的专门机构"益智书会"正式成立,丁

①　吴小鸥.《格致须知》与中国近代新式教科书[J].教育学报,2011(6):112-119.
②　常林涛.《格致须知》中的力学与电学知识探析[D].呼和浩特:内蒙古师范大学,2010:1.
③　戴吉礼.傅兰雅档案:第一卷[M].桂林:广西师范大学出版社,2010:368.

韪良、韦廉臣、狄考文、林乐知、傅兰雅等人被推选为委员。成立之初,书会即确定了包含明确教科书编写体例、规范名词使用等五条教科书编写规则,并确定编写两套学校用书,一套供初等学校使用,一套供高等学校使用,科目包括数学、地理、物理学、化学、历史等。[①] 傅兰雅所编译的《格致须知》即为其中供初等学校使用的教科书之一。

2. 作者情况分析

在已出版的 28 本《格致须知》中,除《算学须知》为"华蘅芳辑,傅兰雅识"外,其余均为傅兰雅编译。晚清时期,西方传教士大都不精通中文,中国学者不熟悉外文,双方都无法单独完成西书的翻译工作,因此通常采取"西译中述"的方式进行。傅兰雅曾记录过当时的译书过程,"将所欲译者,西人先熟览于胸中而书理已明,则与华士同译,乃以西书之义,逐字读成华语,华士以笔述之"。[②]《格致须知》中,除《戒礼须知》和《西礼须知》标注为程培芳笔述外,其余都标注"傅兰雅译"或"傅兰雅著",而未标明其笔述者。1897 年《新学报》上一篇文章的作者栾学谦提到,"余……二十年来,偕傅君(傅兰雅——笔者注)译述《格致新编》诸书"[③],再加上其他考证,我们可以认定《格致须知》一书除单独标注部分外,其他分册应为傅兰雅和栾学谦合作完成。[④]

3.《格致须知》基本情况及底本分析

从 1882 年的第一本《地学须知》出版至 1894 年的《热学须知》等五本出版,共历时 12 年。其中,物理学教科书八本,生物学教科书三本,地理学教科书三本,天文学一本,其他七本为矿学、哲学、经济学等学科教科书。可见,已出版的《格致须知》以自然科学知识为主,物理学教科书在其中占据了较大的比重。其中,八本物理学教科书分别为:《气学须知》(1884)、《电学须知》(1887)、《声学须知》(1887)、《重学须知》(1889)、《力学须知》(1889)、《水学须知》(1891)、《光学须知》(1894)和《热学须知》(1894)。

《格致须知》均独立成册,封面之后为总引,简要介绍本册的主要内容及其地位和作用,之后为插图和正文,物理学部分每册均分为六章(《热学须知》不详,见表 3 - 1)。

---

① 石鸥,吴小鸥.中国近现代教科书史(上卷)[M].长沙:湖南教育出版社,2012:12 - 13.
② 傅兰雅.江南制造总局翻译西书事略[M]//张静庐.中国近代出版史料:初编.上海:上海书店出版社,1953:9 - 28.
③ 栾学谦.格致书院讲西学记[J].新学报.1897.
④ 王扬宗.《格致汇编》之中国编辑者考[J].文献,1995(1):237 - 243.

表 3 - 1　《格致须知》物理学相关各册主要内容

名称	章节数	各章名称
声学须知	六章	第一章略论传声回声,第二章略论成声成音,第三章略论弦音附音,第四章略论簧板等音,第五章略论官音、簧音,第六章略论音律
气学须知	六章	第一章略论空气静性,第二章略论抽气等篇,第三章略论空气静力,第四章略论显压力器,第五章略论空气动性,第六章略论测候诸器
电学须知	六章	第一章总论电源电性,第二章略论摩电气,第三章略论吸铁气,第四章略论化电气,第五章略论发电诸器,第六章略论电之利用
重学须知	六章	第一章重学总论,第二章论杆,第三章论轮轴,第四章论滑车,第五章论斜面与劈,第六章略论机件动法
力学须知	六章	第一章总论体性,第二章略论各力,第三章略论重心,第四章略论动理,第五章略论摆动,第六章略论圈动
水学须知	六章	第一章总论流质静性,第二章略论流质压力,第三章略论物质重率,第四章略论流质缘力,第五章略论流质动性,第六章略论动水机器
光学须知	六章	第一章论光性,第二章论回光,第三章论折光,第四章论人眼,第五章论光色,第六章论光器

　　1868—1870 年,傅兰雅多次为江南制造局向英国各大制造厂、出版商订购科学仪器和图书,而且其订购图书同一科目往往订购不同作者的多个版本,以供选择和参考,其翻译的很多图书即以其购买的图书为底本[1],如其翻译的《格致图说》大多采用英国爱丁堡约翰顿公司出版的教学挂图及配套手册。[2] 在《格致须知》各书的"总说"中,傅兰雅并没有明确编译采用的底本,但通过对比可知,《重学须知》译自英国科学家胡威立的《重学》的部分章节[3],《声学须知》译自英国科学家田大理的《声学》的部分章节。如其在《光学须知》(1884)的"总

---

① 王红霞.傅兰雅的西书中译事业[D].上海:复旦大学,2006:44.
② 樊洪业,王扬宗.西学东渐——科学在中国的传播[M].长沙:湖南科学技术出版社,2000:111.
③ 聂馥玲.晚清科学译著《重学》的翻译与传播[D].呼和浩特:内蒙古师范大学,2010:25.

说"中写道:"今集光学各书,删繁摘要,推陈取新,以成是册,而为初学入门之始基。"①在《重学须知》(1889)"总说"中,傅兰雅也曾写道:"论重学一书,原有成本,但因篇幅过长,义理极深,欲精究者,固为得力,而常人每不暇细观,况幼学蒙童,更不易致力,今特著《须知》一书……不难入奥。"②因此,《格致须知》其他各本也应是他参考采购于英国的图书,并结合自己的理解编译完成的。

三、《格致须知》科学启蒙特点分析

1. 注重世俗知识与宗教知识相分离

与信仰上帝三位一体的正统基督论思想不同,傅兰雅信仰上帝一位论,只承认耶稣的人性而否认其神性。在一位论派成员的思想中,科学的进步是在上帝的领导下消除所有的错误和偏见,应废除科学和宗教事务中名不副实的、假冒的权威的手段。③ 基于这样的宗教思想,傅兰雅一直秉承着"把宗教书籍和讲解世俗性科学知识的书籍分开"④的译书主张。益智书会是传教士成立的教科书编译机构,成立之初就确立了注重"科学性的同时,抓住一切机会引导读者注意上帝、罪孽和灵魂拯救的全部事实"⑤的译书方针。因此,傅兰雅并不认同益智书会的译书方针,书会其他成员鉴于傅兰雅的译书能力及其社会影响,无奈只好允许他按照自己的意愿开展译书工作。

《格致须知》一书较好地体现了傅兰雅的宗教观。与同为传教士译书作品的丁韪良的《格物入门》(1868)、林乐知的《格物探源》(1880)书中多次提及"上帝",并将各种自然现象、自然规律归结为"上帝"的巧妙设计不同,《格致须知》则尽量本着事实的原则陈述科学常识,很少掺杂、渗透宗教思想,因而成为当时较为少见的纯粹科学普及读物和学堂教科书。

对于无法解释的科学现象,如在《气学须知》一书中谈及"水汽之理"时,他写道:"水能化气因热而成……唯有一事,格致家尚未详言,即水之质点,原比空气更重,无分巨细,莫不宜然,而云雾之质,本为极细水点,空气反能浮而托之,亦奇理也。"⑥其实,水蒸气能浮于空气中,是因为水蒸气的密度小于空气的密

① 傅兰雅.光学须知[M].上海:益智书会,1884:2.
② 傅兰雅.重学须知[M].上海:益智书会,1889:2.
③ 龚昊.传科学的传教士傅兰雅与中西文化交流[D].北京:中国社会科学院,2013:43.
④ 顾长声.传教士与近代中国[M].上海:上海人民出版社,1981:239.
⑤ 王炳照.中国教育思想通史:第五卷[M].长沙:湖南教育出版社,1994:385.
⑥ 傅兰雅.气学须知[M].上海:益智书会,1894:34.

度,而不能用水的密度和空气的密度进行比较,但傅兰雅认为水蒸气即为极小的水滴,因此无法理解其为什么能浮于空气中。傅兰雅将其如实写出,而不牵强附会,将其解释为出自"上帝之手"。

2. 傅兰雅注重实用、讲求学科融合与构建体系的科学观影响了《格致须知》的主要内容和结构

傅兰雅认为,对于清朝末年贫穷、愚昧、落后的中国社会来说,西方的近代科学知识是中国所急需的,只有迅速学习西方科学知识,兴办新式工业,才能使中国有机会在西方帝国主义大举入侵之际不至于灭种亡国,而能步入文明国家的行列。他在江南制造局开展译书工作期间,给朋友写信中就曾提到:"翻译馆大有希望成为帮助这个可尊敬的古老国家向前走的一个有力手段,能使中国跨向文明进军的道路。"①

因此,傅兰雅在《格致须知》译书中非常重视知识的传播,其内容设计一般为,先讲解自然现象,分析其原理,发现自然规律,再叙述根据原理和规律在生产和生活中的应用。如在《水学须知》一书的"总引"中,他曾写道:"近来格物盛行,究其形性,借其压力,可以运发机关,作碾谷舂米、璇磨凿石、锯木起水等事,皆能大省人工。"②正文以介绍水的性质、液体压力、压强、密度等开始,以介绍各类"动水机器"结束,该书共引入四十七幅插图,其中,有十八幅介绍"动水机器"及其实际应用。《动水机器》一章共讲解了起水机器、螺丝龙、起水桶、水龙、水动机器、水轮、离心水力机、计时滴漏等八种机器的原理及制作方法。在《电学须知》一书的《电学之利用》一章,傅兰雅共详细讲解了电气治病、电气燃灯、电气镀金、电气传报、电气闹钟、电气传声、电气燃火等七种电气的应用实例,并提及电气可以制作时辰钟、测微时表、寒暑表、测船行速器、停汽车器、添锅炉水器、织布器等设备。在介绍电气传报时,书中写道:"电报之电线,水路皆可设立……如此出预报事于彼处,则先动机关,使彼处知觉,彼此两处,皆有表,表上有字母,表中有活柜之针,观其针指某字,以笔记之,待报完时,即知其所报何事,活用点画以带字母,此西国之法,中国字繁多,不便造表,故将常用之字编成一册,每字定以号数,依所报数目,查检其字,即知所报之事。"③通过这样的叙述,让人不仅知道了电报的构造和原理,还可以结合中国汉字的特点,了解到如

---

① Bennett A A.John Fryer:the Introduction of Western Science and Technology into Nineteenth Century China[M].Cambridge,Mass:Harvard University Press,1967:24.
② 傅兰雅.水学须知[M].上海:益智书会,1894:1-2,29-32.
③ 傅兰雅.电学须知[M].上海:益智书会,1887:1-2,30-33.

何制作和使用适合中国实际的电报,促进了科学常识的普及,易于读者和学生接受。

在编译《格致须知》之前,傅兰雅在江南制造局翻译馆译书已达十六年,翻译了数学、物理、化学、工程机械、地理、军事、医学等学科的大量书籍,广泛涉猎了各门自然科学,对各个学科均有所了解,其在翻译《格致须知》时非常注意各个学科间的融合,如在其《电学须知》一书中,讲解"电气化合之力"时,即写道:"有多种化学材料传以电气能令化分得其原质……从此可知水位轻养二气(笔者注:即氢气、氧气)所成。"[①]在《光学须知》一书中"光色化力"部分,他也曾写道:"植物所含碳质,皆吸自空气之碳氧二气(笔者注:即二氧化碳气体),日光照之,即收炭放养,所以能此者,皆日光之力有以感之。"[②]上述在物理学教科书中自然而然地渗入化学和生物学知识,有助于读者完整、全面地认识自然、理解自然。

西方近代科学体系强调按照研究对象的本质和规律进行学科分类,即分科治学,而中国传统文化的分类方式也就是"经史子集"的分类方式,即按照著作内容进行分类,并非学术分科。西方学科分类细化促进了各个学科的纵深发展,而按照西方的分类标准,中国传统文化绝大多数应划归于文学类别之下。傅兰雅曾一直想将西方近代科学的各个学科均引入中国,帮助中国建立完整的知识体系,他在与时任驻英公使郭嵩焘聊天时就曾谈道:"初意分别各种学问,辑为丛书百种……欲编次西学丛书,竟不可得。"[③]

《格致须知》最初计划编写十集,每集八种,其中一至三集为自然科学,四至六集为技术和社会科学,七集为医学,八、九集为国志和国史,十集为教务须知[④],虽《格致须知》一书最终没有完整译出,仅完成了数学、物理学、化学、生物学、天文学、地理学、经济学、哲学等部分学科,但可见傅兰雅欲通过《格致须知》构建相对完整知识体系的努力。

3. 傅兰雅中西并重的文化观影响了《格致须知》中科学名词和数学公式的使用

中国传统文化的主体即儒家文化形成并发展于农业文明时代,在漫长的封建帝国时期达到顶峰,维持中国封建社会稳定运行了几千年。西方文艺复兴、宗教改革、启蒙运动之后,特别是17、18世纪以来,近代科学快速发展,催生了工业革命,使西方社会快速进入资本主义社会。来自西方的传教士一般以现代

---

① 傅兰雅.电学须知[M].上海:益智书会,1887:23.
② 傅兰雅.光学须知[M].上海:益智书会,1884:29.
③ 郭嵩焘,钟叔河,杨坚.伦敦与巴黎日记[M].长沙:岳麓书社,1984:922.
④ 屠寄.译书公会叙[N].译书公会报:第一册,1897:10.

文化的传播者自居,认为中国传统文化为落后的文化,中国只有彻底摒弃传统文化,接受以基督教文化为代表的西方先进科学、文化,才能摆脱落后局面。傅兰雅同样认为中国文化需要西方化,但是他所倡导的西方化是在尊重中国传统文化基础上的西方化,即对于中国传统文化中的某些优秀部分应该予以保留。因此,他极力主张在传播西方科学和宗教时,要使用中国的语言文字。①

傅兰雅在科技词汇译名的翻译上能够很好地反映他对中国传统文化的尊重。1890年,傅兰雅曾在《科学术语:当前的差异和寻求一致的方法》一文中指出,翻译科学名词常用的方法有三种,即音译法、意译法和混合法,翻译时最好使用意译法,才能真正使术语为中国人所接受。如用音译法,最好与意译法相结合,中文中的许多冷僻字,即具有表音和表意的功能,同时使用这些字来翻译术语也是可行的,其使用译名情况见表3-2。在阿拉伯数字的引入问题上,傅兰雅以古老而丰富的中文具有其优越性,不应用西方的通用方式去改变为由,坚决反对使用阿拉伯数字。②

表3-2　《格致须知》使用译名与当前使用译名对比

当前名称	《格致须知》译名	当前名称	《格致须知》译名
反射	回光	引力	结力
磨光	光滑	斥力	涨力
发射光线	入射光线	弹力	凸凹力
平回光镜	平面镜	化合力	爱力
折光角	反射角	重心	重心
射光角	入射角	速度	速率
折光指	折射率	动量	重速积
焦点	光心	合力	合力
阻力	抵力	分力	分力
分子	质点	永静性、永动性	惯性
定质	固体	摆动	摆动
流质	液体	摆长	摆长
气质	气体	圈动	圆周运动

---

① 戴吉礼.傅兰雅档案[M].桂林:广西师范大学出版社,2010:281-283.
② 龚昊.传科学的传教士傅兰雅与中西文化交流[D].北京:中国社会科学院,2013:17.

(续表)

当前名称	《格致须知》译名	当前名称	《格致须知》译名
毛细力	微管吸力	离心力	离心力
省力机械	助力器	回声	回声
倚点	支点	导体	传电料
滑轮	滑车	绝缘体	阻电料
体积	立积	传电	导电
质量	质体	电路	电路
向心力	向心力	电阻	电气阻力
压力	压力	真空	真空

但是,傅兰雅在益智书会的译名统一工作并不成功,由表3-2可知,其选用的很多物理学术语并没有流传至今。一方面,由于益智书会内部成员间对于译名的使用意见不一,许多规则执行得并不理想;另一方面,甲午战争之后,中国开始向日本学习,翻译、引入大量日本近代科学教科书,日语译名很快就取代传教士使用的译名而成为主流,并大量流传下来。此外,傅兰雅在译书过程中对阿拉伯数字有抵触,以汉字表达数字和数学公式,且一般采取纵向编写,给学生学习数学带来了困难,一定程度上阻碍了数学的传播与发展。

4. 傅兰雅关注对象的文化传播观使《格致须知》更易被读者接受

从文化传播角度分析,输出文化必须在总的文化势能或在某些方面具有优势或势能,能够改善或丰富人们的生活,文化的传播才能产生。传教士所信仰的基督教文化与中国的传统儒家文化、道家文化和之前传入中国的佛教文化从根本上说很难判定孰优孰劣。① 但是,在西学东渐过程中,传教士为方便西学和宗教的传播,一般通过强调科学力量的方式,引发人们注意近代科学发源于基督教国家,所有重大科学成果都是基督徒的杰作,②以此来促进西方文化的传播。而文化传播的效果,不光取决于传播主体、传播内容、传播手段,还取决于传播受众的需要。③ 如果传播的文化与受众接受程度相差甚远,文化传播的效果就会大打折扣。

---

① 王立新.美国传教士与晚清中国现代化[M].天津:天津人民出版社,1997:导言.
② 李约瑟.中国科学技术史.第一卷,总论[M].北京:科学出版社,1975:674.
③ 熊月之.西学东渐与晚清社会[M].上海:上海人民出版社,1995:492.

在编译《格致须知》之前,傅兰雅已在江南制造局翻译馆工作了多年,主持翻译了多部西学书籍,仅物理学方面就包括《声学》(1874)、《电学》(1879)和《电学纲目》(1881)等三种,但上述物理学书籍内容艰深,不易理解,不适合初学者阅读和初等学校学生使用。1876年,傅兰雅开始编辑、发行"关于西方科学、技术和制造的通俗知识月刊"即《格致汇编》,该刊物发行后,广受欢迎,多次重印。[①]《格致汇编》的成功,使他深刻了解到晚清时期中国民众科学常识的缺乏程度,也让傅兰雅认识到了中国人对科学常识的迫切需求。同时,创办《格致汇编》的过程也使傅兰雅积累了丰富的科学常识,对中国人所急需的科学知识类型有了深入的了解。因此,傅兰雅加入益智书会后,立即决定参与、主持《格致须知》的编写工作,并努力将其编译为适合刚刚接触科学知识的读者和初级学堂的学生使用。

鉴于中国读者和学生的知识水平,傅兰雅在编译《格致须知》的过程中,采取了择其精要、去其艰深、用语通俗、插图丰富等方式,降低了该书的难度,方便读者理解书中的西学知识。

《格致须知》中的《重学须知》一书原本为英国科学家胡威立的《重学》(1819),该书为剑桥大学的力学教科书,1859年由艾约瑟和李善兰翻译引入中国。《重学》一书分为静力学和动力学两部分,包含了杠杆、力的合成、分解、机械力、刚体的平衡、重心、静力中的摩擦力、匀速运动和碰撞、匀加速运动和重力、抛体运动、曲线上的运动、运动物体的摩擦力、机械力的度量和做功、弹力与冲力等共计十四章内容,全书按照定义—公理—定理的程序构造力学理论,注重用数学推导和公理化的逻辑体系组织全书内容。[②] 作为剑桥大学的教材,书中使用了大量的数学运算和逻辑推导,对于刚刚接触西方自然科学的中国读者来说,其难度可想而知。因此,傅兰雅仅截取了《重学》卷首的部分实用性的内容形成了《重学须知》一书。如《杠杆》一节,《重学须知》使用大量文字,论述了杠杆的三种类型,杠杆的变形与应用,以及求加力法、求力倚距法和重倚距法等内容。而《重学》一书除包含上述内容外,还进行了大量的逻辑推导和数学运算,难度远大于《重学须知》。

《格致须知》一书尽量使用浅显的文言文,用语通俗易懂,且使用大量精美的插图帮助读者理解书中的知识(物理学部分除《热学须知》外七册共使用插图

①　赵忠亚.《格致汇编》与中国近代科学启蒙[D].上海:复旦大学,2009:34-35.
②　聂馥玲.晚清科学译著《重学》的翻译与传播[D].呼和浩特:内蒙古师范大学,2010:86.

308 幅,具体情况见表 3-3)。如《声学须知》一书,在论"至真空不能传声"时写道:"声浪传动,专赖空气,若无空气,不能有声,试用一铃,置玻璃罩内,如第三图击铃使响,声即可闻,渐抽出罩内空气,声即渐小,抽空气至尽,成为真空,铃声即毫不闻矣,可见真空不能传声。"[①]以此浅显的语言,配以精美、形象的插图(见图 3-1),使具备一定生活常识的读者即可理解相关内容。

表 3-3 《格致须知》物理学相关各册插图数量

名称	插图数量
《声学须知》	27
《气学须知》	42
《电学须知》	42
《重学须知》	34
《力学须知》	47
《水学须知》	47
《光学须知》	69
合计	308

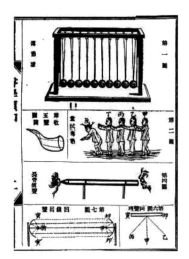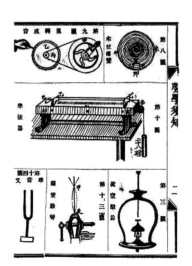

图 3-1 《声学须知》一书插图

《格致须知》坚持将科学知识与宗教知识相分离,注重浅近知识的传播,关

---

① 傅兰雅.声学须知[M].上海:益智书会,1887:5.

注学科融合和科学知识体系的建立,较好地体现了傅兰雅的西书翻译思想。该书发行之后被很多教会学校作为教科书使用,并迅速成为清末关注西学的读书人的科学启蒙读物。同时,很多新式学堂也将其选为西方科学的入门教科书,如 1897 年,梁启超主持长沙事物学堂校务期间,就曾将《格致须知》中的物理学、天文、地理部分选为学生第一年前三个月的必学书目。① 1903 年,京师大学堂代表清政府颁布《暂定各学堂应用书目》,《格致须知》中的物理学部分的八本《须知》和《动物须知》《植物须知》《化学须知》《地学须知》《矿学须知》《全体须知》等十二本《须知》被列入书目,供全国各地学堂选择使用。②

虽作为教科书,但《格致须知》的结构并不完整,缺少习题等必要环节。甲午战争之后,特别是癸卯学制颁布之后,日译物理学教科书和国人自编教科书开始大量涌现,并逐步取代了西方传教士编译教科书的地位。虽 1901 年贵阳学署出版的《西学书目答问》中曾评价《格致须知》"浅明极便初学,第论述太略,仅资谈助,所谓门径之门径也"③,但不可否认,在日译教科书和国人自编西学教科书尚未面世之前,其在清末科学启蒙、传播西学过程中发挥了重要作用。同时,傅兰雅作为一名清末来华的传教士,将一生中最宝贵的 35 年时间献给了中国的西学传播事业,翻译、出版了 100 多种西学书籍,他为中国的科学启蒙所付出的艰辛努力和取得的成果同样不应被中国人民忘记。

---

① 梁启超.时务学堂功课详细章程[M]//《饮冰室合集》集外文:上.夏晓虹,辑.北京:北京大学出版社,2005:25-28.
② 京师大学堂.暂定各学堂应用书目[M]//张静庐.中国近现代出版史料初编.上海:上海书店出版社,2004:229-230.
③ 赵惟熙.西学书目答问[M].贵阳:贵阳学署,1901:25.

第四章
引入科学方法的洋务运动时期

第一节　洋务运动时期物理教科书总体情况

1840 年鸦片战争爆发,最终以一系列不平等条约的签订告终,英国的大炮破坏了中国皇帝的威权,迫使中国和世界接触。[①] 以大英帝国为首的西方列强和腐朽的清政府最终达成一致,古老的中国被迫打开了封闭多年的国门,与世界融为一体。

1851 年,广西桂平县金田村发生农民起义,这场持续 14 年、席卷大半个中国的太平天国运动,特别是洪秀全提出的《天朝田亩制度》及其开展的教育改革和科举改革,都对清政府造成了极大的冲击。

在内忧外患之时,清政府统治阶级内部的一部分开明人士,已经认识到时局的严重,并采取了一定的行动。1839 年,林则徐出任钦差大臣,前往广州负责禁烟,在此期间他通过多次和洋人打交道,认识到闭关锁国的危害。因此,他积极收集西书西报,组织编写了《四洲志》《各国律例》《华事夷言》等书,成为近代中国"开眼望世界第一人"。受林则徐的委托,他的朋友魏源在《四洲志》的基础上,不断丰富材料,最终完成了系统介绍西方政治、经济、文化、军事、地理、历史、宗教的巨著《海国图志》。在该书的序言中,魏源写道:"是书何以作? 曰:为以夷攻夷而作,为师夷长技以制夷而作。"[②]林则徐的"开眼望世界"和魏源的"师夷长技以制夷"虽只是晚清时期少数先进知识分子的呼喊和愿望,但"星星之火,可以燎原",正是在这些思想的影响下,爆发了中国近代史上著名的"洋务

---

① 马克思,恩格斯.马克思恩格斯选集:第 2 卷[M].北京:人民出版社:1972:3.
② 魏源.魏源集:上册[M].王佩诤,校.北京:中华书局,1976:207.

运动"，开启了国人自强求富、救亡图存的伟大事业。物理教育与物理教科书的编写也伴随着洋务运动的开展，进入一个新的时期。

一、师夷长技的洋务运动

鸦片战争之后，一系列不平等条约的签订换来了短暂的平静，封建统治阶级当中的大多数仍还沉浸于和平的美梦当中。他们有的主张"乾纲独断于堂陛，而弗涉游移，守臣效命于疆场，而惘敢退葸"，有的主张"中外禔福，长享太平"，针对外国军舰、大炮的入侵，其防御之策有"火攻"、用棍棒击夷之退、收集妇女溺器为"压胜具"。① 面对强大的西方列强，当时的国人竟能想出如此荒谬的对策，可见其思想的封闭和落后，让人感到莫名的悲凉。这些守旧派人士所持有的落后思想和言论，为日后的"夷夏之辨"埋下了浮笔，为"中体西用"之说的产生提供了前提。

但与此同时，统治阶级中的一部分开明士大夫和先进知识分子，通过林则徐、魏源的著作和言论对外部世界有所了解，开始反思鸦片战争失败的原因，探索中国富国强兵的途径，并陆续开始表达自己的思想。据统计，1861 年之前，至少有 66 人发表过采用西方的先进武器装备武装军队的言论，同时还涌现了《英吉利记》(萧令裕)、《红毛蕃英吉利考略》(汪文泰)、《海国四说》(梁亭枬)、《瀛寰志略》(徐继畬)等介绍西方国家的著作。②

这些介绍西方世界、积极探索"师夷制夷"言论的广泛传播，结合当时的内外形势，使清政府的部分高级官员开始对时局有所认识，并逐渐认可这一理念。通过分析历次对内、对外战争的得失，他们逐渐认识到西方军工火器的威力，懂得了西方算学格致等知识的重要性，采取各种措施来推行富国强军政策、学习西学知识。

清末重臣恭亲王奕䜣就在其《统筹全局酌拟章程六条折》中写道："窃谓夷情之强悍，萌于嘉庆年间……要挟狂悖，夷祸之烈极矣……臣等就今日之势论之：发捻交乘，心腹之害也；俄国壤地相接，有蚕食上国之志，肘腋之患也；英国志在通商，暴虐无人理，不为限制，则无以自立，肢体之患也。"③他对时局进行了分析，全面指出当时各方面的忧患，急切之心溢于言表。

---

① 阿英.鸦片战争文学集[M].北京:人民文学出版社,1957:1007.
② 费正清,刘广京.剑桥中国晚清史:下卷[M].中国社会科学院历史研究所编译室,译.北京:中国社会科学出版社,1985:173-174.
③ 中国史学会.洋务运动:一[M].上海:上海人民出版社,1961:5-6.

封疆大吏李鸿章对此也有深刻的认识,其在《筹议海防折》中写道:"臣查各国条约已定,断难更改。江海各口,门户洞开……东南还将万余里,各国通商传教,来往自如,麇集京师及各省腹地,阳托和好之名,阴怀吞噬之计,一国生事,诸国构煽,实为数千年未有之变局。轮船电报之速,瞬息千里;军事机事之精,力工百倍;炮弹所到,无坚不摧,水陆关隘,不足限制,又为数千年未有之强敌。"①

上述言论基本代表了当时开明官员的普遍想法,这些人在经历了"数千年未有之变局"之后,开始探索"稍变成法"的变革之路。自 19 世纪 60 年代开始,一场以"师夷长技以制夷"为指导思想,以"自强御侮"为目的,以"变器不变道"和"中体西用"为原则,以奕䜣、曾国藩、左宗棠、李鸿章等清末重臣引领的轰轰烈烈的"洋务运动"逐渐拉开了序幕。

最初,清政府将所有涉及外国的事务称为"夷务",这一称谓沿袭了传统的以中国为天下的中心,其他外国人则为未开化的"蛮夷"的称呼。但随着中外交往的日益增多,来华外国人不断提出抗议,清政府最终无奈,只得将对外事务称为"洋务",并于 1861 年成立了专门负责洋务和外交事务的总理各国事务衙门即"总理衙门"。所谓洋务,有人将其概括为:"讲制造也,则必曰精算学;言交涉也,则必曰通语言;办教案也,则必曰谙外交;言通商业,则必曰通商情。合交涉、制造、教案、通商诸务,而概之以一名词,曰洋务。"②

"洋务运动"是对"师夷长技以制夷"思想的具体践行,所谓"夷之长技",在魏源看来主要是坚船利炮,具体即以军事工业为主,以民用工业为辅的现代工业体系,除了学习西方的工业和技术外,还需改革教育和取士制度,培养能够制造和使用这些先进设备的人才。随着"洋务运动"的开展,安庆军械所、江南制造局、福州船政局等现代工业企业相继建立。同时,与之配套的洋务人才培养机构如京师同文馆、上海广方言馆、福州船政学堂、广东水师学堂、南京水师学堂、上海机械学堂、天津电报学堂等洋务学堂相继建立。至此,"洋务运动"开启了中国近代工业现代化和中国教育现代化的进程,同时也掀起了一场学习西方科学技术的社会思潮,将由传教士开展的在中国传播西学的事业引向了深入。

回首"洋务运动"可以发现,国人对西方科学技术最初的认识并不是传教士引入的科学知识,更多的是通过鸦片战争的失利,看到了西方军事的强大,进而

---

① 中国史学会.洋务运动:一[M].上海:上海人民出版社,1961:41-42.
② 毛礼锐,沈灌群.中国教育通史:第四卷[M].济南:山东教育出版社,1993:101.

将西方的强大归功于技术的强大(特别是与军事相关的技术),即将西方科学窄化为技术,特别是军事技术,进而将西方科学的物质形式的载体视为西方科学的全部,对科学的理解局限于相对表层的理解,形成了一种器物科学观,而对科学的丰富内涵缺乏完整的认识。

二、中体与西用

不论是传教士主导的"西学东渐",还是清政府官员开展的洋务译书运动,其主要内容都是西学的引入,其组织主体、目的、开展形式不同,但都同样受到了保守势力的阻挡。守旧派的普遍认识是将学问分为"中学"和"西学",依靠礼仪忠信为内容的伦理纲常,通过整纪纲、崇圣道、励节气、振民心,就可以实现中国的富强,而不应舍本求末,讲求西方技艺,这些技艺被认为是"奇淫巧技",会败坏人心,破坏立国之本。

1866年,奕䜣上奏申请在京师同文馆中增设天文、算学馆所引发的争论,集中反映了这种"中学"和"西学"之争。奕䜣在奏折中写道:"招考天文、算学之议,并非矜奇好异,震与西人术数之学也。盖西人制器之法,无不由度数而生,今中国议欲讲求制造轮船、机器诸法,苟不借西士为先导,俾讲明机巧之原,制作之本,窃师心自用,徒非钱粮,仍无俾于实际。"①

而守旧派的代表人物大学士倭仁则认为:"窃闻立国之道,尚礼仪不尚权谋;根本之图,在人心不在技艺。今求一技之末,而又奉夷人为师,无论夷人诡谲,未必传其精巧,即使教者诚教,学者诚学,所成就者不过术数之士,古今来未闻有持术数而能起衰振弱者也。天下之大,不患无才。如以天文、算学必须讲求,博采旁求,必有精其术者,何必夷人,何必师事夷人?"②倭仁的观点主要是,礼仪为立国之本,西学为"奇淫巧技",师法夷人为舍本逐末,必将祸国殃民。倭仁为理学大师,其言论具有一定的影响力,加之在科举考试主导的人才选拔体制中,仅凭西学知识无法参加科考,一定程度影响了西学的传播。

对于倭仁等人的反对,奕䜣多次上奏答辩,对倭仁的说法进行了驳斥,并表示,一事不知儒者之耻,天文、算学等为儒者所当知之事,空谈误国,"采西学、制

---

① 转引自张晨曦.洋务运动期间中国社会对西方近代科技态度的转变[J].自然科学史研究,1990(9):9-12.

② 转引自同治六年二月十五日大学士倭仁折,高时良.中国近代教育史资料汇编:洋务运动时期[M].上海:上海教育出版社,1992:9.

洋器"为自强之道,"西学之不可不急为肄习也"①。经过激烈的辩论,天文、算学馆最终得以建立。但不难看出,洋务派所持的观点,并没有否定西方科学技术"末"的地位,而只是将其视为自强之工具和手段,体现出其对西学的使用价值的关注。这种观点虽减少了守旧派人士对西学的抵触,降低了西学在中国传播的障碍,但同时也体现了洋务派的软弱本质和对西学认识的不足。

在中西学之争的过程中,冯桂芬较早提出了"中体西用"思想的雏形。他在《校邠庐抗议》一书中对中学和西学进行了分析,并指出了中国的问题在于"人无弃才不如夷,地无遗利不如夷,君民不隔不如夷,名实必符不如夷"②。因此,中国要富强,要改变这一现状,就必须"制洋器""采西学",同时,中国的礼仪、伦理道德等"中学"却要优于西方。因此,"如以中国之伦常名教为原本,辅以诸国富强之术,不更善之善者哉?"③在冯桂芬看来,以中国的伦理道德辅之以西方科技,定能使中国富强。

郑观应在其《盛世危言》一书中也提出了类似的观点,他认为:"善学者必先明本末,更明所谓大本末而后可。以西学而言,如格致制造等学,其本也。语言文字,其末也。合而言之,则中学其本也,西学其末也。主以中学,辅以西学……其在兹乎。"④在郑观应看来,中学有中学的优势,西学有西学的优势,以西学的优势即格致制造等学辅助中学不足,是中国走向富强的必经之路。

1898年,张之洞在其著作《劝学篇》中,对"中体西用"的思想进行了系统的阐释。全书分为内篇和外篇两大部分,共二十四篇,其中内篇务本,是根本之纲,以正人心,专讲中学;外篇务通,是辅助之纲,以开风气,专讲西学。在该书早期版本的序言中,张之洞写道:"中国学术精微,纲常名教以及经世大法,无不毕具,但取西人制造之长,补我不逮,足矣。"⑤《劝学篇》的出版,得到了朝野上下的广泛关注。书中,张之洞明确了"中学"即为"尧舜禹汤文武周孔之道"等伦理道德及经学、史学等传统文化是立国之本,必须保证其根本地位;"西学"分为"西政""西法""西艺"等处于"末"的地位,可以作为辅助,"中学治身心,西学应

---

① 蔡铁权,陈丽华.渐摄与融构——中西文化交流中的中国近现代科学教育之滥觞与演进[M].杭州:浙江大学出版社,2010:153.
② 冯桂芬.校邠庐抗议[M].郑州:中州古籍出版社,1998:198.
③ 冯桂芬.校邠庐抗议[M].郑州:中州古籍出版社,1998:211.
④ 郑观应.盛世危言[M].郑州:中州古籍出版社,1998:76.
⑤ 蔡铁权,陈丽华.渐摄与融构——中西文化交流中的中国近现代科学教育之滥觞与演进[M].杭州:浙江大学出版社,2010:220.

世事"①,"中学""西学"各有其作用,不可偏废。

"洋务运动"在"中体西用"这一原则影响之下,内涵丰富的科学文化被分割为"体"和"用"两部分,其"体"即科学的知识层面的理论体系,而"用"则是其科学的社会功能,而最终"洋务运动"取其"用"而去其"体"。这一原则的直接结果就是,"洋务运动"所引入的西方近代科学必将是不完整的科学,其仅关注科学的应用层面及其工具属性,而对科学精神、科学文化和科学方法等层面价值缺乏关注,甚至直接视而不见。

三、洋务运动时期的物理教育与物理教科书

洋务派人士在开展"洋务运动"的过程中,不光注重引入西方的工业体系,同时非常注意与之对应的教育体系建设,只有培养出具备科学知识的人才,才能使中国真正富强,而"不必依赖于外夷"。因此,洋务派官员积极建设洋务学堂,培养"洋务运动"所需的各类人才。

依据"洋务运动"所需的人才类型,洋务派建设的新式学堂主要分为三类:一类是为了适应与外国沟通交流,解决语言障碍的语言类学堂,如京师同文馆、上海广方言馆等;一类是发展现代工商业,培养电报、铁路、矿务、西医等专门人才的工艺技术学堂,如福州电报学堂、天津电报学堂等;一类是满足现代战争需要、培养军事人才的军事学堂,如福州船政学堂、江南制造局操炮学堂等。②

1. 洋务学堂的教学变革

"洋务运动"的深入开展,洋务学堂的广泛建立,为西学在中国的传播开辟了新的渠道,同时也促进了中国传统教育的现代化变革。与传统学校教育相比,洋务学堂教育目的、教育内容、教学方法、教学组织形式等各个方面都实现了转变。

(1)教育目的的转变。

传统的教育目的是为科举考试做准备,强调知识分子"修齐治平"的人生理想,旨在培养德行高尚的儒者。而洋务学堂则强调学以致用,为现代军事、工商业和外交事业培养人才,原来被视为"奇淫巧技"的技术教育,在洋务学堂中获得了与四书五经等儒家经典著作同样重要的地位。

---

① 栗洪武.西学东渐与中国近代教育思潮[M].北京:高等教育出版社,2002:59.
② 孙培青.中国教育史[M].2版.上海:华东师范大学出版社,2000:298.

（2）教学内容的转变。

传统学校教育的教学内容都围绕科举考试设置，从幼时的《幼学琼林》、"三百千"等到年长之后的"四书五经"及其注疏，所有的教学内容都以儒家学说为宗旨，旨在为"为天地立心，为生民立命，为往圣继绝学"。而洋务学堂虽也开设以经学为主的中学教育，但都非常重视西学教育，即使在京师同文馆、上海广方言馆等语言学堂中，数学、物理、化学、天文学等自然科学课程都占有一定的地位。

京师同文馆算学馆成立后，制定了五年制和八年制两种课程体系。其中，在八年制课程体系中，从第四年开始学习数理启蒙、代数学；第五年，讲求格致、几何原本、平三角、弧三角；第六年，讲求机器、微分积分、航海测算；第七年，讲求化学、天文算学；第八年，讲求天文测算、地理金石。而五年制课程体系中，则从第一年就开始学习梳理启蒙、九章算法、代数学……第五年学习天文测算、地理金石。

上海广方言馆的《课程十条》也对西学课程进行了规定，写道："学生分为上下班，初进馆者先在下班，学习外国公理公法。如算学、代数学、几何学、重学、天文、地理、绘画灯饰，皆用初学浅书教习……上班分七门：一、辨察地产、分炼合金，以备制造之材料；二、选用各金材料，或铸或打，以成机器；三、制造或木或铁各种；四、拟定各汽机图样或司机各事；五、行海理法；六、水路攻战；七、外国语言文字、风俗国政。"[1]

（3）教学方法的转变。

传统学校教育因其教学内容仅限于儒家经典著作等书本知识，其教学方法一般以学生自学、教师教授、学生背诵为主，极少有学生动手参与的实践活动。洋务学堂引入西学知识的同时，也引入了直观教学、演示教学、实验等现代教学方法。丁韪良在京师同文馆任教时，就在该馆积极建设理化实验室、博物馆、天文台等实验设施。[2] 福建船政学堂轮机学校的学生除学习蒸汽机的原理之外，还需掌握蒸汽机使用、维修的实践知识。为使学生能够将所学的理论知识应用于实践当中，学校设置了专门的轮船和蒸汽机供学生操作、使用。[3] 天津水师学堂和广东水师学堂等也都配备了专门的船只，供学生实践教学使用。

---

[1]　高时良.中国近代教育史资料汇编：洋务运动时期[M].上海：上海教育出版社，1992：182.

[2]　蔡铁权，陈丽华.渐摄与融构——中西文化交流中的中国近现代科学教育之滥觞与演进[M].杭州：浙江大学出版社，2010：155.

[3]　陈学恂.中国近代教育史教学参考资料：上册[M].北京：人民教育出版社，1986：77.

（4）教学组织形式的转变。

中国传统教育中，一般私塾教育以个别教学为主，书院教育以学生自学、集中辅导为主。洋务学堂则普遍采用班级授课制和学年制等现代教学组织形式开展教学。京师同文馆将学生分为八年制和五年制两个班级；江南水师学堂将学生分为驾驶和管轮两门；福州船政学堂将学生分为前后学堂，前学堂分为法语、英语两个班，后学堂分为驾驶、管轮两个班，各班分别配备教师，分班授课；天津电报学堂根据学生年龄，将学生分为四个班。

（5）教师队伍的转变。

传统教育的教师主要为科场失意的儒生，而洋务学堂的教师队伍则主要由中外学者组成，特别是外语、物理、化学等课程，一般以外国教师为主，中文、算学等科目教师则一般由中国人担任。京师同文馆先后共聘请 54 位外国人担任英文、德文、法文、日文、物理、化学等学科教师[①]，美国传教士丁韪良、傅兰雅等人都曾在该馆任教，中国学者李善兰曾在该馆担任算学教师；上海广方言馆先后聘请了林乐知、金楷理、傅兰雅等外国传教士任该校西学、外语教师；福州船政学堂则聘请法国军官日意格、德克碑等外国教师任教。据记载，在福州船政学堂任教的外国教师数曾一度达到 50 人。[②]

2. 洋务译书机构

为实现"师夷长技以制夷"的目标，洋务派官员除开办洋务学堂外，还开设翻译馆翻译西书，这也是其传播西学的主要途径。洋务运动之前，西书的翻译事业主要由传教士译书机构开展，这些书馆所译西书传播了科学知识，同时也培养了一代翻译人才，徐寿、华蘅芳等人就是深受墨海书馆出版的书籍影响，开始与这些西学书籍的译者联系并钻研西方科技的。

洋务运动时期，影响力较大、译书成果较为丰硕的当数上海江南制造局翻译馆和北京京师同文馆。

（1）江南制造局翻译馆及其译书情况。

江南制造局翻译馆成立于 1868 年，曾国藩爱惜人才，徐寿、华蘅芳、李善兰等人受邀获聘至制造局工作。1867 年，江南制造局搬迁、扩充规模，徐寿等人向制造局总办提出创设翻译馆，在谈到设馆译书的理由时，徐寿表示："设一便考西学之法，至能中西艺术共相颉颃；因想一法，将西国要书译出，不独自增识

---

① 熊月之.西学东渐与晚清中国[M].上海：上海人民出版社，1994：310.
② 陈学恂.中国近代教育史教学参考资料：上册[M].北京：人民教育出版社，1986：80.

见,并可刊印播传,以便国人尽知。又寄信至英国购《泰西大类编书》(《大英百科全书》——笔者注),便于翻译者;又想书成后可在各省设院讲习,使人明此各书,必于国家大有裨益。"①总办在征得曾国藩的同意后,允许其进行尝试,之后,徐寿聘请傅兰雅、伟烈亚力、玛高温等传教士参与译书,并由传教士和徐寿、李善兰等中国学者合作,在一年之内完成了《运规约指》《金石识别》等书。书成之后递交到曾国藩手中,曾国藩阅后非常高兴,当即决定上奏皇帝,申请创设翻译馆,其在奏折中写道:"盖翻译一事,系制造之根本。洋人制器出于算学,其中奥妙皆有图说可寻。特以彼此文义捍格不通,故虽日习其器,究不明夫用器与制器之所以然……拟俟学馆建成,即选聪颖子弟随同学习,妥立课程,先从图说入手,切实研究,庶几物理融贯,不必假手洋人亦可引伸,另勒成书。"②此奏折得到了朝廷的批准。

江南制造局翻译馆从 1868 年开办直至 1912 年终结,45 年间共译书 241种③。其中,翻译馆译书种类按照数量多少排序分别为:兵学、工艺、兵制、医学、物理④、矿学、农学、化学、算学、史志、船政。⑤ 通过数量的多少,我们可以看出翻译馆译书的倾向性,即与富国强兵相关的使用类书籍如兵学、兵制和工艺制造类书籍,为该馆译书的首选,其他类别的书籍则很少。

江南制造局翻译馆共译物理教科书 11 部,分别为:

《声学》八卷。英国田大理撰,傅兰雅口译,徐建寅笔述。1874 年刊。

《光学》二卷附《视学诸器说》。英国田大理辑,美国金楷理口译,赵元益笔述。1876 年刊。

《电学》十卷首一卷。英国瑙埃德著,傅兰雅口译,徐建寅笔述。1879年刊。

《格致启获·格物学》一卷。英国司都蕾著,林乐知口译,郑昌横笔述。1880 年刊。

《电学纲目》一卷。英国田大理原著,傅兰雅口译,周娜笔述。约 1881年刊。

① 傅兰雅.江南制造总局翻译西书事略[M]//张静庐.中国近代出版史料初编.上海:上海书店出版社,2003:9 - 28.
② 曾国藩.奏新造第一号轮船工竣并江南制造局筹办情形折[M]//汪广仁.中国近代科学先驱徐寿父子研究.北京:清华大学出版社,1998:168 - 169.
③ 王扬宗. 江南制造局翻译书目新考[J].中国科技史料,1995(2):3 - 18.
④ 熊月之著作中将格致、电学、声学、光学等分列,笔者在此将其合称为"物理"。
⑤ 熊月之.西学东渐与晚清社会[M].上海:上海人民出版社,1994:500.

《格致小引》一卷。英国赫师贵原著，罗亨利口译，瞿昂来笔述，1886 年刊。

《物体遇热改易记》四卷。傅兰雅口译，徐寿笔述。1899 年刊。

《通物电光》四卷图一卷。美国莫耳登等撰，傅兰雅口译，王季烈笔述。1899 年刊。

《无线电报》一卷。英国克尔原著，卫理口译，范熙庸笔述。1990 年刊。

《物理学》三编十二卷。日本饭盛挺造编纂，丹波敬三、柴田承桂校补旧本藤田丰八译，王秀烈润辞重编。1901 年至 1903 年刊。①

（2）京师同文馆及其译书情况。

京师同文馆创设于 1862 年，创设目的是为清政府培养外交和外语人才。1840 年鸦片战争之后，中外交往日益增多，清政府明显感到外语人才匮乏对中外谈判的不利影响。1861 年，奕䜣、桂良和文祥等大臣联名上折，奏请开办外语学馆，奕䜣等人在奏折中写道："臣等伏思预悉各国情形，必先谙其语言文字，方不受人欺蒙。各国均以重资聘请中国人讲解文义，而中国迄无熟悉外国语言文字之人，恐无以悉其底蕴。"②

奕䜣等人的奏折很快获得了批准，1862 年，我国第一所具有现代意义的学校——京师同文馆正式开课。1866 年，奕䜣等人上奏申请开设天文、算学二馆，经过与守旧派人士的激烈辩论，最终获得批准。自此，同文馆从一所外国语言学校转变为外语为主兼习西学的综合性新式学堂。1888 年清政府增开格致馆、翻译处，1902 年京师大学堂成立后两学堂合并，结束了其 40 余年的发展历程。

随着西学课程的开设和学生外语水平的不断提升，为满足馆内教学所用的教科书问题，锻炼学生的外语翻译能力，京师同文馆在教学之外也开始了西书翻译工作。馆内译书一方面作为教科书使用，一方面对外销售，如该馆翻译、出版的《格物入门》《格物测算》《化学阐原》《万国公法》等教科书，既是图书名称也是课程名称。同文馆的西书翻译工作以外国教师为主，部分学生也参与了西书翻译。

京师同文馆在其存续的 40 年间，共翻译西书 25 种。③ 同文馆译书大致分为三类：一类为法律、历史等社会科学知识，如《万国公法》《法国律例》《各国史

---

① 王扬宗.江南制造局翻译书目新考[J].中国科技史料，1995(2)：3-18.

② 筹办夷务始末(同治朝)卷8，转引自田正平.中国教育史研究(近代分卷)[M].上海：华东师范大学出版社，2009：27.

③ 熊月之.西学东渐与晚清社会[M].上海：上海人民出版社，1994：317.

略》《富国策》等共计 9 种;一类为物理、化学、生物、生理、医学等自然科学知识,如《格物入门》《格物测算》等,共计 14 种;一类为外语工具书类,如《英文举隅》《汉法字汇》等,共计 2 种。由上述译书的种类可以看出,同文馆译书兼顾自然科学和社会科学。可见,同文馆在引入西学的过程中,对自然科学与社会科学同样重视。这是因为同文馆最初创设的目的即为培养外交和外语人才。北京的京师同文馆和上海的江南制造局翻译馆一南一北,共同撑起了洋务运动时期洋务机构翻译与引入西书的大业。

当时,同文馆翻译的法学类书籍以《万国公法》最为著名,自然科学类书籍以《格物入门》和《格物测算》影响最大,上述三种书籍的作者均为丁韪良。丁韪良为美国基督教长老会传教士,1850 年开始在中国传教,1865 年开始在京师同文馆任教师。1869 年,他在海关总税务司赫德的大力推荐下,辞去了在美国北长老会的教职,出任京师同文馆总教习,直至 1894 年。丁韪良在同文馆工作期间,组织编写西学教科书,改革课程体系,引入西学课程,建设天文馆、物理、化学等学科实验室,为同文馆教育近代化作出了一定的贡献。其中,丁韪良译的《万国公法》和《格物入门》等教科书原是其在进入同文馆之前翻译的,但是在同文馆工作期间出版、发行,因此这些书籍与其在该馆翻译、出版的《格物测算》等书籍一同被归为同文馆译书。

3. 从传教工具到富强手段——传教士译书与洋务派译书的转变

据笔者之前统计[①],甲午战争之前,我国共出版、发行物理教科书 29 种(见表 4-1),其中,洋务运动开始之前,共翻译、引入物理教科书 7 种,这 7 种教科书均由传教士翻译,教会出版机构出版和发行。

表 4-1   1840—1900 年出版物理教科书统计表

序号	教科书名称	初版时间/年	原著者	编译者	出版主体
1	博物通书(1 册)	1851		[美]玛高温	华花圣经书房
2	光论	1853		[英]艾约瑟、张福禧	墨海书馆
3	声论	1853		[英]艾约瑟、张福禧	墨海书馆
4	博物新编(3 卷)	1855		[英]合信	墨海书馆
5	重学浅说(1 卷)	1858		[英]伟烈亚力、王韬	墨海书馆

① 刘志学,陈云奔,张磊.晚清时期中学物理教科书发展及其特点[J].物理教学.2017,39(8):73-78.

（续表）

序号	教科书名称	初版时间/年	原著者	编译者	出版主体
6	重学（20卷）	1859	［英］惠威尔	［英］艾约瑟、李善兰	墨海书馆
7	谈天（18卷）	1859	［英］赫歇尔	［英］伟烈亚力、李善兰	墨海书馆
8	格物入门（7卷）	1866		［美］丁韪良	京师同文馆
9	声学（8卷）	1874	［英］丁铎尔	［英］傅兰雅、徐建寅	江南制造局翻译馆
10	光学（2卷）	1876	［英］丁铎尔	［美］金楷理、赵元益	江南制造局翻译馆
11	电学（10卷）	1879	［英］亨利	［英］傅兰雅、徐建寅	江南制造局翻译馆
12	热学（2册）	1880		［美］金楷理、江衡	江南制造局翻译馆
13	数理格致（8册）	1880	［英］牛顿	［英］伟烈亚力、［英］傅兰雅、李善兰	江南制造局翻译馆
14	格致启蒙 格物学	1880	［英］罗斯古	［美］林乐知	江南制造局翻译馆
15	分光求原（4册）	1880		［英］伟烈亚力	江南制造局翻译馆
16	电学纲目（1卷）	1881	［英］丁铎尔	［英］傅兰雅、周郇	江南制造局翻译馆
17	格物测算（8卷）	1883		［美］丁韪良	京师同文馆
18	格致小引（1卷）	1886	［英］赫施贲	［英］罗亨利、瞿昂来	江南制造局翻译馆
19	格致须知（8卷）	1884—1894		［英］傅兰雅	益智书会
20	格致图说	1890—1893	［英］李兹等	［英］傅兰雅	益智书会
21	声学揭要（1卷）	1893	［法］迦诺	［美］赫士、朱宝琛	登州文会馆
22	热学揭要（1卷）	1897	［法］迦诺	［美］赫士、刘永贵	登州文会馆
23	光学揭要（2卷）	1898	［法］迦诺	［美］赫士、朱宝琛	登州文会馆
24	格物质学	1898	［美］史砥尔	［美］潘慎文、谢洪赉	美华书馆
25	通物电光（4卷）	1899	［美］莫耳登	［英］傅兰雅、王季烈	江南制造局翻译馆
26	物体遇热改易记（4卷）	1899	［英］瓦特斯	［英］傅兰雅、徐寿	江南制造局翻译馆
27	电学纪要（1册）	1899		［英］李提摩太、蔼深居士	广学会
28	电学测算（1卷）	1900		徐兆熊	江南制造局翻译馆
29	物理学	1900	［日］饭盛挺造	［日］藤田丰八、王季烈	江南制造局翻译馆

洋务运动后,特别是随着京师同文馆和江南制造局翻译馆的相继成立,这些洋务机构翻译和出版的物理教科书不断面世,其在教科书市场上的比重不断加大,并逐渐成为主流。1860 年之后出版的 22 种物理教科书中,仅有傅兰雅的《格致须知》《格致图说》和赫士、朱宝琛的《声学揭要》等 7 种为教会出版机构或教会学校出版,其余 15 种则均为制造局翻译馆和同文馆等洋务译书机构出版。

传教士译书时期,物理教科书只不过是其进行"科学传教"的工具,辅助其开展宗教宣传工作。到了洋务运动时期,物理教科书成为洋务派"自强求富"的手段,为洋务派实现"格致制造"的复兴提供智力支持。为全面了解从传教士译书到洋务机构译书的内涵和本质,现就这一转变过程中的相同之处与不同之处加以分析。

(1)传教士与洋务机构译物理教科书的相同之处。

第一,译书人员组成大致相同。通过对表 4-1 的分析,在传教士译书时期,除玛高温、合信等少数传教士具备一定的汉语水平,能够独立完成教科书翻译外,大多数教科书的翻译工作均为传教士与中国学者合作完成。与之相同,在洋务运动时期,物理教科书的翻译人员仍由传教士和中国学者组成。

部分传教士如伟烈亚力等人,前期在教会译书机构中译书,后期在洋务机构中译书;而傅兰雅等传教士同时为教会译书机构益智书会和洋务机构江南制造局翻译馆工作,且他自己还创办了以传播科学为主的报刊《格致汇编》,与徐寿等人合作创建了上海格致书院、格致书室,开展科学知识的传播与科学书籍的销售。

随着译书机构的增多,中国学者参与教科书翻译的人数也逐渐增加,在传教士译书时期,只有李善兰、王韬、张福禧等少数学者参与其中。洋务运动时期,则有很多受到传教士译书的影响,具备了一定的物理学知识,并对物理学感兴趣的中国学者和学生如徐建寅、赵元益、周郇、江衡、瞿昂来、朱宝琛等,也参与了教科书的翻译工作。部分中国学者虽参与了教科书的翻译工作,但并没有在书中署名,仅在序言中进行了介绍。如丁韪良在京师同文馆期间翻译的《格物测算》,就有同文馆的副教习席淦、杜法孟、贵荣和肄业生胡玉麟、陈寿田、熊方柏、联印等七人参与了该书翻译、编写的部分工作。[①]

第二,译书方法相同。传教士译书时期,译书方法主要为传教士说出大意,

---

① 丁韪良.格物测算:卷一水学[M].北京:京师同文馆,1883:序言.

中国学者记录并进行润色、整理,最后双方对教科书内容进行校对、审核从而确定内容,如《重学浅说》即为伟烈亚力口译、王韬笔述完成。①

在洋务机构译书期间,所用的译书方法同样是西译中述。傅兰雅在《江南制造局翻译西书事略》一文中记载:"将所欲译者,西人先熟览胸中而书理已明,则与华士同译,乃以西书之义,逐句读成华语,华士以笔述之;若有难言处,则与华士斟酌何法可明;若华士有不明处,则讲明之。译后,华士将稿改正润色,令合于中国文法。"②

第三,教科书的命名方式大致相同③。在整个传教士译书时期和洋务译书时期,物理教科书大多以"格致""格物""博物"等或物理学中某一分支学科如"电学""光学"而命名。以"格致""格物"字样命名的中学物理教科书有 9 种。西方传教士在翻译西方科学著作时,通常用"格致"翻译西方的"科学"一词,其词意不断演化,有时指所有西方自然科学,有时指物理,而"格物"一般仅指物理。

以"博物"命名的教科书有 2 种。汉代桓宽在《盐铁论·杂论》中提到:"桑大夫,据当世,合时变,推道术,尚权利,辟略小辩,虽非正法,然巨儒宿学,恶然大能自解,可谓博物通士矣。"④一般用"博物"指通晓各种事物,西晋张华的《博物志》即包含地理、生物、物理、医学、文学等方面内容。部分早期传教士将包含物理、化学、生物等自然科学方面的书籍以"博物"命名,物理学知识为其中一部分内容。

以"重学""光学"等物理学的某一分支学科命名的教科书有 17 种,为这一时期物理教科书的主要命名方式。由于翻译物理教科书的传教士虽具有一定的知识背景,但均不是物理学家,他们一般根据自身的知识储备和兴趣方向翻译物理学教科书。如傅兰雅毕业于英国的教会学校海伯利学院,接受的是师范教育;伟烈亚力在英国接受的是文法学校教育;艾约瑟毕业于伦敦大学,接受过神学、文史和科学知识的训练。在学校使用教科书的过程中,各个新式学堂或教会学校会根据实际情况,选用相应分支学科的教科书。

传教士翻译的多数物理学教科书均以分支学科的方式展示物理学知识,对

①　熊月之.西学东渐与晚清中国[M].上海:上海人民出版社.1994:192.
②　傅兰雅.江南制造总局翻译西书事略[M]//张静庐.中国近代出版史料初编.上海:上海书店出版社,2003:9-28.
③　刘志学,陈云奔,张磊.晚清时期中学物理教科书发展及其特点[J].物理教学.2017,39(8):73-78.
④　桓宽.盐铁论[M].赵喜轩,耿佳佳,译.北京:中信出版社,2014:435.

中国人从整体上理解物理学造成了困难。① 同时,部分教科书以"格致""格物""博物"等中国传统文化已有词语命名教科书,有时会给人以物理学为中国古已有之的学问,无形中加深了人们的"西学中源"②意识,为国人理解物理学的真实发展历程形成了障碍。

教科书命名混乱的状况,直至 1900 年第一本以"物理学"命名的教科书《物理学》(下编完成于 1903 年)诞生才得以改善。该书由日本学者饭盛挺造编撰,由日本汉学家藤田丰八和中国学者王季烈翻译,全面、系统地介绍了物理学由诞生直至 19 世纪末的发展历程,内容涵盖力学、热学、电学、光学、磁学等物理学各部分内容。顾燮光编撰的《译书经眼录》评价该书:"析理既精,译言亦雅,洵理科中善本也。"③

该书出版之后,"物理"作为一门学科及相应学科教科书的名称逐渐被国人接受,原有的以"格致""博物"或物理学某一分支学科作为教科书名称的情况则明显减少,直至消失。

(2)传教士与洋务机构译物理教科书的不同之处。

第一,译书目的不同。传教士翻译物理学的目的是满足教会学校科学课程的教学需要,而教会学校开展科学教育的目的则是传播宗教。正如谢为楼所说:"只有基督教渗入哲学和科学研究,才能使人在造物主面前谦卑和尊敬⋯⋯中国需要西方学者准备给予的哲学和科学知识,但是她需要从基督教教师那里接受这样的知识,这些教师将始终使学习者认识到已经获得的些许知识仅仅是通向不断拓展的知识领域的阶梯。"④

而洋务派成立翻译馆,翻译物理教科书,其目的则是"盖翻译一事,系制造之根本⋯⋯不必假手洋人亦可引伸,另勒成书"⑤。即通过翻译物理教科书等西学书籍,满足洋务学堂的教学需要,以培养能够参与工业制造的人才,实现富国强军的目的,而不必处处受制于外国人。

第二,主导力量不同。传教士译书时期的主导力量是传教士,中国学者只

① 艾尔曼.科学在中国:1550—1900[M].原祖杰,译.北京:中国人民大学出版社,2016:406,518.
② "西学中源"即西学的根源是中学,中学无所不包,所有西方近代科学都能在中国古代文献中找到,这一说法在晚清极为盛行,很多学者均持有此种观点。
③ 王韬,顾燮光,等.近代译书目[M].北京:北京图书馆出版社,2003:528.
④ 谢卫楼.基督教教育对中国现状及其需求的关系.转引自:陈学恂.中国近代教育史教学参考资料(下册)[M].北京:人民教育出版社,1986:28-29.
⑤ 曾国藩.奏新造第一号轮船工竣并江南制造局筹办情形折[M]//汪广仁.中国近代科学先驱徐寿父子研究.北京:清华大学出版社,1998:168-169.

能是其完成译书工作的助手,发言权非常有限。如上海墨海书馆创办之初以翻译、出版《圣经》为主要经营目的,仅伟烈亚力在馆期间就销售了100万本《圣经》①,之后才开始陆续翻译、出版各种教科书。如1877年成立的"益智书会",即传教士为规范教会学校教科书翻译工作、解决各个教会学校教科书不能互相交流、教科书质量无法保证等问题而设立的专门组织。

而对于洋务译书机构,虽译书人员仍旧以传教士和中国学者共同组成,但其译书的主导权则由中国人所掌控。傅兰雅在江南制造局翻译馆工作期间,选书、用人等方面具有一定的自主权,在给他弟弟的一封信中,傅兰雅曾提到他在江南制造局翻译馆里可以随意说自己想说的话、做自己想做的事。② 但事实并非如此,1868—1870年,傅兰雅代表江南制造局从英国订购了大量的图书、科学仪器和器具,其中就包含第八版《大英百科全书》。最初,傅兰雅准备着手将该书全部翻译成中文,然而制造局总办等清政府官员认为应"特译紧要之书",傅兰雅无奈只得取消《大英百科全书》的翻译计划,而按照"平常选书法,为西人与华士择其已所紧用者"进行翻译③,其"紧用"的书即为清政府所急需的兵工制造类的教科书。

第二节　中体与西用:
洋务运动时期物理教科书科学启蒙特点分析

洋务运动的初衷,是洋务派官员在"数千年未有之大变局"的情况下,为应对"数千年未有之强敌"而采取的一种自保措施,其具体措施即为通过"师夷长技"实现"制夷"的目的。为应对守旧派的责难,洋务派在洋务运动中,无奈只能以通过"以中学为体、以西学为用"即"中体西用"的方式,来调和"中学"和"西学"之间的矛盾,保证洋务活动在守旧派的抵制中艰难进行。洋务派对"夷之长计"一直以来都停留在"坚船利炮"的层面,且其必须以"中体西用"为准则,因此洋务派对科学的理解是急功近利的、片面的,过分看重机器的实用性、重要性,不论其创建的工矿、企业,还是其兴建的洋务学堂、组织翻译的教科书等,都是

---

① 熊月之.西学东渐与晚清中国[M].上海:上海人民出版社,1994:185.
② 见于《傅兰雅档案》第一卷,1870年3月15日傅兰雅写给弟弟的信,转引自赵红霞.傅兰雅的西书中译事业[D].上海:复旦大学,2006:26.
③ 傅兰雅.江南制造总局翻译西书事略[M]//张静庐.中国近代出版史料初编.上海:上海书店出版社,2003:9-28.

围绕这一主题开展的,而对远离生活实际的自然科学理论却不够重视。

一、富强之根基:科学知识启蒙

1. "中体西用"背景下的物理学知识体系构建

科学知识作为科学文化的重要组成部分,为科学文化的发展和延续提供了支撑和基础。因此,各个时期的物理教科书中,科学知识都占有重要的地位,科学知识也是教科书在发挥其科学启蒙作用方面的主要内容。

经过传教士译书时期的译介和引入,大部分物理学知识都以教科书的形式被引入中国。洋务译书时期引入的物理学知识进一步规范,并逐步引入了部分最新的物理学成果,拓宽了国人的视野,特别是随着洋务学堂的广泛开设,作为"中体西用"中"西用"的主要内容,物理学知识的科学启蒙作用得到了进一步发挥。

不同于鸦片战争时期,洋务译书时期翻译的物理教科书逐渐系统化、规范化。如传教士译书时期的《博物通书》《光论》《声论》《重学浅说》《重学》《谈天》等书为介绍电学、光学、声学、力学和天体物理学知识的教科书,其中的内容仅为单一学科知识,《博物新编》则涉及热学、光学和电学等三个物理学分支学科的知识。

洋务译书时期,开始出现物理学知识体系相对系统的教科书,如丁韪良在京师同文馆翻译、出版的《格物入门》和《格物测算》,涵盖了力学、热学、电学、光学、声学等物理学各个学科知识。

(1)力学知识引入情况。

力学在晚清时期常被称为"重学",英国传教士艾约瑟和中国学者李善兰翻译的《重学》一书,为这一时期第一部系统介绍牛顿力学的中译本。[①] 但由于该书原本为英国剑桥大学教科书,书中大量使用了微积分等数学知识,在国人数学知识和物理学知识都较为薄弱的晚清时期,该书难度过大,不易理解和接受,因此并没有得到广泛的传播。与《重学》的高难度相对比,这一时期的另一部力学教科书《重学浅说》的内容则过于简略,全书仅 27 页,介绍了力学的基本知识和杠杆、滑轮、斜面等简单机械,对于其他力学知识则未涉及。

洋务译书时期翻译的力学教科书主要有丁韪良译的《格物入门》中的《力学入门》以及伟烈亚力、傅兰雅和李善兰翻译的《数理格致》。《力学入门》一书分

---

① 林庆元,郭金彬.中国近代科学的转折[M].厦门:鹭江出版社,1992:115.

为上、下两章,系统介绍了力与运动、重力、重心、天体力学、牛顿三定律、合力、分力、简单机械等力学知识。全书共 60 页,以一问一答的形式组织全书,并在全书的正文之后,设计了"问物之行曰快曰慢其义何也"等 47 个与力学相关的课后测试题,供学生学习之后练习、测试。该书介绍的力学知识涵盖了牛顿力学的基本知识,内容全面、浅显易懂,易于为学生所接受,在当时流传较广泛。

《数理格致》的原本为牛顿的《自然哲学的数学原理》(以下简称《原理》),《原理》作为科学史上最伟大的著作①、第一次科学革命集大成之作,对之后的物理学、数学、哲学和天文学等学科的发展都产生了重大的影响。在《原理》一书中,牛顿介绍了著名的牛顿运动三定律、力的合成与分解法则、动量守恒原理,并运用运动三定律处理物体运动问题,首次提出了万有引力定律,使用微积分等数学方法和万有引力定律推导出行星、彗星、月球和海洋潮汐的运动规律,第一次将天上、地上所有的事物联系到一起,展现了宇宙的奥秘。《数理格致》一书是牛顿《自然哲学之数学原理》的第一次翻译介绍,在中国科学史上具有重要意义。②

《数理格致》一书的翻译过程非常艰辛,傅兰雅在《江南制造局译西书事略》一文中对这一过程进行了简要的论述:"李君(李善兰,笔者注)系浙江海宁人,幼有算学才能,于一千八百四十五年初印其新著算书……又与伟烈亚力译奈端《数理》数十页。后在翻译馆内与傅兰雅译成第一卷。此书虽为西国甚深算学,而李君亦无不洞明,且甚心悦,又常称赞奈端之才。"③通过傅兰雅的叙述可知,李善兰最初与伟烈亚力合作翻译《数理格致》前半部分,之后又与傅兰雅合作完成了该书的后半部分。这一时期,李善兰已经和伟烈亚力、艾约瑟等传教士合作,参与了《重学》《谈天》等物理学教科书的翻译工作,具备了较为扎实的物理学知识,同时他还对数学知识具有较高的造诣,因此在合作译书过程中,获得了与之合作的傅兰雅等传教士的认可和称赞。《数理格致》一书翻译完成后,还存在"往往有四五十字为一句者,理既奥赜,文又难读"④的问题,华蘅芳一直试图

① 吴国盛.科学的历程[M].北京:北京大学出版社,2002:214.

② 韩琦.《数理格致》的发现——兼论 18 世纪牛顿相关著作在中国的传播[J].中国科技史料,1998(2):78-85.

③ 傅兰雅.江南制造总局翻译西书事略[M]//张静庐.中国近代出版史料初编.上海:上海书店出版社,2003:9-28.

④ 丁福保.算学书目提要[M].无锡:实学堂刻本,1899:14.

对译稿进行删改、润色、出版,但最终因译稿下落不明而未能如愿。[①]

(2)热学知识引入情况。

传教士译书时期的物理教科书中对热学的介绍,仅限于《博物新编》中的部分章节的论述。洋务译书时期对热学知识介绍较为系统的当数美国传教士金楷理与中国学者江衡合作翻译的《热学》,其原本为美国学者博克斯著的《热学》(*A Practical Treatise on Heat*)。

丁韪良译的《格物入门·卷二·气学》一书中,对风雨的形成、蒸汽机、火轮车、火轮船、纺织机等热学知识和热学机器进行了介绍,特别详细介绍了纺织机、蒸汽机、火轮车等国人眼中的新奇之物,并对这些机器应用的前景,对经济、社会和工业发展的重要作用进行了论述。在论及纺织机是否对从业者生活产生影响时,丁韪良写道:"汽机通行以后,不唯无害,且有大益,其法初兴,未免多人另图生计,然从此衣服布匹等物,价值顿减,且自火力一做,而百业具隆,如挖煤开矿打铁造桥行船运车造轮车铁道各事,用人极多,因火轮舟车,易至远方,载货运粮,无不便捷,以致民众较前尤为富足。"[②]正如丁韪良所述,纺织机投入使用之初,肯定会对传统的纺织工人的生活造成影响,使他们另谋职业。但从长远来看,机器工业生产代替手工业是历史发展的必然趋势。同时,随着生产力水平的提高,也会带来生产成本的降低,带动有关行业的繁荣,因此能够促进经济的整体发展。

丁韪良译的《格物入门·卷三·火学》一书则对热的本质、摩擦生热、寒暑表、热胀冷缩、地热、力热互生等热学问题进行了论述。

(3)声学知识引入情况。

丁韪良编译的《格物入门·卷二·气学》一书的下章为《论声响》,专门讨论声学问题,并分为天气传声、传声快慢、传声远近、他物亦能传声、不传声之物、发声之由、声音高低之故、音分有八、类分有三、中西同律、音分十层、声音相触消减、应声之故、回响之迟速、低音楼、传声管、扬声筒、接声筒、耳为接声、口为发声、皆赖天气等小节,详细讲解了发声、传声、音律、回声、扩音等问题,为当前可见的第一本较为完整介绍声学知识的物理教科书。

丁韪良译的《格物入门》中论及的声学知识是普及性的,与之相对,傅兰雅、

---

① 韩琦.《数理格致》的发现——兼论18世纪牛顿相关著作在中国的传播[J].中国科技史料,1998(2):78-85.

② 丁韪良.格物入门·卷二·气学[M].北京:京师同文馆,1868:39.

徐建寅翻译的《声学》则专业性更强。《声学》一书的原本为英国著名物理学家丁铎尔(英文名:J.Tyndall,现译为:廷德耳)的《声学》(*Sound*,1869),该书详细介绍了与声学相关的物理概念、理论与实验,为近代中国出版的最早的声学专著。截至20世纪初,引入中国的声学知识都没有超出《声学》一书的范围。①当时的学术界更是高度评价《声学》一书的学术价值,徐维则、顾燮光在《增版东西学书目》中写道:"西人论声音之理日精,此书所载,半属浅说,然论发声、传声、成音、音浪,颇觉透辟。中国极少新译之本,读此足以稍窥崖略。"②

(4)光学知识引入情况。

丁韪良编译的《格物入门·卷二·气学》的下章名为《论光》,介绍了光源、光速、分光、光的折射、光的反射、凸透镜、凹透镜、显微镜、望远镜、彩虹、海市蜃楼、光的波动说等光学知识和光学仪器。对于国人较为关注的显微镜等光学仪器,丁韪良设计了"显微镜为何物、其镜何如、显微镜之力何法计算、显微镜有何益处、用显微镜可决疑狱否"等问题,论述了显微镜的构造、原理、放大倍数、用途等,针对显微镜在案件侦破中的作用,丁韪良写道:"西国有杀人逃逸者,其所佩小刀,沾染血迹,询之,以牛血对,或疑之,持刀质于明识者,知为人血,严鞫之,廉得其情,赖显微镜考察之力也。"③作者在教科书中通过描述警察运用显微镜破案的过程,使国人对显微镜在生产、生活中的用途有了大概的认知。

金楷理、赵元益翻译的《光学》一书的原稿,为英国著名物理学家丁铎尔讲授光学课程时所使用的讲稿《光学》(*Light*,1870),该书详细介绍了光谱及其应用、光的干涉、衍射、偏振、光的直线传播、照度和照度定律、光速及其测算、眼睛的视觉原理、眼镜、牛顿环等光学现象、仪器和光学知识,并对几何光学和波动光学等知识进行了重点论述,是第一部系统介绍波动光学的著作。④

(5)电磁学知识引入情况。

传教士译书时期引入的电磁学知识的教科书主要为《博物通书》和《博物新编》。《博物通书》简单介绍了常见电学现象和电学仪器,重点介绍了电报机,而《博物新编》仅安排了一节内容介绍部分简单电学知识。

丁韪良编译的《格物入门·卷四·电学》详细论述了电学基础知识,对摩擦生电、蓄电瓶、放电、磁铁、电磁铁、电秤、电钟、电报进行了介绍,并比较了导体、

①　王冰.中外物理交流史[M].长沙:湖南教育出版社,2001:116.

②　王韬,顾燮光,等.近代译书目[M].北京:北京图书馆出版社,2003:207.

③　丁韪良.格物入门·卷三·火学[M].北京:京师同文馆,1868:40.

④　王冰.中外物理交流史[M].长沙:湖南教育出版社,2001:116.

不良导体和绝缘体的性能,属于较为初级、较为基础的电学教科书。

与《格物入门·卷四·电学》对应的是 1879 年刊行的,由傅兰雅和徐建寅翻译的《电学》,其原本为英国物理学家、化学家诺德的《电学教科书》(*The Student's Textbook of Electricity*)。《电学》全书共 10 卷 8 册,配有插图 402 幅,字数为 23.8 万,为近代中国第一部系统介绍电磁学知识的中文译著。[①]

《电学》一书对 19 世纪以来电磁学的发展历程进行了详细的论述,其内容涵盖静电学、静磁学、电现象、生物电流、化学电流和电流的热效应、磁效应等。同时,还介绍了电学在工业生产和现实生活中的实际应用,对电学试验仪器与设备,如电堆与电池、电磁感应装置、莱顿瓶、测电阻器、测电气器等;实用电气设备与技术,如避雷针、人工磁化和磁铁技术、电磁铁及其制作、弧光灯、电解技术、电镀技术、电报和电子钟等都进行了详细的描述,并运用大量的篇幅,阐述了电报和海底电缆等对近代西方通信业影响较大的技术,对路脑子电报、色末令电报、失令吉司韦巴三人之电报、司透尼拉电报、古客与韦思敦电报、古客与韦思敦单针电报、古客与韦思敦双针电报、磨而司(莫尔斯)点划电报等 16 种电报类型进行了介绍,这些电报的种类基本涵盖了欧美 19 世纪上半叶在电报领域中的所有重要发明。[②]

1899 年,由傅兰雅、王季烈翻译,江南制造局翻译馆出版的《通物电光》一书则首次引入了西方近代物理的最新知识——X 射线。[③] 该书原本为 1896 年美国学者莫耳登、汉莫尔所著的《X 射线》(*The X Ray*)。1895 年,德国科学家伦琴发现 X 射线。1899 年,制造局翻译馆将这一近代物理学研究成果引入中国。可见这一时期在洋务机构的推动下,科学传播的速度得到了极大的提高,其科学成果引入的效率要明显高于传教士译书时期。

2. 物理学名词的规范

经过传教士译书的引介,物理学各个分支学科的部分名词术语已经基本上创立,但不同的译者翻译同一个英文单词时所使用的词语仍存在一定的差异。洋务译书时期,各译书机构对物理学名词翻译的规范问题给予了极大的关注,并取得了一定的成效。

---

① 李嫣,冯立昇.晚清科学译著《电学》初探[J].内蒙古师范大学学报(自然科学汉文版),2007(6):701-709.

② 李嫣,冯立昇.晚清科学译著《电学》初探[J].内蒙古师范大学学报(自然科学汉文版),2007,36(6):704-705.

③ 李迪,徐义保.第一本中译 X 射线著作《通物电光》[J].科学技术与辩证法,2002(6):76-80.

江南制造局翻译馆的译书人员凭借其译书经验,深知物理学名词术语翻译混乱对读者理解物理学知识带来的困扰,因此非常关注名词术语翻译的规范问题。经过中外学者商议,确定了科学类名词翻译的三条原则①,即:一是对于"华文已有之名"即中国曾经使用过的物理学名词,可通过对比中国已有的或传教士翻译的科学类书籍,或通过向有关领域的工匠进行咨询了解译名的使用情况,并予以遵从。二是关于"设立新名"即对中国来说属于首次引入的全新名词术语。第一种方法是"以平常字外加偏旁而为新名","或以字典内不常用之字释以新义而为新名",即以创立新的汉语词汇或使用字典中的旧词,以旧词新用的方式进行翻译;第二种方法是"用数字解释其物,即以此解释为新名";第三种方法是"用华字写其西名,以官音为主,而西字各音亦代以常用相同之华字",即通过音译的方式进行翻译。三是"作中西名目字汇","凡译书时所设新名,无论为事物人地等名,皆宜随时录于华英小簿,后刊书时可附书末,以便阅者核察西书或问诸西人。而各书内所有之名,宜汇成总书,制成大部,则以后译书者有所核察,可免混名之弊"。

上述译书的原则中,利用"中文已有之名"翻译物理学术语的如用"格物"译"physics",用"格致"译"science"等,虽有助于读者理解其含义,但也存在着让国人以为物理学为中国古已有之,强化了部分人的"西学中源"意识,同时,近代物理学作为与中国传统文化完全不同的一种知识形式,很多物理学术语在中国语言中并没有合适的名称与之相对应,因此很难大量使用"中文已有之名"做物理学术语。

而对比意译和音译两种翻译方式,意译的效果要优于音译,但在没有合适译词的情况下,音译也是不得已而为之。如在翻译"原子"(英文:atom)一词时,最初《中西见闻录》(19世纪70年代)等著作中常将其译为"亚多墨斯",分光镜(英文:spectoscrope)最初在《金石识别》(1872)等书中被译为"斯必得伦镜",即为音译。这类音译虽完成了翻译工作,但对于物理学知识基础较差的读者来说却是不知所云,理解其代表的物理学意义非常困难。之后的译者不断改进翻译方式,陆续将"atom"译为"元点"(《热学揭要》,1893)、"原质点"(《物理学》,1900)、"原子"(《物理学语汇》,1908);"spectoscrope"则被译为"光图镜"(《光学揭要》,1898)"分光镜"(《格致须知》等)。此种译法对于读者理解译词所

① 傅兰雅.江南制造总局翻译西书事略[M]//张静庐.中国近代出版史料初编.上海:上海书店出版社,2003:9-28.

代表的物理意义有所帮助。

使用意译的方式翻译物理学名词,也是一个由粗到精、逐步形象的过程。如对于"磁性"(英文：magnetism)一词,玛高温在《博物通书》一书中将其译为"吸铁石气",属于典型的意译,虽能够完整表达"磁性"一词的内涵和物理意义,但是过于直白和口语化,之后"magnetism"一词经历了"磁性"(《物理学》,1900)、"磁气"(《物理学语汇》,1908))等译法,其译名更加科学化、简明化。

而对于编制"中学名目字汇"一事,江南制造局翻译馆同样付诸实践,并形成了《金石中西名目表》(1883)、《化学材料中西名目表》(1885)、《西药大成药品中西名目表》(1887)、《汽机中西名目表》(1889)等译词名目表,供馆内外教科书译者译书时参考、借鉴。

可见,制造局翻译馆在规范译名过程中付出了一定的努力,并制定了相应的规则。作为翻译馆主要译书者的傅兰雅则认为,翻译馆制定的规则"在译书事内惜未全用,故各人所译西书常有混名之弊,将来甚难更正。若翻译时配准各名,则费功小而获益大,唯望此馆内译书之中西人以此义为要务。用相同之名,则所译之书益尤大焉"。[1] 清末知名学者梁启超则在其著作《读西学书法》中对翻译馆规范物理学名词翻译工作进行了高度的评价："泰西专门之学,各有专门之字,条理繁多,非久于其业者不能尽通而无谬误也……局(江南制造局翻译馆,笔者注)译有《金石中西名目表》《化学材料中西名目表》《西药大成药品中西名目表》《汽机中西名目表》等书,西字、译音二者并列,最便查验,所定名目,亦切当简易。后有续译者,可踵而行之也。"[2]

结合当时译者以外国人为主,其对物理知识的理解程度、其汉语的掌握水平、晚清时期信息传播的不便和滞后等现实问题,导致了物理学名词翻译的混乱。物理学名词术语翻译用词的变化和演进,体现了物理学在被引入中国、对国人进行科学启蒙的过程中,国人对物理学知识的理解程度在不断加深,对其名词背后的物理意义的认识也在不断深入,也为后人分析和研究物理学在中国的传播过程、发展过程和科学启蒙历程提供了可资参考的素材和维度。

二、科学方法、科学精神的渗透与启蒙

洋务译书时期,受其译书目的的限制,物理教科书一般都较注重实用性物

---

① 傅兰雅.江南制造总局翻译西书事略[M]//张静庐.中国近代出版史料初编.上海：上海书店出版社,2003：9-28.

② 梁启超.读西学书法[M]//熊月之.西学东渐与晚清社会.上海：上海人民出版社,1994：498.

理学知识的介绍,特别是与军工生产、厂矿机械相关的物理学知识得到了格外的关注。与此同时,各类与科学知识相生相伴的科学方法和科学精神也在作者介绍科学知识的同时,开始进入读者的视野,科学方法、科学精神的渗透与启蒙也在这一时期悄然开始。

1. 科学方法的渗透

科学方法是人们在认识世界和改造世界的过程中,所运用的符合规律和原则的手段和途径。近代自然科学的建立,就是以伽利略的实验观察与数学推理相结合的科学方法的创立为标志,并使科学在启蒙运动、宗教改革和文艺复兴之后得到了快速发展,进而引发了工业革命,使欧洲结束封建社会,进入资本主义社会。而中国传统的思维方式注重天人合一的有机自然观,重综合、轻分析,重思辨、轻实证,重模糊、轻精确①,导致我国古代许多科学成果都停留在经验层面和应用层面,缺乏深入的原理探究,直接影响了科学在中国的发展。

物理学以实验为基础,每个物理概念的建立、每个物理规律的发现、每个物理定理的检验,都需要经由实验或由实验验证。丁韪良对实验在物理学习中的作用具有清晰的认识,其在《格物入门·卷一·水学》的凡例中写道:"学者谙其理,习其事,二者并进方觉工夫有味,而实效可望,然每举一端器具材料,务臻精审,否则试之不验。"②

《格物入门·卷一·水学》中,浮力一节为证明物沉于水受到水力上托,便设计了小实验验证这一结论,并为实验绘制了插图,便于学生理解实验的设计和操作过程。③ 为使学生有机会动手实验,丁韪良克服重重困难,积极组织策划建设理科实验室,并于 1876 年建成科学博物馆和化学实验室,1888 年兴建了物理实验室和天文台,用于开展实验教学。④ 丁韪良还自费从美国费城购置两台电报机,供学生实验使用。⑤ 丁韪良的《格物入门》(1868)一书,常用实验法讲解和演示科学原理。《格物入门·卷五·力学》在讲完牛顿三定律后,即以"第一纲之理何法试验""第二纲之理何法试验""第三纲之理何法试验"的形式,分别用向空中掷物、舟上坠铅丸和手按于桌等浅近的事例⑥,对如何用实验来

---

① 石鸥,吴小鸥.清末民初教科书的科学启蒙[J].高等教育研究,2012(11):85-90.
② 丁韪良.格物入门·卷一·水学[M].北京:京师同文馆,1868:凡例.
③ 丁韪良.格物入门·卷一·水学[M].北京:京师同文馆,1868:11-12.
④ 朱有瓛.中国近代学制史料:第一辑上册[M].上海:华东师范大学出版社,1983:1616-167.
⑤ 丁韪良.花甲记忆[M].沈弘,等译.桂林:广西师范大学出版社,2004:16.
⑥ 丁韪良.格物入门·卷五·力学[M].北京:京师同文馆,1868:16-18.

验证牛顿三定律进行了解释,便于学生理解物理知识。

《格物入门·卷四·电学》在论及湿电的发现者时写道:"意大利人嘎喇法尼者偶以二金置于死蛙腿上,见徒然跳跃如生,知有所感,由是究得之……从来极大物理,类由琐事悟出,要在有识者之细心探索也。"①作者通过意大利科学家注意观察日常琐事而发现湿电的过程,强调了观察法在物理学中的重要作用。

《格物入门·卷五·力学》在讲解月球绕地球运转而不坠地时,列举了"以小桶盛水,绳系而挥之,若转轮然,其水不致外溢者,以运行之力,足与吸力相抵也。"②作者通过类比法的方式,将盛水的小桶类比为月球,向学生讲解了月球绕地球运转而不坠的原因。

丁韪良也很重视数学方法在物理教育中的重要作用,1883 年,他将《格物入门》的卷七(算学)进行了扩充,独立成书命名为《格物测算》。丁韪良在《格物测算·卷一·水学》自序中对算学与格致之学即数学和物理学的关系进行了论述,写道:"盖格物与算学互为表里……二者相辅而行,方能钩深致远。"③可见,作者已经开始注重数理结合的教育思想。正如作者所言,物理知识是基础,算学知识是工具,只学习算学而不学习物理将会虚而无凭,如只学习物理而不学习算学,则将限制物理的研究范围,两门学问不可偏废。《格物入门》为入门的科普性书籍,而《格物测算》的主要内容则为物理与算学相结合,用算学知识解决物理问题,学习《格物测算》需要一定的物理知识和算学知识作为基础,属于《格物入门》的后续课程,书中首次将微积分知识应用于物理学中。④

藤田丰八、王季烈等人翻译的《物理学》一书,作为近代第一本译自日本的、第一本以"物理学"命名的教科书,在中国物理教科书史上具有开创性地位。该书在编写过程中非常重视实验法、数学方法等科学方法的运用。顾燮光在其《译书经眼录》中对该书中实验等科学方法的运用给予了高度评价:"皆立说证明实验,列代数算式以求其理之确当,译笔亦清疏可喜。"⑤《物理学》一书在论及"定质与流质之粘力(固体与液体间的附着力,笔者注)"时写道:"就定流二质之互有作用,及互相附切,而区别之为三……今先就第一项以观其现象即功益,

① 丁韪良.格物入门·卷四·电学[M].北京:京师同文馆,1868:42,54,22.
② 丁韪良.格物入门·卷五·力学[M].北京:京师同文馆,1868:12.
③ 丁韪良.格物测算·卷一·水学[M].北京:京师同文馆,1883:序言.
④ 王冰.中外物理交流史[M].长沙:湖南教育出版社,2001:124.
⑤ 王韬,顾燮光,等.近代译书目[M].北京:北京图书馆出版社,2003:528.

现象如左:一以流质加于定质,则必散流于其面以润之,例如在玻璃上之水,在金银锡锌上之水银是也。而流质被定质插入其中,则必沿其定质或沿器之壁而显其上升,例如第二十五图,查玻璃杆与水中是也。"①作者首先给出附着力的概念,之后通过小实验验证附着力的存在,并配合插图的使用,使读者对附着力能够有更加清晰的认识。

同时,《物理学》一书也非常重视等效法等科学方法的运用。如在论述弹力时,作者写道:"然如象牙等之物质,其有凹凸性(弹性,笔者注)与否,单就外观似难确定,何则其质颇坚,仅逢微力,而其变化不显故也。虽然今以一法,可得知其有凹凸性焉,如第二十四图,取大理石板一块,使其面极平滑,以煤烟涂之,二用象牙球置其上,则象牙球只现细小之黑点,板上亦唯留一小痕而已,然将牙球自高处坠于板上,则牙球之黑点并板上之痕较先时甚大,愈自高处下坠则黑点与板上之斑愈显也,是即牙球下落,其一处变为平坦,此即乃声黑点,旋因凹凸性而复故形也。"②

所谓等效法,即将较复杂的、难以理解的问题通过一定的处理,转化为较为明显和易于理解的问题的一种科学思维方法。由上述论述可知,对于象牙球等质地较坚硬的物体,其是否具有弹性,很难直接观测,因而,作者通过使其撞击带有煤灰的大理石板,观察其在石板上留下的痕迹判断弹力的大小,通过这一等效转换,将坚硬物体是否具有弹性这一难以理解的问题,转换为直观且易于操作的问题,为学生认识其中的物理意义提供了帮助。

2. 科学精神的启蒙

物理学被引入中国之初,在物理教育中注重科学方法和科学精神的渗透,有助于加深学生对科学的理解、转变学生的思维方式,可以有效激发学生的学习和探索热情,促进科学启蒙。丁韪良在编写《格物入门》《格物测算》等书的过程中就多次以不同方式展示科学方法、渗透科学精神,虽这些科学精神的体现时常与宗教思想相混杂,但还应引起我们的注意。

《格物入门·卷四·电学》在论及英、美两国工作人员历尽艰辛铺设海底电缆时提到:"夫以格物之士,穷究有年,始获电学之妙法,而二国之众竟能恒心锐志,不惜重币,务底于成,可谓任重而道远矣,亦可知凡天下之挫而抑之者,正其

---

① 藤田丰八,王季烈.物理学上篇卷一 [M].上海:江南制造局翻译馆,1900:68.
② 藤田丰八,王季烈.物理学上篇卷一 [M].上海:江南制造局翻译馆,1900:66.

勉而坚之者。"①通过对英、美两国铺设电缆工作的论述,该书向学生展示了科学精神在科学实践中的巨大作用。

在"中体西用"思想的指导之下,西方的科学技术仅作为"西用",有其特定的用处,但仍属于"工具""技艺"的层面,而学生的思想教育、伦理道德教育仍旧以"中学"即中国传统儒家文化为"本体"。因此,洋务译书机构明确禁止在物理等科学教科书中掺杂宗教思想,从而确保其作为"西用"的纯洁性,在发挥其"用"的工具属性的同时,保证"中体"在学生思想教育中的绝对权威性。

三、洋务译书时期科学启蒙教育特点及其影响

1. "师夷长技"影响下的实用取向

洋务运动的指导思想是"师夷长技以制夷",这一时期的译书大致都围绕着这一主题进行,所译之书都要尽量贴合这一主题。因此,傅兰雅完整翻译《大英百科全书》的理想未能实现,大量与工业生产、军工技术相关的实用技术类知识成为翻译、引入的重点。洋务译书的实用化取向更多的是出于政治上的动机而非经济上的动机。② 洋务派官员大多为身居高位的汉人,在满族人统治的清王朝政治体系当中处于一种较为微妙的境地,如何在政治斗争当中保存实力、扩大影响力、减少守旧派的非议并获得当朝皇帝的认可,成为洋务派官员必须面对的问题。因此,在西学引入过程中,引入与"自强求富"相关的实用类、技术类西学知识是洋务派的首选。

洋务派基于实用目的的西学引进,其直接结果就是,重视实用技术特别是军事技术,弱化并忽视基础科学理论。因此,这一时期的洋务教育培养的主要是实用人才,而缺乏科学研究人才。这些洋务学堂学生虽比传统学堂的儒生具备更多的西学知识,但无法进行科学研究,无法促进中国科学的发展。正如主管京师大学堂的孙家鼐所言:"总署同文馆各省广方言馆之式,斤斤于文字语言,充其量不过数十翻译人才而止。福州之船政学堂,江南制造局学堂及南北洋水师武备各学堂皆囿于一才一艺……故办理垂数十年,欲求一缓急可待之才而竟不可得者。所以教之之道未尽也。"③作为参与洋务运动的清末重臣,孙家鼐对洋务学堂教育的实用性取向深有体会,对其造成的人才缺陷的认识颇为

---

① 丁韪良.格物入门:卷四电学[M].北京:京师同文馆,1868:42,54.
② 林庆元,郭金彬.中国近代科学的转折[M].厦门:鹭江出版社,1992:197.
③ 朱有瓛.中国近代学制史料:第一辑上册[M].上海:华东师范大学出版社,1983:603.

深刻。

2. 科学教育与科学实验研究的脱节

科学教育不同于中国传统文化教育，必须与观察、实验、数学计算相结合，才能获得理想的教学效果。但洋务学堂的科学教育受制于守旧派的阻挠、洋务派自身的认识不足等因素影响，一直没有将科学教育与科学实验研究很好地结合起来，没有建立起科学研究所需的社会环境和机制。[①]

科学仪器和实验场所是开展科学实验所需的必备之物，但洋务学堂的实验场所建设却举步维艰。同文馆创办于 1866 年，经过丁韪良等人多年的努力，直至 1888 年才创设天文馆和物理实验室。这些科学教育所需的实验场所，历经了一二十年才得以建成，可见其建设阻力之大。特别是天文馆的建立，更是引发了洋务派与守旧派的论战，最终虽得以建立，其功能也仅限于一般教学之用，而不能开展科学研究。

科学研究是一项社会化的事业，其繁荣与发展需要各种社会力量的参与和支持。当时就有学者认识到科学研究与科学发展的社会化属性，认为“西人积思虑于百年以前，欲成一精微之器，不惜工本，致力于繁重之器，历久而后成……有及未能卒业，传之子孙，历数世而告阙成功者”[②]。但是，限于当时的社会环境和科学实验研究的物质环境，虽有少数人如李善兰、徐寿、徐建寅、华蘅芳等尽个人所能，开展了一定的科学研究与实践，但最终仍难以取得较大的科研成果。

3. 基于“中体西用”的洋务科学体系教育

为减轻来自守旧派的阻力，洋务派所创办的洋务教育都要遵从“中学为体、西学为用”的原则，以维护封建制度和封建伦理道德的合法性和统治地位。其培养目标是“欲使中西之学兼综条贯，各尽所长，则道义不可偏废”，其课程设置必然是中西结合，不论在京师同文馆、福州船政学堂还是其他洋务学堂，“圣谕广训、孝经、见习策论”等“中学课程”都在其课程体系中占有很大比重。

在科举选士制度尚未被废止，传统儒学教育仍占据主导地位的晚清时期，这种“中西兼学”的教育方式，可能是洋务派官员所能想到的最理想的教育形式。洋务教育在不改变儒学教育主体地位的前提下，在封建教育体系中引入了现代科学教育，培养了早期的科技人才，为近代科学在中国的发展奠定了基础。

---

①　林庆元,郭金彬.中国近代科学的转折[M].厦门:鹭江出版社,1992:199.

②　朱有瓛.中国近代学制史料:第一辑上册[M].上海:华东师范大学出版社,1983:231－233.

4. 形成了中国第一批本土科学人才

参与洋务译书工作的中国学者,是国人中较早接触西方近代科学的群体,也是西方科学进入中国学生视野的媒介。他们一方面学习科学知识,一方面传播科学知识,同时也在一定范围内开展科学研究,为近代科学在中国生根发芽、广泛传播作出了贡献。

参与洋务译书的中国学者,一般都是受到了墨海书馆等教会译书机构所译西书的影响,对西学深感兴趣。通过自学与传教士的指导,他们获得了一定的科学知识,走上科学启蒙和科学传播的道路,之后进入江南制造局翻译馆或京师同文馆等洋务机构,参与译书工作和科学教育工作。如华蘅芳先后在制造局翻译馆译书12部、160余卷,并在格致书院、自强书院、两湖书院等新式学堂任教,传授科学知识。徐寿、徐建寅父子最初参照《博物新编》等书,制作了"黄鹄号"汽轮船名震一时,后来被李鸿章招致麾下,在天津机器局、江南制造局翻译馆等机构中任职,并与伟烈亚力、傅兰雅、林乐知、金楷理、李凤苞、赵元益等合作,"成书数百种,泰西声、光、化、电、营阵、军械各种实学,遂以大明"[①]。

在这一时期,在部分国人的眼中,科学已经由"奇淫巧技"逐渐转变为"机器制造"之本,但由于科学知识并非科举考试科目,学习科学无法参与科考获得功名,这些科学工作者虽参与科学翻译、开展科学教育、进行科学实验,为洋务运动的发展、为近代科学在中国的传播与民众的科学启蒙付出了毕生的精力,但并未获得与之相应的回报和社会地位。因此,这些近代中国科学启蒙先驱传播科学、启蒙国人的伟大功绩,值得国人永远铭记。

5. 为维新运动、辛亥革命提供精神养料

洋务译书时期引入的科学知识尽管是以实用为主的知识,但这些西学书籍引入了全新的知识体系,极大地改变了中国传统知识分子的知识结构和价值观念,重塑了他们的自然观、世界观和宇宙观。康有为、梁启超、谭嗣同、孙中山、章太炎等维新思想家、革命家都深受江南制造局翻译馆等洋务机构译书的影响,著作中经常出现"爱力""以太""格致"等科学术语。他们对近代科学知识的理解可能较为粗浅,他们将自然科学知识引入社会科学当中,特别是用来解释近代中国的政治走向,可能有些偏颇、牵强,但这些西学知识对其思想形成的重要作用、为其变革政治制度提供新的理论基础的事实却是不容忽视的。

---

① 中国史学会.洋务运动:八[M].上海:上海人民出版社,1961:19.

　　洋务运动的最初目的是在不改变原有封建统治的前提下,引入西方近代科学和工业体系,在有限范围内输入西学、补充中学,实现富国强军、维护清王朝的封建统治。但其引入的西学知识并没有在自然科学领域中产生太大的影响,这一时期的自然科学也并未取得较大的突破。但其在社会科学领域中却产生了巨大的影响,为维新派、革命派理论的形成提供了精神资源和思想武器。这一事实应该是晚清政府,特别是洋务派官员所不想见到却又真实发生的。

第三节　丁韪良编译教科书科学启蒙特点分析[①]

　　丁韪良为美国基督教长老会传教士,其编译的物理教科书《格物入门》(1868)和《格物测算》(1883)被我国第一所近代学校京师同文馆和一些教会学校作为教材使用。两书作为我国物理教育滥觞期具有代表性的作品,对早期的物理教科书和物理教育都产生过重要影响。

一、《格物入门》和《格物测算》产生的历史背景

　　1840 年鸦片战争之后,中外交往日益增多,清政府明显感到外语人才匮乏对中外谈判的不利影响。1861 年,桂良和文祥等大臣联名上折,奏请开办外语学馆,奕䜣等人的奏折很快获得了批准。[②] 1862 年 6 月 11 日,我国第一所具有现代意义的学校京师同文馆正式开课。1866 年,清政府开设天文、算学二馆,同文馆从一所外国语言学校转变为外语为主兼习西学的综合性新式学堂。1888 年,清政府增开格致馆、翻译处,1902 年京师大学堂成立后两学堂合并,结束了其 40 年的发展历史。

　　1869 年以前,由于仅招收八旗子弟,且所学无法应对科举考试,加之很多保守官员如倭仁等一直反对西学,同文馆发展并不顺利,仅有学生二十几人。1869 年以后,上海广方言馆和广东同文馆派遣优秀学生入京师同文馆学习,特别是丁韪良任总教习后,积极进行改革,编订新的课程表(分五年制和八年制两种),明确将自然科学列入同文馆课程体系之中[③],使该馆发展形势大为改观。到 1877 年,在馆学生数已达 101 人,中外教习十余人[④],中国近代物理教育在

①　该部分主要内容曾以《丁韪良编译物理教科书评析》为名发表在《自然辩证法通讯》2018 年第 5 期.
②　高时良.中国近代教育史资料汇编:洋务运动时期教育[M].上海:上海教育出版社,2007:5.
③　朱有瓛.中国近代学制史料:第一辑上册[M].上海:华东师范大学出版社,1983:71.
④　熊月之.西学东渐与晚清中国[M].上海:上海人民出版社,1994:304.

这一时期进入萌芽阶段①,《格物入门》和《格物测算》等自然科学教科书即诞生于这一时期。

二、《格物入门》和《格物测算》的基本情况

1.《格物入门》基本情况

《格物入门》一书经过丁韪良多年的筹划、编写,于 1868 年出版,为同文馆最早的自然科学教材。全书共七卷,以物理学知识为主(六卷),鉴于化学学科和化学工业的快速发展,以及镀金、制药、制造火药等化学工艺需求日益广泛,该书兼含了部分化学知识(一卷)。按照卷名顺序分别为《水学》《气学》《火学》《电学》《力学》《化学》和《算学》,全书基本上涵盖了西方近代物理学和化学知识。其中,《水学》卷主要内容为液体表面张力、浮力、液体压强、液体密度、虹吸现象等;《气学》卷主要内容为大气压强、气压计、晴雨表、风的形成、风能的利用、蒸汽机、火车、轮船、声音的特性、回音、传声筒等;《火学》卷主要内容为温度计、热传递、物体三态、热胀冷缩、光源、平面镜成像、折射、反射、透镜、望远镜、显微镜、虹的形成、衍射、偏振等;《电学》卷主要内容为电的特性、摩擦起电、蓄电瓶、电机、预防雷击、电池、电路、电镀、磁的特性、磁极、罗盘、电报、海底电缆等;《力学》卷主要内容为牛顿三定律、重力、重心、潮汐、杠杆、轮轴、滑轮、尖劈、螺丝、摩擦力等;《化学》卷主要内容为物质的合成、物质的特性、溶解、分子、燃烧、盐酸、火柴、硫酸、火药、化学与炼丹的异同等;《算学》卷主要内容为测算水学、测算气学、测算光学、测算力学等。

清末著名学者董恂和徐继畬分别为该书做序,二人均在此书序言中对丁韪良和《格物入门》给予了高度评价。董恂指出:"冠西(丁韪良)博通强记,来中国久能华言,迺者综所学西学……历著之,……则内而析理外而利用,非空言也。"徐继畬在序言中写道:"冠西学问渊博,无所不通……余受而读之,皆闻所未闻,且一一可以见之事实。"②

丁韪良分别于 1889 年和 1899 年对《格物入门》进行了修订,命名为《增订格物入门》(1889)和《重增格物入门》(1899)。他在《重增格物入门》(卷一《力学》)一书的序言中写道:"敬闻拟将入门一书进呈御览。……而文字简陋而所宜亟加修饰,是以有增订之举。岁在戊戌,京师创立大学堂……于格物课程美

---

① 骆炳贤.物理教育史[M].长沙:湖南教育出版社,2001:79.
② 丁韪良.格物入门·卷一·水学[M].北京:京师同文馆,1868:序言.

苦不得善本……遂亟取《格物入门》重增之,以为初学一助。"①可见,两次修订均有缘由,第一次因有大臣向光绪帝推荐《格物入门》一书,丁韪良听到消息后受宠若惊,立刻着手对该书进行了增订;第二次为京师大学堂成立后,缺少合适的物理教科书,为适应京师大学堂的教学需要,他对该书再次进行了修订。

重新修订后的两书与原书变化不大,除介绍基本物理知识外,对部分内容的顺序、部分插图进行了调整,两书仍为七卷,但七卷的顺序均调整为《力学》《水学》《气学》《火学》《电学》《化学》《测算举隅》。《格物入门》(除《算学》外)每卷的全部插图都集中置于目录之后、正文之前,而《增订格物入门》和《重增格物入门》等书的插图均置于正文中相应位置。增订后的《格物入门》增加了部分论述和实例,帮助学生了解物理知识,如在《格物入门》(卷五《力学》)中,论及运动的定义时,答案为"凡物易地即为动"②,而在《增订格物入门》(卷一《力学》)中,写道:"凡物易地即为动,其动有二,一物动而他物皆静,其动显而易见,如河水之流而两岸不动,一也,诸物动而一物皆动,其动隐而不觉,如海水之静,随地旋转,二也。"③除了对运动进行定义,该书还对运动的形式进行了详细的论述,并举例予以说明,加深学生对运动的理解。增订后的两书还注意将最新的物理学成果引入教科书,如在《重增格物入门》中就将当时物理学界刚刚发明的无线电报、X射线及其应用等知识列入教科书。

2.《格物测算》基本情况

1883年,丁韪良对《格物入门》的第七卷即《算学》卷进行了扩充,独立成书,命名为《格物测算》。《格物测算》一书共八卷,此书知识结构与《格物入门》不同,不再包含化学知识,且前三卷为《力学》,后五卷分别为《水学》《气学》《火学》《光学》《电学》。

3. 两书原本分析

纵观丁韪良本人的回忆录《花甲记忆》(1896),其编译的教科书《格物入门》(1868)、《格物测算》(1883)、《增订格物入门》(1889)、《重增格物入门》(1899),其在教会报刊上发表的文章如《格物以造物为宗论》等,以及近年来国内学者关于丁韪良及传教士的相关著作如王文兵的《丁韪良与中国》(2008),顾长声的《从马礼逊到司徒雷登——来华新教传教士》(1985)、《传教士与近代中国》

---

① 丁韪良.重增格物入门·卷一·力学[M].北京:京师同文馆,1899:序言.
② 丁韪良.格物入门·卷五·力学[M].北京:京师同文馆,1868:1.
③ 丁韪良.重增格物入门·卷一·力学[M].北京:京师同文馆,1899:1.

(2004),王立新的《美国传教士与近代中国》(1997),熊月之的《西学东渐与晚清中国》(1994)等及相关学术论文,均未涉及两书外文原本的论述。经过与这一时期的其他传教士翻译的教科书如伟烈亚力、王韬的《重学浅说》(1858),艾约瑟、李善兰的《重学》(1859),赫士、朱宝琛的《声学揭要》(1893),赫士、刘永贵的《热学揭要》(1897),赫士、朱宝琛的《光学揭要》(1898)对比发现,《格物入门》和《格物测算》的结构设计、论述方式、插图、举例等均与上述译自西方的教科书不同。

　　丁韪良曾于1860年至1862年回美国度假。在美期间,他游说美国人支持其在中国的传教事业,争取在中国创办教会大学,并到美国费城学习电报业务。[①] 这个过程虽收获不大,但其在美国收集了大量的自然科学方面的教科书,为其在中国办学做准备。丁韪良回到中国后,即在1864年于北京创办了教会学校——崇实馆。该校虽规模不大(开始时期仅有6名学生),但丁韪良全力投入该校建设,积极与美国长老会通信联系,要求教会为该校派遣科学教师、配备实验仪器,在长老会派遣的教师到来之前,丁韪良一直主持该校工作。在此期间他苦于学校没有合适的科学教科书,于是他集中两年(1864—1866)的时间和精力,自编了《格物入门》一书。[②] 丁韪良在《格物入门》例言中写道:"利国便民莫急于格物,于是搜罗泰西群书,谨为考覆,采其易明覈而有实济者,编成七卷。"[③]其在《格物测算》例言中也写道:"(本书)既根本旧说又参考新法,于英美法三国名家各有心得……集腋成裘而成百家通法。"且同文馆副教习席淦、杜法孟、贵荣和肄业生胡玉麟、陈寿田、熊方柏、联印等七人参与了该书编写的部分工作。[④]

　　鉴于此,《格物入门》和《格物测算》是丁韪良以在美期间采购的英文教科书为原本,结合其对物理学知识的理解和对中国文化的认识而编写的。但因无法找到其参照的外文底本,所以对于其中文内容与底本间有无差别则无从考证。且《格物入门》一书为其独立编译完成,而《格物测算》则为其与几位同文馆的教习和肄业生合作完成。

①　顾长声.从马礼逊到司徒雷登——来华新教传教士[M].上海:上海人民出版社,1985:205.
②　邸笑飞.丁韪良早期科学活动及科学辅教观——基于长老会档案的分析[J].自然辩证法通讯,2009(1):66-70,102.
③　丁韪良.格物入门·卷一·水学[M].北京:京师同文馆,1868:序言.
④　丁韪良.格物测算·卷一·水学[M].北京:京师同文馆,1883:凡例.

三、《格物入门》和《格物测算》科学启蒙特点分析

1. 以问答体例编撰，方便学生理解

两书均以问答体即一问一答的方式组织编写，仅《格物入门·卷一·水学》就设计了 102 个问题，为测验学生学习情况，书后以附录的形式列举了水学杂问 39 个，杂问之前作者提示道："此类问无答，尽欲学者用心联系格物之理也。"①

问答体教科书在当前教科书中极为罕见，但据学者统计，清末除《物理学问答》(1903)、《问答体物理学初等教科书》(1906)等物理学教科书外，也曾出版过《地文学问答》(1905)、《矿物学问答》(1905)、《植物学问答》(1903)、《动物学问答》(1903)、《生理学问答》(1903)、《教育学问答》(1903)、《学校管理法问答》(1903)等多部其他学科问答体教科书，可见以问答体例编写教科书在清末学堂教科书中比较常见。

以问答的方式开展教学古已有之，著名教育家如东方的孔子和西方的苏格拉底都非常推崇问答法，记录孔子及其弟子言论的《论语》即具有问答体教科书的明显特点，苏格拉底也是以"产婆术"的方式将问答法教学发挥得淋漓尽致。通过这种方式编写的教科书教学内容虽稍显凌乱、知识体系不够明显，但在西方物理学知识刚刚传入中国的萌芽时期，这种设计方式便于学生接受，从学生身边浅近的事物出发，先以学生的口吻发问，然后教师娓娓道来，不知不觉间为学生打开了学习物理知识的大门。如在《格物入门·卷四·电学》一书中，作者在讲到被雷电击中致人死亡的实例之后便设计了"人在外遇雷，何处宜避"的问题，符合学生的理解思路，同时还传授了防雷知识。

2. 融入中国传统文化元素，便于学生接受

丁韪良初到中国在宁波传教十年间，就曾自创学习汉语的拼音系统，并熟读了四书五经等儒家经典著作②，对中国传统文化有一定的了解，具备了一定的中学根基。丁韪良在编译物理教科书的过程中，经常引经据典，使用中国的事例讲解物理知识。

如中国传统物质观中的"阴阳五行"就经常出现在两书中，他在《格物入门·卷三·火学》中谈及"底终之火，何自昉也？答……则五行之物火为先也"，

---

① 丁韪良.格物入门·卷一·水学[M].北京:京师同文馆,1868:30.
② 丁韪良.花甲记忆[M].沈弘,等译.桂林:广西师范大学出版社,2004:160-161.

在《力学》卷中也多次提及"五行";该书在谈到射影灯的构造时说道:"(其形)如诸葛灯然。"在谈及物质发光时,该书以"磷火"为例讲解冷光,为方便学生理解,以小字标注其"俗名鬼火"①;《格物入门·卷五·力学》讲到盛水容器重心问题时,以"春秋时,鲁朝中有欹器……"②为例,讲解物体重心与物体形状和质量分布的关系。

《格物入门·卷四·电学》中,将电气聚于云际海水之中导致黑云下垂、海水上升的天气现象称为"龙挂";谈及如何测试物体带电时,提到"琥珀搓热可吸灯草,中国以此法辨琥珀之真伪",可见当时国人一直在应用电学知识,却从未深究其原理;谈及电报用处时说"(电报可)保国安民",之后又说"格物为治平之本,不其然哉"③。"格物致知"为中国儒家传统文化中的重要概念,源于《礼记·大学》八目即格物、致知、诚意、正心、修身、齐家、治国、平天下。西学东渐以来,西方传教士一般以"格致"指代"西方近代科学",以"格物"指代"物理学"。此处,丁韪良借用中国读书人熟知的"大学八目"强调物理学在国计民生中的重要作用,引发国人对科学的重视。儒家思想中的"格物"指的是探究事物的道理,属于认识方法论的范畴,而此处的"格物"指的是西方近代物理学,虽此"格物"已非彼"格物",但作者的这一说法放在此处却恰到好处。

《格物测算》一书中涉及了很多物理公式、数学计算等。如果生硬地将它们用西方惯用的方式表达,势必造成学生阅读和理解上的障碍。基于此,教材的编写者对此类问题都做了处理,使之符合中国读者的阅读和使用习惯。丁韪良在《格物测算》一书的范例中对书中所用的各种中文符号进行了详细的描述,写道:"测算格致之学向用代字,苦无定式,今命为半径……亦间有用春秋等字之处。"④

清朝末期,物理学对于国人来说是新鲜事物,虽见过很多物理学现象,但对于物理学原理却如徐继畬在《格物入门》序言中所说的是"闻所未闻"。丁韪良在其编译的物理教科书中,大量使用中国事例和中国传统文化要素讲解物理知识,无形中拉近了学生与物理学之间的距离,使学生对物理学产生亲近之感,便于学生理解物理知识,有利于激发学生的学习兴趣。

---

① 丁韪良.格物入门·卷三·火学[M].北京:京师同文馆,1868:21,41,24.
② 丁韪良.格物入门·卷五·力学[M].北京:京师同文馆,1868:15.
③ 丁韪良.格物入门·卷四·电学[M].北京:京师同文馆,1868:19,2,43.
④ 丁韪良.格物测算·卷一·水学[M].北京:京师同文馆,1883:序言.

3. 普及科学常识、破除迷信思想

中国自古就有信奉风水、算命、占卜吉凶等的传统,到了清朝末期更是各种迷信思想盛行。科学是迷信的天敌,传播科学知识、实施科学启蒙,可以有效地消除迷信的影响。丁韪良也认为"(中国人)需要科学的洗礼,以破除其迷信"①,"科学将有效地根绝异端迷信。"②因此,他在编译《格物入门》和《格物测算》的过程中,非常注意利用物理学知识对一些迷信思想进行驳斥。

在《格物入门·卷一·水学》一书中讲到液体压强部分时,他提到何以证明水的压力,"答:山或崩裂,多以为不详,不知亦水力催压之故耳。"③古人一般认为"山崩地裂"为不祥之兆,但作者依据水的压力足以使山裂开,解释了"山或崩裂"的原因,使读者不再因见此自然现象而有凶兆之感。《格物入门·卷二·气学》中写道:"因天气飔声,遇高大之物阻碍,声音触回,愚人或以为仙,殊属可笑。"④作者通过分析回声产生的原理,反驳了将回声视为与神仙对话的荒谬言论。《格物入门·卷三·火学》讨论完虹形成的原理后,提出了除云能成虹外,还有何处可见虹的问题。在回答中,作者历数了瀑布溅水成虹、火轮船喷出蒸汽成虹,最后说道:"虹并非天地之淫气,亦无关乎吉凶也。"⑤古人将彩虹视为不祥之物,在传统蒙学读物《幼学琼林》中就曾记载:"虹名螮蝀,乃天地之淫气;月里蟾蜍,是月魄之精光。"作者介绍了彩虹形成原理,认为彩虹是阳光经过水滴折射而形成的一种普通自然现象,其出现与否与吉凶无关。

可以想象一百多年前会有这样的场景:晚饭后,一家人围坐在烛火旁,学生从书包中拿出一本物理教科书,将书中的牛顿定律、摩擦起电等知识一一讲给家人,讲到兴起之时,按照书中的实验说明拿出橡胶棒,摩擦之后吸引纸屑,然后再给大家讲解摩擦起电的原理,定会引得家人拍手称赞;讲到用物理学知识解释一些家人原以为是"鬼神""吉凶"等无法理解的自然现象时,肯定也会对家人的封建迷信思想产生一定的冲击。物理教科书作为当时为数不多的宣传科学知识的载体,其受众不仅是学堂学生,许多学生家长和亲友也会受到一定的影响,在当时普及科学、启迪蒙昧、破除迷信思想的过程中发挥了极为重要的作用。

---

① 朱有瓛.中国近代学制史料:第一辑上册[M].上海:华东师范大学出版社,1983:177-179.
② 陈学恂.中国近代教育史教学参考资料(下册)[M].北京:人民教育出版社,1986:12.
③ 丁韪良.格物入门·卷一·水学[M].北京:京师同文馆,1868:9.
④ 丁韪良.格物入门·卷二·气学[M].北京:京师同文馆,1868:53.
⑤ 丁韪良.格物入门·卷三·火学[M].北京:京师同文馆,1868:48.

4. 重视物理学术语的使用

在西方物理学被引入中国之初,教科书中物理学术语的使用,体现了作者对物理学知识的掌握情况和对汉语的理解程度,选取并使用合适的术语对于读者了解相应的物理学知识具有重要作用。丁韪良在编译《格物入门》和《格物测算》两书时已具备一定的自然科学素养,且熟悉中国文化传统,因此他在编写教科书时,注意吸收和借鉴中国已有的词语,并结合实际自创了一些物理学术语(见表4-2、表4-3)。

表4-2 《格物入门》《格物测算》两书曾使用且当前仍在使用的物理学术语

当前名称	《格物入门》(1868)译名	《格物测算》(1883)译名
压力	压力	压力
电路	电路	电路
杠杆	杠杆	杠杆
斜面	斜面	斜面
重心	重心	重心
压力	压力	压力
回声	回声	回声
电流	电流	电流
电池	电池	电池
浮力	浮力	浮力
磁石	磁石	
凝结	凝结	
凝聚	凝聚	
蒸汽	蒸汽	
电缆	电缆	
电报	电报	
通信	通信	
磁铁	磁铁	
蒸汽机	蒸汽机	
光线		光线
齿轮		齿轮
热量		热量

表 4-3　《格物入门》《格物测算》两书曾使用但当前不再使用的物理学术语

当前名称	《格物入门》(1868)译名	《格物测算》(1883)译名
物理	格物	格物
反作用力	抵力	抵力
离心力	离中力	离中力
定(动)滑轮	死(活)滑车	动(静)滑车
弹力	跃力	跃力
传声	扬声	传声
重力	地之吸力	地之吸力
电荷	电气	
验电器	探电	
导电	引电	
避雷针	防雷铁	
引力	吸力*	
对流	返照*	
正(负)电荷	阳(阴)电	
焦点	光心	
分光镜	分影镜	
凸(凹)透镜	凸(凹)镜	
永动机	恒行永不止之器	
排斥	驱散	
火车	火轮车	
气化	化汽	
引热	传热	
密度计	轻重表	
摩擦阻力	摩揩阻碍	摩阻力
碰撞	相触*	相触*
摩擦系数		阻率*
密度		质
功		工力

（续表）

当前名称	《格物入门》(1868)译名	《格物测算》(1883)译名
温度		热度
膨胀系数		涨率
电势		储力*
电容		容电*
电流强度		电力*
电动势		电势*
内电阻		内阻*
路端电压		外储力较*

　　通过对两书使用的物理学术语分析可知,丁韪良使用的很多物理学术语如"电路""压力""杠杆""浮力"等至今仍在使用,说明这些术语获得了其他教科书编写者和读者的认可,在后期的物理教科书编写过程中得以流传;丁韪良自创的一些物理学术语如:"碰撞"译为"相触","引力"译为"吸力","摩擦系数"译为"阻率","电容"译为"容电","电流强度"译为"电力",等等,虽经不断演变不再被使用,但这些译词用语流畅,贴合实际,在当时没有寻到其他合适词语的情况下,可以让读者直观地理解有关的物理学知识,同样具有重要的历史意义。

四、《格物入门》和《格物测算》的影响和意义

　　两书自刊印之日起,即一直作为京师同文馆的物理教科书使用,同文馆每年的格物科岁考试题很多就是两书中的原题,重新增订的《格物入门》更是成了京师大学堂的物理教科书。当时镇江女塾等教会学校也将《格物入门》作为教科书使用①②,清光绪帝和当朝的许多大臣也曾阅读过这些教科书。《格物入门》出版后,上海的《教会新报》对该书部分内容进行了多期连载③,杭州竹简斋④、京都官书局等均翻刻过该书,可见其在当时社会上产生了一定的影响。

　　两书的影响力还走出国门。《格物入门》于1868年在中国出版后,次年就

---

①　艾尔曼.科学在中国:1550—1900[M].原祖杰,译.北京:中国人民大学出版社,2016:406.

②　熊月之.西学东渐与晚清中国[M].上海:上海人民出版社,1994:298.

③　汪家熔.同文馆与丁韪良[J].黑龙江图书馆,1988(6):55-58.

④　邹振环.京师同文馆及其译书简述[J].出版史料,1989(2):23-26.

被日本学者引入日本。自 1869 年至 1877 年,日本刊行了本山渐吉训点本《格物入门》(1869)、《格物入门和解》(1870)、太田有孚校正本《格物入门和解》(1877)等多个版本,并被当时日本海军兵学寮等学校作为物理教科书使用,对帮助日本吸收和消化西方物理学知识产生了重要作用。目前,日本国内多家图书馆均藏有该书的不同版本。①。

虽维新人士梁启超曾在其《读西学书法》(1896)中评价《格物入门》"无新奇之意,译笔亦劣"②,但不可否认,梁启超刊文时已是 1896 年,距离《格物入门》(1868)出版已经近 30 年的时间,虽经过一次增订,但这时上海江南制造局翻译馆、山东登州文会馆等机构已经出版了多部物理教科书,部分其后出版的教科书质量已经超过了《格物入门》③,尽管如此,丁韪良编译的物理教科书的历史价值是不容忽视的。

丁韪良作为一名在晚清中国产生过重要影响的外国传教士,将其一生的大部分时间和精力都投入中国的文化、教育事业,对促进中西文化交流、推动中国近代教育发展作出了相当大的贡献。丁韪良在同文馆开展的教育改革,一方面迎合了洋务派官员对西学的需求,同时通过同文馆也践行了"科学辅助传教"的理念。他编译的物理教科书虽数量不多,存在一些瑕疵,但却是洋务运动时期西方传教士编译的新式学堂自然科学教科书的典型代表。这些教科书内容全面、论理清晰、强调数理结合,注重与中国传统文化的结合,重视新知识的传播,适应时代和社会所需,对中国近代物理教科书发展、物理教育的近代化和科学启蒙都发挥了重要作用。

---

① 咏梅,冯立昇.《格物入门》在日本的流播[J].西北大学学报(自然科学版),2013(2):157-162.

② 梁启超.读西学书法[M]//夏晓虹.《饮冰室合集》集外文:下册.北京:北京大学出版社,2005:1159.

③ 汪家熔.同文馆与丁韪良[J].黑龙江图书馆,1988(6):55-58.

第五章
渗透科学精神的维新运动时期

第一节　维新运动时期物理教科书总体情况

伴随着洋务运动轰轰烈烈的开展,江南制造局、福州船政局、安庆内军械所等军工企业相继建立,轮船招商局、开平矿务局、天津电报局、唐山胥各庄铁路、上海机器织布局、兰州织呢局等民用企业陆续成立,京师同文馆、上海广方言馆、广州同文馆、福建船政学堂等洋务学堂纷纷创设,专门负责洋务、外交事务的总理衙门和翻译西书的江南制造局翻译馆等洋务译书机构也应时而生,影响了晚清政府政治、军事、外交、工业、教育等各个方面。

这场由洋务派官员主导的、自强求富的改革运动,在维持封建制度前提下实现了对中国封建社会的近代化改造。特别是洋务译书机构翻译、引入的大量西学著作,结束了传教士对西学译介的垄断,开启了国人自主选择、引入西学的历史,改变了中国传统知识分子的知识结构和价值观念,为之后维新运动和辛亥革命的爆发奠定了基础。

在"中体西用"原则指导下开展的洋务运动,虽取得了一定的成就,但因其以"西学"之新卫"中学"之旧,这种"以新卫旧"方式下的西学引入,很难摆脱传统的束缚,因此其带来的进步只能是"东一块西一块的进步,零零碎碎的。是零卖的,不是批发的"①。

---

① 这段话为杜威于五四运动期间在中国所言,转引自陈旭麓.近代中国社会的新陈代谢[M].北京:生活·读书·新知三联书店,2017:97.

一、中日甲午战争与维新运动时期的教育

1894 年 7 月 25 日,中日甲午战争爆发,战争最终以北洋水师全军覆没和《马关条约》的签订而结束。甲午战争的失败使大清朝野上下震动极大,战后的割地赔款创下了鸦片战争之后的新高,极大地加重了国家和民众的负担。此时,以"自强、求富"为名的洋务运动已经轰轰烈烈地搞了 30 多年。经过甲午战争的洗礼之后,洋务运动的成效无法让人满意,中国竟然败给了东瀛岛国日本。可以说,甲午战争的失败也标志着洋务运动的失败。这些失败促使国人开始反思洋务运动的不足,反思如何能够在列强林立的世界生存下去。如果从涉及的层面角度看,如果说 19 世纪 60 年代之后,对"数千年未有之变局"有所觉悟和行动(主要表现为"洋务运动"的开展)的,主要是一批与资本主义列强接触较多的封疆大吏和少数人士,那么在 19 世纪 90 年代中期,中华民族开启了集体意义的觉醒。①

1. 对洋务教育的反思

甲午战争之后,康有为、梁启超等有识之士纷纷发表对"洋务运动"和甲午战争的反思言论。这些言论在当时引起了极大的关注,引发了国人的思考与争论,也为我们了解维新运动的产生与发展过程,提供了切入的视角和窗口。如康有为认为:"泰西之所以富强,不在炮械军兵,而在穷理劝学。"②"日本胜我,亦非将相兵士能胜我也。其国遍设各学,才艺足用,实能胜我也。"③与康有为相类似,他的学生梁启超也认为:"亡而存之,废而举之,愚而智之,弱而强之,条理万端,皆归本于学校。"④"变法之本在育人才;人才之兴,在开学校;学校之立,在变科举。"⑤可见,晚清维新运动的意见领袖都发现了中国的问题主要集中在教育,中国落后的根本原因在教育。教育兴则人才兴、人才兴则国家兴。这些维新人士对教育事业的重视,使其将关注重点由"洋务运动"时期的"坚船利炮"转移到"教育救国",再一次推进了中国教育的近代化进程,也为物理教育和物理教科书的发展提供了历史机遇。

对于洋务运动时期的教育的反思,也是这一时期的言论热点,不光维新人

① 田正平.中国教育史研究(近代分卷)[M].上海:华东师范大学出版社,2009:72.
② 汤志钧编.康有为政论集[M].北京:中华书局,1981:130.
③ 汤志钧编.康有为政论集[M].北京:中华书局,1981:306.
④ 梁启超.饮冰室合集[M].上海:中华书局,1936:14.
⑤ 梁启超.饮冰室合集[M].上海:中华书局,1936:10.

士批评洋务教育,许多之前积极主张采西学、兴学堂的洋务派人士,也开始参与其中,如郑观应即为早期推动西学的知名人士,但面对经过多年发展的洋务教育,他也认为:"广方言馆、同文馆虽罗致英才,聘请教习,要亦不过只学语言文字,若夫天文、舆地、算学、化学直不过粗习皮毛而已。他如水师武备学堂,仅设于通商口岸,为数不多,且皆未能悉照西洋认真学习。"①郑观应对洋务教育的评价是客观的,直接指出了洋务教育急功近利、只习皮毛的弊病。

刑部侍郎李端棻也是积极参与洋务运动的高官之一,他在反思同文馆等洋务学堂收效甚微的原因时,将其归纳为五条,分别为:一是学生"徒习西学、西语、西文,而于治国之道,富强之源,一切要书多未赅及";二是"格致制造诸学,非终身执业,聚众讲求不能致精";三是各种西学需要实地考察、实验检验,但"今之诸馆,未备器图,未遣游历,则日求于故纸堆中,终成空谈自无实用";四是利禄之途的影响;五是学堂数量太少,"即使在馆学徒一人有一人之用,尚于治天下之才万不足一"②。从李端棻等的分析可以看出,洋务教育的问题有些是其自身的问题,如重西文、西语而轻西政等其他西学;学生不分专业,无法做到术业有专攻等,同时也受到当时社会原因影响,如其实验教学无法推广、毕业生无法参加科举考试、洋务学堂数量不足等。通过这些分析,我们可以了解到,洋务教育在这样自身先天不足、外部环境支持不够的条件下生存和发展,虽取得了一定的成绩,但其失败几乎是注定的。

这些对洋务教育的剖析和批评,加深了人们对洋务教育的认识,也激发了人们改进教育的想法,在一定程度上,为改革教育形式、拓展教育内容、推进中国教育的近代化奠定了基础。马克思曾说过:"一切发展,不管其内容如何,都可以看作一系列不同的发展阶段,他们以一个否定一个的方式彼此联系着。"③不论是洋务教育还是维新教育,都是中国近代教育发展过程中的初始阶段,其存在这样或那样的问题,都是发展过程中的正常现象。各界人士对洋务教育的批评是维新教育事业发展的起点,维新人士在开展新教育过程中,对洋务运动中出现的问题进行修正,进而推进了中国教育的近代化进程。

2. 维新教育的特点

1895 年,康有为受在京应试的 1300 多名举人的委托,起草并向光绪帝提

---

①　皇朝经世文三编卷二《西学》,转引自田正平.中国教育史研究(近代分卷)[M].上海:华东师范大学出版社,2009:79.

②　朱寿朋.光绪东华录[M].北京:中华书局,1958:3791.

③　马克思,恩格斯.马克思恩格斯全集:第 4 卷[M].北京:人民出版社,2006:329.

交了万言书(康有为《上清帝第二书》),全面陈述了维新人士革旧鼎新的愿望,引发了朝野上下的极大关注。万言书是清末维新人士的请愿书,也是他们的行动纲领和行动指南,其中提出了改革教育、富国兴农、变更官职等一系列政治主张。之后,维新派人士积极成立学会公开讲学、传播维新思想。据统计,1895—1898年共成立各类学会72家[①],遍布全国各个省市;创办新式学堂,培养维新人才;创办报刊,扩大维新思想的影响,1895—1898年维新人士创办了30多种报刊[②],如《知新报》《时务报》《浙学新报》等,其大多数版面均以倡新学、传新知、促变革等维新思想为主。这些报刊在当时风行一时,读书人争相抢购,一睹为快,在当时的思想界产生了巨大影响。

经过维新派人士多年的大力宣传,1898年6月11日,光绪皇帝发布"定国是诏",正式开始"戊戌变法"。光绪帝在变法诏书中写道:"数年以来,中外臣工,讲求时务,多主变法自强……唯是风气尚未大开,论说莫衷一是,或托于老成忧国,以为旧章必应墨守,新法必当摒除……以圣贤义理之学植其根本,又须博采西学之切于时务者实力讲求……总期化无用为有用,以成通经济变之才。"[③]变法诏书的发布将"维新运动"推向了高潮,教育改革也成了"戊戌变法"的重要内容。直至1898年9月21日,慈禧太后发动政变,结束"戊戌变法"为止,在这场历时百日的变法运动开展期间,平均三天即有一道与教育改革相关的上谕,废除八股、开设经济特科、大力开办新学、倡导中西兼学、鼓励游学、创办京师大学堂等一系列教育改革措施相继发布、实施。

"戊戌变法"最终以失败告终,其颁布的教育改革措施除京师大学堂得以保留外,其余一一被废除。但是,其在中国教育近代化历程中的重要作用却是不可磨灭的。作为维新派的主力、"戊戌变法"亲历者的梁启超,在谈及这场变法,特别是废除八股一事时写道:"海内有志之士,读诏书皆酌酒相庆,以为去千年愚民之弊,为维新第一大事也……(士人)争讲万国之故,及各种新学,争阅地图,争讲译出之西书……虽仅数月,八股旋复,而耳目既开,民智骤进,自有不甘于谬陋者,旧藩顿决,泉涌涛奔,非复如昔日之可以掩闭抑遏矣。"[④]"戊戌变法"颁布的教育改革措施,极大地冲击了传统封建教育体系,为20世纪初新学制的颁布、科举考试的废除奠定了思想基础。

①　闵杰.戊戌学会考[J].近代史研究,1995(3):39-76.
②　汤志钧.戊戌变法史[M].北京:人民出版社,1984:231-249.
③　中国史学会.戊戌变法[M].上海:神州国光社,1953:17.
④　中国史学会.戊戌变法[M].上海:神州国光社,1953:25.

　　维新运动时期的教育发展是维新派人士大力推动的结果,也是中国近代教育在洋务教育基础上的改革与发展,与洋务教育相比较,存在如下特点。

　　第一,学堂数量的增加。洋务运动开展 30 余年,创办京师同文馆、广方言馆、水师学堂等洋务学堂共计 30 余所。而自 1894 年甲午战争之后至 1898 年百日维新之间的四年时间,全国各地即创办了各类新式学堂 30 余所。也就是说,维新人士四年创办的新式学堂总数与洋务派 30 余年创办的洋务学堂的数量相当,到了 1904 年,全国各类新式学堂达 4222 所,在校学生达 92000 人。[①]自 1894 年至 1904 年的十年间,全国新式学堂的数量增长了近 700 倍,可见晚清后期新式教育发展之迅猛。

　　第二,学堂种类扩充。洋务运动时期创办的洋务学堂主要包括语言学堂、军事学堂和工艺技术学堂三类。而在维新时期,学堂种类不断增加,开始出现培养政治人才的学堂,如康有为创办的广州万木草堂、陈宝箴创办的湖南时务学堂;培养服务于工、农、商等行业人才的学堂,如杭州蚕学馆、江南储才学堂、直隶矿物学堂等;专门培养新式教育师资的师范学堂,如盛宣怀创办的南洋公学等;专门培养女学生的各类女学,如上海电报局长经元善提议创办的上海经正女学等。

　　第三,教学内容的调整与丰富。维新时期新式学堂的教学内容,与基于"中体西用"原则的洋务学堂的"中学加西学"的混搭模式大致相同。如万木草堂的教学内容既包含孔学、佛学、周秦诸子学、宋明理学之外,也包含西方哲学、史学、地理学、数学、格致学、政治学原理、政治应用学、群学等。但其在教学中,即使学习传统经史学,也是"每论一学论一事,必上下古今,以究其沿革得失,又引欧美以比较证明之"[②]。不局限于洋务教育培养军事、语言或技能人才的培养目的,万木草堂等维新教育旨在培养维新运动所需的政治人才。虽中国传统封建教育的目的也是培养政治人才,但维新教育的教学内容以西方政治学说为主,学生的视野更为开阔,其知识体系更能适应当时的社会环境。

　　杭州蚕学馆等实业学堂除开设物理、化学、植物、动物等课程外,还学习土壤论、桑树栽培、蚕体生理、蚕体解剖、蚕儿饲育法、害虫论等实用类课程,学生毕业后,直接为浙江省各地市养蚕业服务,为发展当地经济作出了贡献。上海经正女学等女子学校则结束了"女子无才便是德"的封建束缚,开风气之先,除

---

① 据清学部总务司编《宣统元年份第三次教育统计图表》统计,转引自田正平.中国教育史研究(近代分卷)[M].上海:华东师范大学出版社,2009:129.

② 梁启超.饮冰室合集文集之三[M].上海:中华书局,1989:62.

教授各类中西学课程之外,还教授纺织、绘画等妇女必需的技能,得到了当时中外人士的大力支持。

第四,学制体系雏形初现。在中国传统教育体系当中,虽也存在"蒙学""小学""大学"等概念,但都是按照年龄、文化程度等因素对学生进行的一种大致分类,并不存在严密的衔接关系,各级各类学校彼此独立。洋务运动兴办的各类洋务学堂,都是根据当时形势所需创设,其入学要求、办学层次、课程设置、学生程度等随意性大,缺乏整体规划和设计。按照当前的分类方式,洋务学堂大致都属于中等职业学校层次,缺少为之提供生源的基础教育和供学生继续深造的高等教育,其教学内容仅限于专业知识和专业技能,忽视基础理论知识的教学[①],这些不足与弱点,为洋务教育的失败埋下了伏笔。

维新教育反思洋务教育的不足,开启了探索和实践学制体系之路。1895年,盛宣怀在天津创办中西学堂(又名北洋西学堂),并将学堂分为头等学堂和二等学堂。其中,二等学堂为头等学堂的预备学校,二等学堂相当于中学水平,而头等学堂则相当于大学专科水平。

1896年,盛宣怀又在上海创办南洋公学,公学分为师范院、外院、中院、上院等四个院。其中,师范院为各类新式学堂培养师资;其他三个院中,外院相当于小学,中院相当于中学,上院相当于大学,三个等级相互衔接、依次递升,初步具备了现代三级学制的形态,为中国近代三段式学制的最早实践。[②]

1840年之后的近半个世纪内,西方文化在中国的传播和发展缓慢,其产生的影响大都集中在沿海地区和少数洋务人士、开明士绅阶层,中国大多数士大夫仍然活在自己的传统精神世界中。经过半个世纪的酝酿和蓄力,19世纪90年代的这场维新运动是西方文化在中国产生重大影响的转折点,西学开始以一种更加积极的势头影响中国人。国人对西学的理解也随着时间的推移和接触的增多而不断加深,从洋务教育时期的对西学只关注技术知识("西艺"的层面),逐步过渡到维新运动时期的西方政治知识和政治经验("西政")和西方宗教思想("西教")等方面。[③]

---

① 王伦信.清末民国时期中学教育研究[M].上海:华东师范大学出版社,2002:14.
② 王伦信.清末民国时期中学教育研究[M].上海:华东师范大学出版社,2002:17.
③ 费正清,刘广京.剑桥中国晚清史:下卷[M].中国社会科学院历史研究所编译室,译.北京:中国社会科学出版社,1985:323-326.

二、以日为师:留学生译书成主流

明治维新前的 100 多年间,日本曾与中国一样,奉行闭关锁国的政策,仅与中国、荷兰等少数国家在部分港口进行少量的对外贸易,直到 1853 年,在美国铁甲军舰的威胁下,日本才被迫打开国门。

强烈的危机感促使日本反思西方的强大与中国的落后,积极接受西方文化和西方现代科学。与西学在中国传播受到守旧人士的极大阻挠,19 世纪中后期中国出版的大量西学书籍在中国不受重视、销路不畅、销量极低形成鲜明对比,这些西学书籍漂洋过海,在日本广受欢迎。当前在日本各大图书馆都还有不同版本的藏书。1866 年,福泽谕吉的《西洋事情》出版后,就销售了 25 万册。① 特别是 19 世纪 60 年代的明治维新,更是极大地促进了日本的近代化步伐,使日本的政治、经济、军事、文化、教育等得到了极大的发展。

1. 留学日本风潮的兴起

1894 年甲午战争爆发,中国的战败和《马关条约》的签订让中国人深感耻辱。其结果是,作为战胜国的日本对中国大肆掠夺,激起了中国人的愤怒,引发了 1898 年的"戊戌变法";另一个结果则是,让国人"知耻而后思",积极反思日本在明治维新之后变得富强的原因,学习日本富强的经验,即开始通过日本接受西学知识。

一时间留学日本、向日本学习经验成为主流的社会思潮,被国人所热议。御史杨深秀在其奏折中写道:"交涉、武备、农工、商务、矿务,莫不有学。日本变法之始,遣聪明学生出洋学习,与泰西诸学灿然美备,中华欲游学而成,必自日本始。"②康有为在向光绪帝呈送的《日本变政考》中也写道:日本"以蕞尔三岛之地,治定功成,豹变龙腾,化为霸国……若以中国之广土众民,近采日本,三年而宏规成,五年而条理备,八年而成效举,十年而霸图定矣。"③

1898 年,湖广总督张之洞撰写《劝学篇》,该著作曾被西方称为"中国唯一的希望",专门用《游学》一章讲解留学日本的优势。张之洞在书中写道:"出洋一年,胜读西书五年,此赵营平'百闻不如一见'之说也。入外国学堂一年,胜于中国学堂三年。"同时,张之洞还在书中列举了留学日本的五大好处,即"路近费

① 费正清,刘广京.剑桥中国晚清史:下卷[M].中国社会科学院历史研究所编译室,译.北京:中国社会科学出版社,1985:324.
② 李喜所.近代留学生与中外文化[M].天津:天津教育出版社,2001:137.
③ 田正平.留学生与中国教育近代化[M].广州:广东教育出版社,1996:69.

省,可多遣;去华近,易考察;东文近于中文,易通晓;西学甚繁,凡西学不切要者,东人已删节而酌改之。"①

1896 年,13 名中国学生赴日,转道日本学习西学成为中国人的共识。自1896 年开始,兄弟同行、父子同行赴日留学,自费留学、官费留学及各种形式的赴日教育考察络绎不绝,留日学生数逐年增多。据统计,中国学生留日在 1906年达到高潮,最多时约 8000 名中国学生在日留学,截至抗战结束,赴日留学人数应该在 5 万人以上。②

结合中国学生的实际知识水平和中国对西学人才的极大需求,中国学生到达日本之后,其接受的留学教育有两大特征:一是大多数学生接受的教育为普通学科而非专门学科教育,只有少数学生在早稻田大学等学校接受物理化学科、博物科、历史地理科等师范教育,政治理财科、商科等本科教育;二是很多学生接受教育的性质为速成教育而非正式教育,其接受的是半年至一年的速成教育,只有少数学生真正接受了系统、专门的留学教育。③

2. 留日学生参与译书活动

这些背负着历史使命的留学生东渡日本之后,一方面学习日语、适应异乡的生活环境,另一方面还要面对来自部分日本学生的嘲讽。他们忍辱负重,学习西学知识,只为日后学成回国贡献力量。翻译、引介日本书籍也是留学生的主要工作。康有为、张之洞等人都对翻译日本书一事十分重视,康有为就曾提议大量翻译日本书籍,并在其给光绪帝的奏折中写道:"日本与我同文也,其变法至今三十年,凡欧美政治文学武备新识之佳书,咸译矣,但工艺少阙,不如欧美耳。译日本之书为我文字者十之八,其成事者少,其费日无多也。"④张之洞也认为:"学习文者,效迟而用薄,为少年未仕者计也,译西书者,功近而效速,为中年已仕者计也。若学东洋文,译东洋书,则速而又速者也。是故从洋师不如通洋文,译西书不如译东书。"⑤

为加强译书人员力量、规范译书活动,留日学生相继成立译书汇编社、教科书译辑社、湖南编译社、闽学会等留学生翻译团体,大量翻译、出版日本书籍。顾燮光编撰的《译书经眼录》记录了 1901 年至 1904 年中国出版的各类译自外

①　张之洞.劝学篇[M].郑州:中州古籍出版社,1998:116 - 117.

②　实藤惠秀.中国人留学日本史[M].修订本.谭汝谦,林启彦,译.北京:北京大学出版社,2012:30,97.

③　实藤惠秀.中国人留学日本史[M].修订本.谭汝谦,林启彦,译.北京:北京大学出版社,2012:46.

④　康有为.戊戌奏稿[M].影印本.上海:广智书局,1912:17.

⑤　张之洞.劝学篇[M].郑州:中州古籍出版社,1998:14.

国的 533 种书籍,其中译自日本的书籍达到了 321 种①,涵盖了理化、博物、史志、法政、学校、交涉、兵制、农政等各个学科。这些译自日文的书籍大多出自留日学生之手。

其中,成立于 1900 年的译书汇编社为最早的留学生译书机构,其主要业务为出版《译书汇编》月刊,将日本著作的译文按期连载,每部著作刊完之后即出版单行本。其出版范围以译自日本的西方政治、法学、历史、教育学著作为主,在当时传播西学、输入西方思想方面产生了一定的影响。冯自由在其《辛亥前海内外革命书报一览》中曾写道:"《译书汇编》……留学界出版之月刊,以此为最早。所译卢骚《民约论》、孟德诗鸠《万法精理》、斯宾塞《代议政治论》等,促进吾国青年之民权思想,阙功甚伟。"②

教科书译辑社为译书汇编社的分社,其重点是翻译、出版各类中学教科书,范围涵盖了历史、物理、经济学等多个学科,陈榥翻译的《物理易解》即为该社出版、发行。

作为 1914 年赴日的留日学生之一,郭沫若在一次演讲中就曾提到:"我们当时翻译了大量的日本中学用的教科书。我本人在来日本之前,在中国的中学所学的几何学就是菊地大麓先生所编撰的。此外,物理学的教科书则是本多光太郎先生所编的。"③

3. 日译物理教科书成为市场主流

笔者之前曾统计④,洋务运动时期出版发行的中学层次物理学教科书主要译自欧美国家,共有 29 种以上。甲午战争之后,特别是 1900—1911 年,译自日本的物理教科书成为主流,达 51 种(见表 5 - 1),其数量超过洋务运动时期翻译出版的各类物理学教科书之和。日译物理学教科书分为两类:一类为直接翻译自日本作者编著的教科书;另一类为参考日本教科书编著的教科书。这一时期以直接翻译日本作者编著的教科书为主,数量达到 37 种。

---

① 王韬,顾燮光,等.近代译书目[M].北京:北京图书馆出版社,2003:399 - 667.
② 张静庐.中国近代出版史料　二编[M].北京:中华书局,1957:283.
③ 原载《高远》第 45 页,转引自:实藤惠秀.中国人留学日本史[M].修订本.谭汝谦,林启彦,译.北京:北京大学出版社,2012:194.
④ 刘志学,陈云奔.清末日译中学物理学教科书及其特点研究[J].自然辩证法研究,2017,33(9):102 - 107.

表 5-1 清末日译中学物理学教科书统计表(1900—1911)

序号	教科书名称	初版时间/年	原著者	编译者	出版社
1	物理学	1900	〔日〕饭盛挺造	〔日〕藤田丰八、王季烈	江南制造局翻译馆
2	理化示教	1901	〔日〕后藤牧太	樊炳清	不详
3	中学物理教科书	1902	〔日〕水岛久太郎	陈榥	教科书译辑社
4	中学校初年级理化教科书	1902	〔日〕和田猪三郎	虞辉祖	科学仪器馆
5	物理易解	1902		陈榥	教科书译辑社
6	新编小物理学(1册)	1903	〔日〕木村骏吉	樊炳清	教育世界社
7	物理学问答	1903	〔日〕富山房	范迪吉	群益书社
8	最新理化示教	1904	〔日〕菊池熊太郎	王季烈	文明书局
9	普通应用物理教科书	1904		陈文哲	同文印刷舍
10	格致教科书	1904		杜亚泉	商务印书馆
11	理化示教	1904		杜亚泉	商务印书馆
12	初等理化教科书	1904		候鸿鉴	文明书局
13	物理学教科书	1905	〔日〕渡边光次	〔日〕西师意	大学堂译书院
14	物理教科书	1905		陈文哲	昌明公司
15	物理学	1905	〔日〕中村为邦	江苏师范生	江苏宁属学务处
16	物理学	1905	〔日〕赤沼满二郎	金孝韩、路黎之	湖北学务处
17	理化学阶梯	1905	〔日〕渥美锐太郎	泰东同文局	泰东同文局
18	新理科书	1905	〔日〕滨幸次郎、叶彦六	由宗龙、刘昌明	昌明公司
19	中等教育物理学	1905		陈文	商务印书馆
20	物理学	1905		湖北师范学生	湖北学务处

(续表)

序号	教科书名称	初版时间/年	原著者	编译者	出版社
21	问答体物理学初等教科书	1906		陈文	上海科学会编译部
22	物理学原理教科书	1906	[日]木村骏吉	陈文	上海科学会编译部
23	新撰物理学	1906	[日]本多光太郎	丛琯珠	山东留学生监督处
24	初等物理学教科书	1906		高慎儒	商务印书馆
25	中等教育物理学	1906	[日]中村清二	林国光	广智书局
26	近世物理学教科书(2册)	1906	[日]中村清二	王季烈	北京学部编译图书局
27	近世物理学教科书	1906	[日]中村清二	余岩	普及书局
28	普通教育物理学教科书	1906	[日]滨幸次郎	张修爵	普及书局
29	新式物理学	1906		陈文	上海科学会编译部
30	普通应用物理教科书	1906		陈文	湖北教育部
31	江苏师范讲义物理	1906		江苏师范学生	江苏宁属学务处
32	物理学	1906		严葆诚	商务印书馆
33	中等教科新式物理学	1907	[日]本多光太郎、田中三四郎	陈文	科学会编译部
34	物理学新教科书	1907	[日]中村清二	杜亚泉	商务印书馆
35	最新物理学教科书	1907	[日]中村清二	杜亚泉	商务印书馆
36	物理学计算问题解意	1907	[日]田中伴吉	集思社	集思社
37	物理算法解说	1907	[日]池中清及近藤清次郎	彭觐圭	京师大学堂译书局
38	物理学课本	1907	[日]后藤牧太	清国名家	东京东亚公司
39	理化学教程	1907	[日]后藤牧太	清国名家	东京东亚公司
40	物理学讲义	1907	[日]田中三四郎	史浩然	东京中国留学生会馆

（续表）

序号	教科书名称	初版时间/年	原著者	编译者	出版社
41	普通教育物理学新教科书	1907	［日］田丸卓郎	谭其茳	东京中国留学生会馆
42	新式物理学教科书	1907	［日］本多光太郎	王季点	商务印书馆
43	中学物理学教科书	1907	［日］田丸卓郎	吴延槐、华鸿	文明书局
44	物理学公式	1907	［日］藤井乡三	尤金镛	翰墨林书局
45	普通教育物理学教科书	1907	［日］滨幸次郎、河野龄藏	张修爵	普及书局
46	（汉译）最新物理学教科书	1907	［日］酒井佐保		东京合资会社富山房
47	最新物理学教科书	1908	［日］本多光太郎	无锡译书公会	上海科学书局
48	物理学讲义（3卷）	1908		陈学垕、严保诚	商务印书馆
49	物理学公式及问题	1908	［日］服部春之助	宋舆	广智书局
50	物理学新教科书	1909	［日］田丸卓郎	谭其茳	不详
51	新撰物理学	1911	［日］本多光太郎	丛琯珠	群益书社

三、崭露头角：民营书局参与译书

洋务运动时期的教科书市场以官办的洋务机构、教会学校、教会机构出版的教科书为主。维新时期，译自日本的教科书成为市场主流，其出版机构有留学生在日本成立的各类译书社；各类新式学堂，如维新时期成立的上海南洋公学、上海三等学堂、上海澄衷学堂、无锡三等公学堂、求是中学堂、中国公学、京师大学堂、山西大学堂等学堂，都曾编撰过教科书①；国内陆续成立的民营书局，如教育世界出版社、文明书局、广智书局、商务印书馆、开明书店、大同书局、科学仪器馆、上海群益书局、彪蒙书社等也积极参与译书工作②。各类学堂出

---

① 石鸥.中国近现代教科书史：上［M］.长沙：湖南教育出版社，2012：70.
② 汪家熔.民族魂：教科书变迁［M］.北京：商务印书馆，2008：20.

版的教科书以蒙学、小学修身、国语、识字教科书为主;在物理教科书市场中影响较大的除留学生译书机构之外,当数各类民营书局,并以上海教育世界出版社、群益书局、科学仪器馆和商务印书馆为主。

随着新式教育的兴起,新式教科书的需求不断增大,吸引了越来越多的民营书局参与其中。据统计,1897—1910 年间,有超过 100 家出版单位参与了小学教科书的出版①,如将出版中学以上层次教科书的机构纳入统计,其总数必然会更多,可见当时教科书出版事业的繁盛。

在清末的民营书局中,成立于 1897 年的商务印书馆为其中翘楚。该馆最初以印刷商业簿册和报表为主,因此以"商务"命名。随着新学教育的不断壮大,教科书市场需求的增加,开始涉足教科书印刷行业。商务印书馆 1898 年编写、出版的《华英初阶》和之后出版的《华英进阶》为中国最早的自编英语教科书,两书多次修订、再版,发行量极大,在当时的英语教科书领域产生了重大影响,也为该馆正式进军教科书市场奠定了基础。

商务印书馆为提高教科书编写质量,网罗了蔡元培、张元济、茅盾、郑振铎、王云五、叶圣陶、谢洪赉、杜亚泉、竺可桢、蒋梦麟等一大批近代中国文化名人,参与到该馆的教科书编写工作中。这样的投入力度,一方面保证了教科书的编写质量,另一方面也为中国近现代教科书乃至中国近代教育的发展积蓄了人才。

在近代物理教科书的编写、出版、发行方面,商务印书馆同样发挥了重要作用,谢洪赉、杜亚泉、王季点、陈文、伍光健等都曾在该馆出版过物理教科书。中国近代第一本具有现代意义的物理学教科书《最新中学教科书物理学》(1904年)就是由商务印书馆出版发行的。

另一较早参与教科书出版事业并在当时产生重大影响的书局当数文明书局。文明书局由俞复、廉泉、丁宝书等人于 1902 年在上海创办,该书局由编写、出版教科书起家,在清末教科书市场中知名度较大。文明书局出版的教科书涵盖中小学各个学科,在 1906 年学部公布的《学部第一次审定初等小学堂暂用书目》的 46 种 102 册书目中,文明书局出版的教科书占了 33 册。该书局出版的"蒙学科学全书"共 25 种 37 本②(截至 1905 年),为近代中国第一套国人自编的、按照分科设学的分类方式编写的教科书,其内容涵盖了修身、历史、天文、地

①　石鸥.中国近现代教科书史:上[M].长沙:湖南教育出版社,2012:91.

②　丁福保.蒙学卫生教科书[M].上海:文明书局,1905:封三.

理、天文、化学等各个学科。郭沫若、胡适等文化名人都曾在幼年时使用过《蒙学科学教科书》，胡适就曾在其《四十自述》中写道："我初到上海梅溪学堂，班上读的是文明书局的《蒙学课本》……我是读了许多古书的，现在读《蒙学课本》，自然毫不费力。"①在物理学教科书出版方面，王季烈编译的《最新理化示教》、侯鸿鉴编译的《初等理化教科书》等均为该书局的代表作品。

第二节　科学启民智：维新运动时期教科书科学启蒙特点分析

经过鸦片战争时期和洋务运动时期的积累，维新时期各类新式学堂得到了极大的发展。虽科举考试仍未被废除，但经过维新派的大力推动，特别是"戊戌变法"时期开经济特科②、停止八股取士等制度的推行，使国人对新学的重视程度大为改观，民众的科学认识也开始逐渐加深。

一、从"格致"到"物理"：物理学科始明确

1. 物理教科书编写、出版的转型

由表 5 - 2 可知，在维新时期（1894—1903）共出版物理教科书 18 种，从这 18 种教科书的具体情况，我们可以对我国清末物理教科书的转型过程有所了解。

（1）译书原本的转型。

在维新时期之前，物理教科书译书原本均为欧美国家教科书。其中，以英国、法国的教科书为主，而自维新时期开始，译书原本开始向日本教科书转型，并逐渐成为教科书市场的主流。这一转变自 1900 年，藤田丰八、王季烈译的《物理学》开始。1900 年之前的教科书原本全部来自英、法等欧美国家，1900—1903 年出现的 11 种物理教科书中，除京师大学堂译书局译的《额伏列特物理学》原本为法国教科书外，其他教科书原本均为日本教科书。

（2）教科书作者的转型。

在维新时期之前，物理教科书均为外国传教士撰写或由外国传教士与中国学者合作完成。而自维新时期开始，开始出现由中国学者独立编译的物理教科

---

① 胡适.四十自述[M].合肥：安徽教育出版社，2006：47.

② 该奏折最初为贵州学政严修提出，其中，"经济"并非我们当前所理解的"经济学"之义，而是"经世致用"之义，具体包含内政、外交、理财、军事、格致、制造等六个方面，其目的是打破传统的"科举取士"制度，以"经世致用"为指导思想，选拔能够为国家富强做出贡献的人才。

书。1899 年,第一本由中国学者独立翻译的教科书《形性学要》出版,开启了国人自译物理教科书的新时代。之后,徐兆熊编译的《电学测算》、樊炳清编译的《理化示教》、陈榥编译的《物理易解》等国人自主完成的教科书陆续出版并被广泛使用。

(3)出版机构的转型。

传教士译书时期,物理教科书出版机构为教会组织如教会书馆、教会学校等;洋务译书时期的出版机构以洋务机构如江南制造局、京师同文馆等为主,教会组织为辅;维新时期,教科书出版机构逐步多元化,留学生译书机构、民营书局纷纷进入教科书市场,且市场份额不断增加。

(4)教科书命名方式的转型。

自藤田丰八、王季烈译的《物理学》出版之后,"物理"作为物理学教科书的名称被广泛接受,并逐渐取代"格致""格物"或"热学""光学"等,成为物理学教科书名称的主要选择。1900 年之后,物理教科书命名方式逐渐统一,除王化成编译的《格致教科书》等少数教科书外,物理教科书均以"物理"命名。

表 5‐2 维新时期(1894—1903)①出版物理教科书汇总表

序号	教科书名称	初版时间/年	原著者	编译者	出版社
1	热学揭要(1 卷)	1897	[法]迦诺	[美]赫士、刘永贵	登州文会馆
2	光学揭要(2 卷)	1898	[法]迦诺	[美]赫士、朱宝琛	登州文会馆
3	格物质学	1898	[美]史砥尔	[美]潘慎文、谢洪赉	美华书馆
4	通物电光(4 卷)	1899	[美]莫耳登、汉莫尔	[英]傅兰雅、王季烈	江南制造局翻译馆
5	物体遇热改易记(4 卷)	1899	[英]瓦特斯	[英]傅兰雅、徐寿	江南制造局翻译馆
6	电学纪要(1 册)	1899		[英]李提摩太、邃深居士	广学会

---

① 为方便论述,本文将物理教科书的维新时期界定为自甲午战争爆发(1894 年)至新学制"壬寅癸卯学制"颁布(1903 年)。

（续表）

序号	教科书名称	初版时间/年	原著者	编译者	出版社
7	形性学要	1899	［法］迦诺	李杕	徐家汇汇报印书馆
8	电学测算（1卷）	1900		徐兆熊	江南制造局翻译馆
9	物理学	1900	［日］饭盛挺造	［日］藤田丰八、王季烈	江南制造局翻译馆
10	理化示教	1901	［日］后藤牧太	樊炳清	教育世界社
11	中学物理教科书	1902	［日］水岛久太郎	陈榥	教科书译辑社
12	最新简明中学用物理学	1902	［美］何德赍	谢洪赉	不详
13	中学校初年级理化教科书	1902	［日］和田猪三郎	虞辉祖	科学仪器馆
14	物理易解	1902		陈榥	教科书译辑社
15	新编小物理学（1册）	1903	［日］木村骏吉	樊炳清	教育世界社
16	物理学问答	1903	［日］富山房	范迪吉	群益书社
17	额伏列特物理学（5卷）	1903	［法］A. P. 丹斯切尔	北京京师大学堂译书局	京师大学堂译书局
18	格致教科书	1903		王化成	商务印书馆

2. 新式学堂普遍开设物理学课程

经过几十年的传播与发展，作为自然科学重要组成部分的物理学，也在这一时期开始被国人所认识和重视。维新时期开设的各个新式学堂中，物理学都为其主要教学内容。在此时期教科书也得到了极大的发展，内容逐渐丰富与多元，形式越来越完整与规范，编写体例、编排样式趋于统一，为之后的物理教科书的发展奠定了基础。

胡适等就读的上海梅溪学堂（原正蒙书塾、梅溪书院）是传统书院现代转型的代表。1903 年，梅溪书院更名为梅溪学堂，其课程主要包括国文（语文）、地理、经史、时务、格致、数学、歌诗等。可见，不仅是学校名称的转变，以物理学为代表的西学已经与经史等儒家经典传统课程一样，成为学校的主要课程。

陕西省的学校也在这一时期开始接受西学,并将物理学等列为学校课程。张汝梅、赵惟熙在《陕西创设格致实学书院折》中就曾写道:"窃维世运之升降,视乎人材;人材之振兴,资于学校……创建格致实学书院,延聘名师,广购古今致用诸书,分门延习,按日程功,不必限定中学西学,但期有裨实用,如天文、地舆、史治、兵法、格致、制造等类,互相讲求,久之自能洞彻源流,以上备国家之采择各等情前来。"①

盛怀宣创办的天津中西学堂、上海南洋公学等新式学堂更是开风气之先,认识到传统教育的局限性,将中学、西学并重,设立实验室、引入实验设备,供学生使用。在《奏开设天津中西学堂疏》中,他曾写道:"中国智能之士,何地蔑有,但选将材于稠人广众之中,拔史材于诗文帖括之内,至于制造工艺,则皆不通文理、不解测算之匠徒,而欲与各国絜长胶短,难矣。"②天津中西学堂的头等学堂、二等学堂的学堂章程中,均将格物学作为学堂的主要科目,在其课程体系中,自然科学知识占据主导地位。③

在维新人士创办的新式学堂中,西学课程更成为这些新式学堂培养维新人才的关键所在。谭嗣同创办的湖南浏阳算学馆,张元济等人创办的北京通艺学堂,陈宝箴创办、梁启超主持的湖南时务学堂,梁肇敏等人创办的广州时敏学堂等,均开设了物理课程。

各个新式学堂开设的物理学课程名称虽各不相同,有的称为"格致",有的称为"理化",有的称为"格物",其教学内容也不尽相同,但是,正是从维新时期开始,以物理为代表的科学教育真正从技艺教育中独立出来,不再局限于为培养少数需要掌握技艺的人才而举办,而成为普通学校教育的基本组成部分,并开始逐渐脱离科学教育的工具属性,呈现出科学教育的育人价值,自此中国开始出现具有西方近代意义的科学教育。④

3. 物理学名词翻译由西式向日式的转变

科学概念大多来源于日常生活,科学语言也大多取自日常语言,但又高于日常语言。日常语言强调沟通的便利性和有效性,而科学语言强调精确性和简

---

① 皇朝经世文新编,卷五上,学校上,第 7 - 8 页,转引自陈学恂.中国近代教育史教学参考资料:上册 [M].北京:人民教育出版社,1984:243.

② 《皇朝经世文三编》,转引自陈学恂.中国近代教育史教学参考资料:上册 [M].北京:人民教育出版社,1986:289.

③ 李忠.新世纪的曙光晚清新式教育活动(1840—1911)[M].武汉:华中科技大学出版社,2016:147.

④ 郭长江.中国近代科学教育变革的文化反思[D].上海:华东师范大学,2003:47 - 48.

洁性。因此,虽很多日常用语成为科学名词,但很多时候其所代表的意义却发生了改变,这些科学名词虽脱离了与之相应的日常语言,但这些名词却成为人们理解科学、接受科学的桥梁。①

传教士译书时期和洋务译书时期,译书主体为传教士和与之合作的中国学者,译名的选用一般都是双方结合对汉语和相应物理学名词代表的物理意义的理解而协商的结果。因这些教科书的原本一般都来自英、法等西方国家,其译书主体为英、美传教士,因此我们可将其称为西式翻译。

自维新时期开始,国人逐渐走上物理教科书翻译的舞台,且大量留日学生以日本教科书为原本,翻译了大量的物理教科书。这些教科书的作者一般都具有一定的中学根基,在日期间接受了西学教育,其译书思想和物理学名词翻译受日本的影响较大,但不再受制于人,具有一定的发挥空间。此类教科书中物理学名词的译法自成一派,我们可将其称为日式翻译。

通过对这一时期和之前、之后部分相应教科书中物理学名词的对比即可发现,很多名词在西式和日式中均有不同的翻译范式,随着日译物理教科书的大量出版,物理学名词翻译也实现了由西式到日式的范式转变(见表5-3)。

表5-3　各个版本物理教科书物理学名词翻译情况对比②

英文名词	当前用名	《术语词汇》(1904)	《最新中学教科书物理学》(西式)	《格物质学》(西式)	《物理学》(日式)	《物理易解》(日式)
unit	单位	准个	准个	准个		单位
mechanics	力学	力学、重学	重学	重学	重学	力学
mass	质量	体、体质	体质	体积、体	实重率	质量
solid	固态	定质	定质	定质	定质	固体
liquid	液态	液质	液质	流质	流质	液体
gas	气态	气质	气质	气质	气质	气体
molecule	分子	合点	合点	合点		分子
atom	原子	元点	元点	元点		原子

---

① 陈嘉映.日常概念与科学概念[J].江苏社会科学,2006(1):7-16.

② 表5-3中,狄考文整理的《术语词汇》(1904),潘慎文、谢洪赉译的《格物质学》(1894),谢洪赉译的《最新中学教科书物理学》(1904)是西式物理学名词翻译的代表;藤田丰八、王季烈译的《物理学》(1900—1903),陈榥的《物理易解》(1902)是日式物理学名词翻译的代表。

（续表）

英文名词	当前用名	《术语词汇》(1904)	《最新中学教科书物理学》(西式)	《格物质学》(西式)	《物理学》(日式)	《物理易解》(日式)
inertia	惯性	质阻	质阻	质阻	恒性	惯性
velocity	速度	速率	速率	速率	速率	速度
acceleration	加速度	增速率	渐加速	渐加速	加速率	加速度
composition of forces	合力	合力	合力	合力	合力	合力
resolution of forces	分力	分力	分力	分力	分力	分力
equilibrium	平衡	平定	稳定	定	平均	稳定
gravitation /attraction	引力	摄力	摄力	吸力	摄力	引力
momentum	动量	动力	动力	动力		运动量
work	功	工	工程	工	工程	功用
energy	能	工力	工力	工力	储蓄力	能力
kinetic energy	动能	动力力	显力	显力	运动储蓄力	动能力
potentital energy	势能	储力	隐力	隐力	位置储蓄力	还原能力
pendulum	摆	摆	摆	摆	悬摆	摆

　　部分译自日本的物理学教科书为方便读者查阅物理学名词的物理意义,在各个物理学名词之后附加该名词的英文拼写。比如,陈榥译的《中学物理教科书》中涉及的物理学名词均附带英文单词,在该教科书第一页,作者写道:"力学(dynamics)者,研求力动于物之法则,以知其终效(终效,犹言终所奏之效也,下仿此)之学也。"[①]作者通过"中文名词、英文单词加汉语解读"的方式,全方位地为读者阐释物理学名词的含义,为读者理解其物理意义提供了便利。

───────────

① 水岛久太郎.中学物理教科书[M].陈榥,译.东京:教科书译辑社,1902:1.

4. 物理学公式表达方式不断规范

在鸦片战争时期和洋务运动时期,译者出于对中国文化传统的尊重和对国人读写习惯的考虑,在教科书编写过程中,如涉及物理学公式,大多采用汉语表述,原版中的英文字母形式的公式被汉字公式所取代,如以天干、地支加上人、天、地、物代表 26 个英文字母。如在丁韪良编译的《格物入门》一书中,在论及速度公式时,即写道:"其路必按时速相乘,尽其速即一秒内所行,秒数愈多,其路亦愈多,故以两者相乘而得之,即如每秒物行四丈,则十秒必行四十丈,其恒式即为:路＝时×速;则时＝路/速;速＝路/时,若此物路＝时×速,则他物时、速与路亦然,故路＝速×时,加点以别之。"①这种烦琐的表达方式,一定程度上影响了国人对物理学知识的数学化理解。

维新时期的教科书,特别是译自日本的物理学教科书则对这种物理学公式的表达方式进行了调整,开始以英文字母的形式表达物理学公式。如在陈榥的《物理易解》中,对速度公式的处理即为:"运动物体单位时间内所可进之路名曰运动之速度,等速运动之物体,三点钟内共进二百七十丈,以一丈一点钟为单位则速度每点钟九十丈,以一秒一寸为单位,则速度每秒二寸半,法以所费之时,除所行之路,即得而时路速度三者之关系,系可立式如下:$S=Vt$;$t=S/V$;$V=S/t$。上三式中,S 为路,V 为速度,t 为时变速运动之物体所费之时。"②这种表达方式清晰、直观,便于数学计算,与当前学校物理学教科书的表达方式已经非常接近,并逐渐被国人所接受,成为物理学公式的主要表达方式。

二、科学方法渐系统

1. 严复等人对科学方法的宣传

随着洋务运动的失败,国人开始反思其中的原因。越来越多维新人士认识到,富强之基不在坚船利炮,而在于科学。要大力发展科学,则必须借鉴西学,重视对科学方法的探求。科学方法在维新时期获得了关注,康有为、严复等维新思想家都曾对科学方法进行了分析和阐述,并推动了国人对科学方法的认识。

康有为就曾说:"电学,其端起于琥珀能引灯草,因而推阐其用,遂至无穷。

---

① 丁韪良.格物入门·卷七·算学[M].北京:京师同文馆,1868:49.
② 陈榥.物理易解[M].东京:教科书译辑社,1902:26-27.

其余声学、光学、算学、化学、重学、气学诸门,无非能以此推,中国但坐不察耳。"①康有为所阐述的推理、演绎等科学方法,正是中国传统文化所缺乏的。康有为在阅读了徐光启译的《几何原本》后,被其中的几何演绎法所折服,开始探索"从事算学,以几何著人类公理",并开始将演绎方法应用到社会科学当中,以此为指导思想,完成了《实理公法全书》。

严复对科学方法的研究则更为系统,在《原强》《救亡决论》《天演论》《穆勒名学》等著作中,都对归纳法、演绎法、实验法等科学方法进行了介绍,并通过上述著作,将西方科学方法系统引入中国。严复认为:"西人名学则见其于格物致知之事,有内籀之术焉,有外籀之术焉。内籀云者,察其曲而知其全者也,执其微以会其通者也;外籀云者,据公理以断众事者也,设定数以逆未然者也。"②在严复看来,内籀之术即归纳法,就是通过观察事物的部分以了解事物的整体,掌握事物的现象、发现事物的规律,即从特殊到一般;外籀之术即演绎法,就是用一个公理对其他相关的事实进行判断,即从一般到特殊。同时,严复还认为,归纳法和演绎法是"一切法之法,一切学之学",是"即物穷理之最要途术也"。

除归纳法、演绎法外,严复对实验法也非常重视,他认为实验法的广泛使用是西方近代科学快速发展的主要原因,"三百年来科学公例,所由在在见极不可复摇者,非必理想之妙过古人也,亦以严于印证之故。"③在严复看来,实验法等科学方法不光是科学研究的方法,同时还能够培养人扎实的作风、严谨的精神,影响人的道德品质。严复认为:"夫科学有外籀,有内籀。物理动植者,内籀之科学也。其治之也,首资观察试验之功,必用本人之心思耳目,于他人无所待也。其教授也,必用真物器械,使学生自考察而试验之。且层层有法,必谨必精,至于见其诚然,然后从其会通,著为公例。当此之时,所谓自明而诚,虽有君父之严,贲、育之勇,仪、秦之辩,岂能夺其是非!"④

伴随着维新思想的广泛传播,康有为、严复等维新领袖对科学方法的重视和推介,使科学方法日益被民众所接受,并成为部分知识分子的方法论基础,为日后维新运动的发展、辛亥革命的爆发等历史事件的产生奠定了思想基础。

---

① 康有为.康南海自编年谱.戊戌变法(四)[M]//林庆元,郭金彬.中国近代科学的转折.厦门:鹭江出版社,1992:264.

② 严复.天演论 自序[M]//林庆元,郭金彬.中国近代科学的转折.厦门:鹭江出版社,1992:265-266.

③ 严复.穆勒名学[M]//林庆元,郭金彬.中国近代科学的转折.厦门:鹭江出版社,1992:266.

④ 严复.严复集:第二册下[M].北京:中华书局,1986:282.

2. 教科书中对科学方法的渗透

在这一时期的物理学教科书中,对于实验法、归纳法和演绎法的渗透,要明显多于其他科学方法。其中,实验法一般是首先提出一个结论,之后运用实验对结论进行验证,通过验证证明结论的正确性,加深学生对结论的理解,体现实证科学的特点,即其科学结论的可证实性、可验证性。

陈榥翻译的《物理易解》是第一部中国人独立编写的物理教科书[①],该书就在很多内容中运用了实验法来验证物理学知识。如在讲解"真空中物体之下落"时,作者写道:"下落之物体名坠体,物体在空气中下落,羽毛、纸、棉等物甚迟于铜铁木石等物,而真空中不然(空洞无物曰真空),试于圆玻璃筒内,置铜块及羽毛二者用抽气筒抽去玻璃筒中空气而紧闭之,将玻璃筒上下倾倒,羽毛及铜块同时下落,速度相等,可望而知,而在空气中,则受有空气阻力妨其运动,故质量多表面小之铜块遂比质量少而表面大之羽毛速也。"[②]

物体下落速度是一个古老的命题,亚里士多德就曾认为,每一个物体都有自己的"自然位置",石头等重物的"自然位置"在大地,而气、火等轻的物质的"自然位置"在天空,所有的物质都趋向于回归其"自然位置",同时,亚里士多德认为,重的物体回归的意愿要强于轻的物体,其下落要快于轻的物体。[③] 伽利略则对亚里士多德的结论提出了怀疑,并通过"比萨斜塔实验"对亚里士多德的理论进行驳斥。[④] 陈榥通过在教科书中设计这一实验,通过实验现象展现了真空中物体下落速度与质量无关这一事实,加深了读者对这一科学知识的印象。

在虞辉祖翻译的《中学校初年级理化教科书》一书的序言部分,作者就多次强调了实验在教科书编写和教学中的重要作用。作者写道:"二、本书编述之方法:[一]必以生徒之日常经验及在教室之实验为本……三、用本书教授者[一]载于本书之实验,宜实行之,使生徒得理科修学之确实基础。"[⑤]在该书第十三章《光》部分,作者就介绍了多个光学实验。在讲解光的色散时,作者写道:"暗室侧壁作细长之水平孔,而导日光入室,则日光于反对之壁上现同细隙形之线,今于此细隙前置三棱镜,而水平其棱,使与细隙平行,光线通过此镜,而现于镜上,放入虹美丽之光彩,其行如带,纵向扩张而可见也,起色之种类几无数,此分

---

① 王广超.清末陈榥编著《物理易解》初步研究[J].中国科技史杂志,2013,34(1):27-39.

② 陈榥.物理易解[M].东京:教科书译辑社,1902:33-34.

③ 萧焜焘.科学认识史论[M].南京:江苏人民出版社,2004:252-253.

④ 弗·卡约里.物理学史[M].戴念祖,译.北京:中国人民大学出版社,2010:30-31.

⑤ 和田猪三郎,虞辉祖.中学校初年级理化教科书[M].上海:科学仪器馆,1902:1.

光为多数之色者,曰光之分散,而此之色带曰光带。"①通过对光线通过三棱镜,形成五颜六色的光带这一实验的论述,配合书后的插图,使学生能够很好地理解其实验的过程及内涵,让学生对色散这一物理学规律有所了解。该教科书中其他类似的实验更是不胜枚举,极大地提高了该书的可读性和可操作性。

演绎法在教科书中运用的一般方式为:首先对某个科学原理或物理学规律进行阐述,然后通过实验等方式,对该原理或规律进行验证或展示,明确其适用范围,使读者认识到该科学知识的正确性,再通过例题等形式加深读者的印象和理解。

陈榥在《物理易解》一书中的"运动第二法"(牛顿第二定律)部分,首先介绍了牛顿第二定律的内容,"物体受力之作用,后其变化若何不难想象,而知尽其速度变大变小而运动量必生有变化也,牛顿据此立第二法:凡力加于物体,其所变化之运动量与力乘时之积相正比例,而与力之方向相关系,与物体之静动不相关系"。之后,作者分别对"力之极限单位""等加速度运动公式"等对加速度的单位和匀加速运动进行了分析,得出了由"加速度及初动时速度 V,可知即任意若干时后之速度"的结论。最后,书中设置了"设如甲乙两停车场相距八十里,由甲场出发之火车加速度每点钟二里,由乙场发之火车加速度每点钟三里,问两火车相遇时离甲场若干远"②等 4 道练习题,供学生课下测试本节所学习的物理学知识。

归纳法在物理教科书中的运用方式一般为:首先根据已知的物理学知识对某一物理过程进行分析,之后得出相应的结论,形成物理学规律或科学知识。在《中学物理教科书 第一册》的《抛上物体运动》一节,即运用归纳法对上抛运动进行分析。作者首先写道:"一物体于真空中向上掷之,其受 g 之引力,与下落者不同,如初掷之时,其速度为 V,一秒之末,速度减 1g,二秒之末,速度减 2g,三秒之末,速度减 3g,顺次递减,速度减尽,则复下落,唯任取物体经路之一点,其上升时至此点之速度,与再下落时至此点之速度,大小同而方向异,故物体落至原处时,其速度仍为 V。"③

虞辉祖翻译的《中学校初年级理化教科书》虽是介绍较为基础的物理、化学知识的教科书,但该书中也在多处运用归纳法,阐述了其中的科学知识。如在

① 和田猪三郎,虞辉祖.中学校初年级理化教科书[M].上海:科学仪器馆,1902:21.
② 陈榥.物理易解[M].东京:教科书译辑社,1902:29 - 32.
③ 水岛久太郎.中学物理教科书[M].陈榥,译.东京:教科书译辑社,1902:46 - 47.

介绍《重量》一节时,作者写道:"铅笔附丝倚于直伸之指,引丝张之,则铅笔着指,而指觉有物押附之,今不引张其丝,则铅笔自指离而指无押附之感。今放平其掌,而向于上方置铅笔于上,虽不附丝引之,亦不与指离,而指有押附之感,诸子思之,此由何物引之耶,盖为地球引之,凡地球引物体之力,曰地球引力,又单称曰重力,物之有重,此引力为之也。"[1]作者通过铅笔对手指的压迫之感,归纳出物体受到地球的吸引而受到重力,压迫之感即为重力的作用效果这一事实,得出了重力的概念。

三、科学精神得重视

1. 时人对科学精神的认识开始加深

自鸦片战争以来,中国被迫打开国门与世界接触,自此开始的中国近代史也成了一场广义的"文化冲突"。在这场冲突中,中西文化碰撞的具体表现为"扩张的、进行国际贸易和战争的西方同坚持农业经济和官僚政治的中国文明之间的文化对抗"[2]。而西方科学文化是一种"从古希腊、罗马脱胎而来的近代西方文明,实际上是一种渗透着人文精神、由各种相关配置支配的科学文化"[3]。西方现代科学文化的渗透,与中国传统文化的相互交融、碰撞,成为近代中国文化、思想领域的一大特色。

伴随着新式教育的发展与壮大,新式学堂的广泛设立,以物理学为代表的西方近代科学知识、科学文化开始进入广大学生群体的视野,成为学生眼中除四书五经"之乎者也"之外的另外一片天地,并对学生群体的原有认知产生了巨大冲击,物理教科书的科学启蒙效果在新式学堂学生群体中开始呈现。

时人对科学的认识也在这一时期得到深化。作为维新运动的领袖,梁启超在其制定的《湖南时务学堂学约十章》中表达了对科学的认知:"西人一切格致制造之学,衣被五洲,震轹万国;及推原其起点,大率由目前至粗及浅之理,偶然触悟,遂出新机……今格致之书,略有译本,我辈所已知之理,视前人盖有加焉,因而益无穷。大之极恒星诸天之国土,小之及微尘学轮之世界,深之若精气游魂之物变,浅之若日用饮食之习睹,随时触悟,见浅见深,用之即熟,他日创新

---

① 和田猪三郎,虞辉祖.中学校初年级理化教科书[M].上海:科学仪器馆,1902:9.

② 赵云波.严复科学思想研究[D].太原:山西大学,2012:16.

③ 刘大椿,吴向红.新学苦旅:中国科学文化的兴起历程[M].桂林:广西师范大学出版社,2003:1.

法,制新器,辟新学,皆基于是,高材者勉之。"①

近代著名思想家严复,虽没有直接参与过科学教科书的翻译工作,但其对科学文化的推崇,对科学精神、科学方法的宣传和介绍,却是同时代的思想家所难以企及的。严复曾在一次关于科学教育的演讲中,论述了科学文化对晚清中国的重要意义。他说道:"夫物理科学,其于开瀹心灵,有陶炼特别心能之功既如此。""欲变吾人心习,则一事最宜勤治:物理科学是已。"②从其上述言论可见,在严复的理解中,以物理为代表的近代科学,其作用不光在富国强兵,在开导国人心灵、陶冶国人情操等方面也具有重要作用。严复的这种理解,代表了当时国人中的先进知识分子对近代科学文化的认识。这种理解已经突破了鸦片战争时期科学作为传教的工具、洋务运动时期科学作为富国强兵的工具的肤浅认识,体现了国人对科学的认识逐步由"器物""工具"层面向"思想""文化"层面的深化。

2. 科学文化对封建迷信的驳斥

对封建迷信的驳斥是近代科学的主要作用,也是科学文化的重要特征。通过倡导科学文化抵制封建迷信成为维新时期物理教科书的一大特点。物理教科书通过对科学知识、科学精神的传播,运用科学原理动摇迷信思想,戳穿迷信的谎言,揭示出客观世界的本质和规律。在各种迷信思想横行的晚清时期,它对于提高国民科学素养具有重要意义。

陈榥在其编写的《物理易解》一书的例言中写道:"鬼神祸福谬妄无稽,埃及人以那衣耳河之水流卜岁,印度人以溺死于刚其司河为登天,而二国一夷一亡,庚子义和团之祸,几危大局,然此等邪说往往可以物理学之理破之。特己见所及者解释,而附于举例之内,似东西教科书所无之例,然于体例似无甚疑阅者谅之。"③

在《物理易解》中的《轻气球》一章,作者就设计了一个关于"书言龙者甚多,而流说相传谓其能在空中行雨,今可断其无是物,阙理按在(标点为笔者所后加,后同)"的例题,并解释道:"俗称龙为神物,其神之者谓其在空中可腾云驾雾,以自来往也,然观流俗所绘龙像,则阙首甚异,而蛇身多四足者,既无翼矣,

① 梁启超在其制定的《湖南时务学堂学约十章》,转引自转引自陈学恂.中国近代教育史教学参考资料(上册)[M].北京:人民教育出版社,1986:396 - 397.
② 严复.论今日教育应以物理科学为当务之急[M]//王栻.严复集:第二册下.北京:中华书局,1986:284.
③ 陈榥.物理易解[M].东京:教科书译辑社,1902:例言.

而同是筋肉之体,岂有不比空气重者哉,则不能腾跃空中可知,即无龙可知。"①作者通过一问一答的方式,运用浮力等物理学知识,对"龙"这一能够腾云驾雾、呼风唤雨的传统"神物"存在与否进行了分析,最终得出了"龙"不可能腾云驾雾、不可能存在这一结论,充分利用科学知识,对"龙"的神话传说进行了验证。

曾在绍郡中西学堂接受过中西学教育的近代知名学者蒋梦麟,在回忆其在新式学堂中学习的情形时曾写道:"后来先生又告诉我,闪电是阴电和阳电撞击的结果,并不是电神的镜子里发出来的闪光;雷的成因也相同,并非雷神击鼓所产生。这简直使我目瞪口呆……像是烈日照射下的雪人,一个接着一个融化。这是我了解一点科学的开端,也是思想中怪力乱神信仰的结束。"②

第三节　李杕译《形性学要》科学启蒙特点分析

我国近代物理教科书是中西文化交流的产物,其产生于鸦片战争之后,最初的物理教科书均由传教士引入。笔者之前统计过,截至"壬寅癸卯学制"颁布之前,晚清中国共出版、发行各类物理教科书 47 种以上。③

早期大部分物理教科书均由传教士和中国学者共同完成,如李善兰、徐建寅、张福禧、王季烈、谢洪赉等清末知名学者都曾与传教士配合,参与过物理教科书的翻译、出版工作。其译书工作方式一般如清末物理教科书翻译大家、英国传教士傅兰雅所言,"将所欲译者,西人先熟览胸中而书理已明,则与华士同译,乃以西书之义,逐字读成华语,华士以笔述之"④,即"西人口译、华人笔述"。随着翻译书籍的增多,教科书翻译经验的不断积累,这些中国学者之后大多成为教科书编译领域的专家,并逐渐开始自主翻译、编写教科书,如王季烈、谢洪赉等均曾独立编译过物理教科书。

按照常理,经过数十年的积累,中国近代第一本国人独立翻译的物理教科书应出自这些与传教士合作过、具有教科书编写经验的学者之手,但事实却出人意料。经过考证,中国近代第一本国人自译的物理教科书为《形性学要》

① 陈榥.物理易解[M].东京:教科书译辑社,1902:106.
② 蒋梦麟《西湖》,转引自陈学恂.中国近代教育史教学参考资料(上册)[M].北京:人民教育出版社,1984:335-336.
③ 刘志学,陈云奔,张磊.晚清时期中学物理教科书发展及其特点[J].物理教学,2017,39(8):73-78.
④ 傅兰雅.江南制造总局翻译西书史略,1880,张静庐.中国近代出版史料(初编)[M].上海:上海书店出版社,1953:9-28.

(1899,上海徐家汇汇报印书馆出版),其作者为李杕,之前虽具有办报、译书经验,但却从未参与过物理教科书的翻译工作。这本在物理教科书发展史上具有重要意义的教科书,仅得到少数研究者的关注,形成了部分成果①②,并未得到与之价值相应的重视。

一、《形性学要》基本情况

1. 历史背景

鸦片战争后,古老的中国被迫打开了封闭百年的国门。正如马克思所言:"英国的大炮破坏了中国皇帝的威权,迫使天朝帝国和地上的世界接触。"③随着一系列不平等条约的签订,西方传教士结束了多年的地下传教,开始在通商的五口及其周边地区兴建教堂、传播教义,并逐渐向中国内陆地区渗透,同时,通过教会学校和教会医院,以传播科学和行医的方式辅助传教。

随着教会学校的增多,教科书问题逐渐引起传教士的关注。部分传教士开始自编教科书供教会学校使用,如中国近代第一本物理学教科书《博物通书》(1853),即为美国传教士玛高温在宁波讲学期间所使用的教科书。④ 之后丁韪良编译的《格物入门》(1866),赫士等人编译的《声学揭要》(1893)等教科书也都是为满足学校教学所需编写的。

19 世纪 60 年代,清政府中的部分开明士大夫开始反思中国贫弱的原因,并开始探索通过"稍变成法"实现"富国强兵",经过与守旧派的激烈论战,最终获得了光绪帝的支持,一场以"师夷长技以制夷"为指导思想、以"中体西用"为原则的"洋务运动"拉开大幕。这一时期,众多洋务学堂、洋务译书机构陆续兴建,大量的西学教科书、著作被翻译和引入中国。洋务译书机构和洋务学堂逐渐成为教科书翻译和出版的主要力量。但鉴于国人科学知识的掌握程度较低,这一时期的洋务学堂大都聘请外国人士为西学教习,其教科书翻译和出版工作也主要由传教士完成,尚无国人独立翻译的物理教科书出现。

1894 年甲午战败,在康有为等维新人士的大力宣传下,光绪帝下诏变法,

---

① 包晶晶,咏梅.晚清物理学译著《形性学要》初步研究[J].内蒙古师范大学报(自然汉文版),2017,46(3):466-468.

② 胡升华."物理学"名称考源[J].科学,1998(1):41-44.

③ 马克思,恩格斯.马克思恩格斯选集:第 2 卷[M].中共中央马克思恩格斯列宁斯大林著作编译局,译.北京:人民出版社:1972:3.

④ 雷银照.第一本中文电磁学著作及其历史地位[J].电气电子教学学报,2010(2):126-129.

对政治、经济、教育等方面进行全面改革,变法虽在百日之后被废除,但却在晚清社会产生了深远的影响。"兴学堂"为其中举措之一,以物理学等西学为主要教学内容的新式学堂得到了快速发展。据统计,1894 年至 1898 年间,全国各地即创办了各类新式学堂 30 余所,到了 1904 年,全国各类新式学堂达 4222 所,在校学生达 92000 人。①

伴随着新式教育的发展和壮大,物理学也逐渐在新式学堂中获得了与"四书五经"等传统学校课程相近的地位,我国近代物理教育逐步进入"萌芽期"。②第一本国人独立翻译的物理学教科书《形性学要》即于这一时期诞生,并在中国近代物理教科书发展史上开启了一个新的时代。

2. 作者介绍

《形性学要》一书作者为李杕(1840—1911),原名浩然,改名杕,字问渔,号大木斋主,江苏川沙(今上海市浦东新区)人,生于天主教世家,自其祖上八代开始就信奉天主教。③ 李杕幼年受过经史教育,具有一定的儒学根基。1852 年,他进入教会学校徐家汇圣依纳爵公学(之后的徐汇公学)学习,接受西学教育。

1859 年,李杕放弃科举仕途,专习拉丁文、哲学、神学和西方近代科学。1878 年,李杕创办《益闻报》,后与《格致新报》合并,更名为《格致益闻汇报》。该报前后盛行 30 余年,在传播科学知识、宣传维新思想等方面对晚清社会产生了重要影响。李杕一生著作颇丰,先后编写、翻译了《形性学要》《古文拾级》等著作,被时人称为"无年不书。"④

3.《形性学要》一书原本及其内容简介

《形性学要》的原本为法国学者阿道夫·迦诺的《初等物理学》(*Element de Physique*)的法文版。⑤ 李杕在该书的序言中写道:"爱赖比国赫君师慎之助,将法文迦诺一书,设为问答,译以浅词,犹恐蕴义渊微,难于索解,因又多附画图,用资讲解。"⑥可见,他在译书过程中得到了他的老师比利时传教士赫君师的帮

---

① 据清学部总务司编《宣统元年份第三次教育统计图表》统计,转引自田正平.中国教育史研究(近代分卷)[M].上海:华东师范大学出版社,2009:129.

② 王冰.物理教育史[M].长沙:湖南教育出版社,2001:79.

③ 李问渔.理窟[M].上海:上海慈母堂,1886:序言.

④ 方豪.中国天主教史人物传:第 3 册[M].北京:中华书局,1988:284.

⑤ 包晶晶,咏梅.晚清物理学译著《形性学要》初步研究[J].内蒙古师大学报(自然汉文版),2017,46(3):466-468.

⑥ 李杕.形性学要·卷一·形性公性及动力[M].上海:徐家汇报印书馆,1889:序言.

助,并根据国人物理学知识的实际情况,增加了部分插图,对部分内容进行了删减和调整。

《初等物理学》是较为优秀的中学物理教科书,在英、美、法等西方国家得到了广泛的使用,在英、美等国都有该书的英文版本发行。该书在中国也有不同译本出版,在晚清物理教科书领域产生了重要影响。赫士等人译的《光学揭要》《声学揭要》《热学揭要》等书的原本,即为《初等物理学》一书的英文版 *Elementary Treatise on Physics* 部分章节。

《形性学要》全书共 4 册、10 卷,10 卷内容分别为形体公性及动力、重学、水学、气学、声学、热学、光学、磁学、电学、气候学。全书内容翔实、语言简练,基本涵盖了绝大部分西方近代物理学的知识内容。为方便讲解书中的物理学知识,作者删除了原本中部分涉及数学知识的运算部分,难度较原本更低。同时,作者插入了大量插图,插图数量达 425 幅,其中部分插图(约 23 幅)中人物的着装、发型具有典型清朝国民特征,应为李杕所设计、制作,这使该书具有一定的中国化色彩。

二、《形性学要》科学启蒙特点分析

1. 中国近代第一本也是唯一本以“形性学”命名的物理教科书

在第一本以“物理学”命名的教科书——藤田丰八和王季烈编译的《物理学》——出版之前,中国市场上的物理教科书一般有以下几类命名方式:第一类为以“光学”“声学”等物理学的某一分支学科的名称为教科书名称,如《光论》(1853)、《声论》(1853)、《重学》(1859)等;第二类为以“格致”“格物”等命名,如《格物入门》(1866)、《格物测算》(1883)、《格致须知》(1884—1894)等;第三类为以“博物”命名,如《博物通书》(1851)、《博物新编》(1855)等;《形性学要》为第四类,也是唯一一本以“形性学”命名的物理学教科书。

“形性”一词在现代汉语中并不常用,但该词古已有之。其意主要有二:一为“身心”,在《礼记·月令》中就曾有“君子齐戒,处必掩身,身欲宁,去声色,禁嗜欲,安形性”的记载,此处即为“身心”之意;二为“形体和性质”,在晋朝干宝编撰的《搜神记》中就记有“雀之为蛤也,蚕之为虾也,不失其血气而形性变也”,即为“形体和性质”之意。李杕将其译的物理教科书命名为《形性学要》,这里的“形性”取该词的第二种含义,即为研究万物“形体和性质”之意。

在李之藻译的《名理探》(1631)(原名为《亚里士多德辩证法概论》)中曾提

到"性学",李之藻将"性学"定义为包括自然哲学和形而上学在内的哲学的总称。其中,"性学"分为两种,一种为"形性学"或"因形性学",为"属形之性学","西言斐西加(英文：physics)"即物理学或自然哲学;一为"超形性学",是探究"超形之理"即高于、超于有形体的物质世界之"理",即"形而上学"①。17世纪60年代至80年代,意大利传教士利类思翻译了阿奎那《神学大全》的部分内容,并将其命名为《超性学要》,即参照了李之藻的用法,其中的"超性学"为超越自然的知识,也就是"神学"之意。

李杕从1862年至1872年曾在耶稣会修院学习期间,耶稣会修院的课程有"始攻格物、超性、教律、经传、排算、性理诸学"②,可见,李杕应是在修读了《超性学要》等课程之后,受其影响,将其物理学译著命名为《形性学要》。在《形性学要》一书的序言中,李杕写道："(西学)计其学之类约二十余种,内有形性一学,所包尤广,曰重学、曰水学、曰气学、曰声学、曰热学、曰光学、曰磁学、曰电学、凡入门,分之各为一学,合之总称形性学。"③由此可知,李杕将"形性学"作为"力、热、声、光、电"即"物理学"的总称使用,虽这一命名方式并没有得到广泛使用,但其作为"物理学"在中国开始使用之前的一种探索,体现了中国学者的努力和追求,值得我们铭记。

2. 以问答体统领全书

《形性学要》全书以问答式的体例编写,所有内容都是以"一问一答"的方式展现的。如其在开篇第2页就写道："问：何谓形性学？ 答：形性学。论各物之公例,以物性未改而言,如石如水下坠、木入水浮等是也。"④这让读者很清晰地了解到"形性学"研究的内容。

以问答体编写的教科书在当前教科书市场中并不常见,但在晚清时期却很普遍。如《格物入门》(1866)、《格物测算》(1883)、《物理学问答》(1903)、《问答体物理学初等教科书》(1906)等物理学教科书,《地文学问答》(1905)、《矿物学问答》(1905)、《植物学问答》(1903)、《动物学问答》(1903)、《生理学问答》(1903)《教育学问答》(1903)、《学校管理法问答》(1903)等其他学科教科书都以问答体的形式编写。

鉴于清末时期学生科学素养较差的实际情况,作者以问答的形式编写物理

---

① 陈启伟."哲学"译名考[J].世界哲学,2001(3):60-68.
② 张若谷.古文家李问渔传[J].圣教杂志,1938,27(6):420.
③ 李杕.形性学要·卷一·形性公性及动力[M].上海:徐家汇汇报印书馆,1889:序言.
④ 李杕.形性学要·卷一·形性公性及动力[M].上海:徐家汇汇报印书馆,1889:2.

教科书,让学生能够更加清晰地了解所学习的物理学知识,减少学生学习物理学的畏难心理。《形性学要》一书中常以某一自然现象为问题入手,做出解释,形成一定的物理学规律,之后再对规律进行验证,使学生在一问一答的过程中对物理学知识及其在生活中的应用场景形成相对完整的认识。如在《形性学要》(卷三《水学》)中论及"水自压之力"时,先后设计了"水能自压否""水能自压,其式有几""流物(液体)自上压下其力如何""此理何以验之"等多个问题,对液体压力问题进行了详细的论述,使读者能够较为清晰地理解液体压强的性质及规律。

3. 内容浅显,易于接受

在翻译教科书的过程中,如果一字不差地按照原本进行直译,那么翻译工作就成了一种机械劳动,失去了对原本价值再创造的机会。《形性学要》的原本《初等物理学》(*Element de Physique*)法文版为法国中学的物理教科书,书中包含大量的物理学公式和数学运算,国人当时物理学和数学基础均较差,因此李林在翻译《形性学要》过程中,没有对原本进行直译,而是结合自己的理解和中国学生的物理学水平,对其进行了删减、加工和处理。[①]

《形性学要》不光与法文原本相比内容进行了简化处理,与同为《初等物理学》的英文版中译本《声学揭要》等相比,其内容也更为浅显。如在处理声速问题时,《形性学要》(卷五《声学》)中,写道:"问:空气传声其速率如何? 答:性学士曾于法京巴黎斯城外二山上,相离若干里,各架一炮,黑夜轮流燃放,常见火发后,才炮声入耳,计一秒钟声行九十五丈,一分钟约行三十二里,空气有寒热之变,传声亦有迟速之分……"[②]

《声学揭要》在论及"求声之速"时则写道:"声浪既层层外行,则自声原至耳必有所历之时,如码本声光齐发而人于远处必先见其光而后闻其声,尽内声较光行缓也,欲求其速,亦非易易,因声之速率随气之动静寒暑燥湿而异,前七十年曾有人在荷兰国选相距五万七千九百七十一英尺之二山谷于山顶,互相放炮以见光(因光行极速故不论),至闻声之秒数约二山之距,弃其微差而得每秒速率为一千零九十二零百分之七十八英尺,即华尺之一千零七十七尺零百分之二十四,此乃法伦表整三十二度、风雨表高二十九零百分之九十六英寸时

---

① 包晶晶.晚清物理学译著《形性学要》研究[D].呼和浩特:内蒙古师范大学,2017:23.
② 李林.形性学要·卷五·声学[M].上海:徐家汇汇报印书馆,1889:4.

也……"①

《形性学要》在简单论述之后,直接给出了声速"一秒钟声行九十五丈(约合316米每秒,笔者注)",而《声学揭要》一书的介绍则更加详细,首先提及声音传播需要时间、声光齐发,光速较声速快,但因"光行极速"而将其忽略,之后,根据"二山之距"和声音传播的"秒数"相除即得到声速"华尺之一千零七十七尺零百分之二十四(约合359米每秒,笔者注)",最后详细地解释了空气的疏密对传声速度的影响。

4. 注重物理学术语的使用,自创部分物理学术语

物理学是与中国传统文化完全不同的异质文化,如何选用合适的汉语翻译物理学术语,反映了一位译者对物理学知识的理解程度和语言运用水平。清末时期的教科书翻译工作者一般都独立工作,缺乏沟通,造成了物理学术语使用的混乱。傅兰雅、伟烈亚力等传教士,益智书会、江南制造局翻译馆等教科书编译机构都在物理学术语的规范和统一工作上投入了巨大的精力,并取得了一定的成效。②

李杕具有一定的中学根基,之后在教会学校里接受了多年的西学教育,并具有多年的办报经验,撰写过多篇介绍西方近代科学的文章。因此,《形性学要》中选用的物理学术语翻译用词简明、精练,部分术语至今仍在使用。其中部分由李杕创设的术语如密率(密度)、应声(回声)、声浪(声波)、返射(反射)等词虽在当前物理教科书中已不再使用,但这些术语是在作者未能找到更为合适用语的情况下,较为理想的选择,且这些术语形象、直观,基本能够反映与之相应的物理意义,具体见表5-4。

表5-4 《形性学要》物理学术语翻译用词与当前使用术语对照

当前使用术语	《形性学要》使用术语
物理学	形性学
原子	原质
固体	实物
液体	流物
气体	浮物

---

① 赫士,朱宝琛.声学揭要[M].烟台:登州文会馆,1893:4.
② 王冰.中国早期物理学名词的审订与统一[J].自然科学史研究,1997,16(3):253-262.

（续表）

当前使用术语	《形性学要》使用术语
力的大小	力数
力的方向	力之向
力的作用点	通力处
惯性	势力
质量	斤两
毛细现象	微孔吸力
密度	密率
潜水服	入水衣
潜水艇	下水船
回声	应声
声波	声浪
噍锐	音色
反射	返射
反射光线	迴光线
入射角	坠光角
折射角	折光角
放大镜	单坏显微镜
向心力	向心力
离心力	离心力
重心	重心
重力	重力
寒暑表	寒暑表
实像	实像
虚像	虚像
显微镜	显微镜

5. 运用科学史知识,培养学生发展的科学观

科学观即对科学的整体看法和基本认识。对于清末时期的学堂学生来说,物理教科书是他们能够接触到的为数不多的科学读物,因此教科书的编写方式直接影响了他们科学观的形成。如果教科书将科学知识直接呈现给学生,学生就会认为科学知识是人类探索自然的结果,且这些结果是一成不变的、永远正确的。但是,如果在教科书编写过程中渗透科学史知识,使学生认识到科学是人类认识不断发展、演变、积累的过程,经过一代又一代科学家的努力,科学知识会不断推陈出新。

　　李杕翻译的《形性学要》非常注意科学史知识的渗透,这一方式有助于学生形成发展的科学观。从"热质说"到"分子运动说"的演变过程是物理学中说明科学知识不断发展的较好例证。"热质说"认为,热是一种物质,物体温度变化是因为吸收或放出热质,物体间的热传递即热质由一个物体转移到另一个物体。随着伦福德等科学家对于摩擦生热研究的深入,"热质说"才逐渐被"分子运动说"所取代。[①]

　　《形性学要》卷六《热学》部分在论及"热自何而生"时写道:"性学家(科学家,笔者注)有二说焉:一曰热系微体,为万物中之一物,具质缥缈,视之不见,听之不闻,唯见其功用甚大,如销水镕铁、沸水灼身等,不可屈指计;一曰热者非他,乃各物元粒受撼而跃,跃势愈大愈速,其传于外,则乘天地间精气而行,此精气较空气尤细,近今学士,盖从此说。"在此书之后讨论"热源"时,作者再次谈道:"前者性学者,原热力之由来,意热力系精气一种,隐付与物质下,激而著与外,即为热力。然近今学士,谓热力非他,物质之抖动,故摩擦敲击之,皆能使寒物顿热,此近人之说,舆已上所言,最为吻合。"[②]作者通过对热产生的前后两种观点的介绍,使读者能够对从"热质说"到"分子运动说"的演变过程有一个清晰的认识,同时也能够对科学知识的产生与发展过程形成更为深刻的理解。该教科书在论述"空气究系何物""流物传热如何""空气传声""气船之法""空气压力"等部分内容时,也结合了有关科学家的研究故事,将科学史知识融入教科书的编写过程。

6. 进行科学启蒙、摒弃宗教思想

　　《形性学要》作为清末时期《格物入门》《格致须知》之后出现的较为系统的物理学教科书,其传播了科学知识、科学方法、科学精神,是学生进行科学启蒙的理想载体。书中介绍了近代物理学的大部分知识,且经常通过"何以验之"的

---

① 吴国盛.科学的历程[M].北京:北京大学出版社,2002:279.
② 李杕.形性学要·卷六·热学[M].上海:徐家汇汇报印书馆,1889:15,50.

方式,运用实验法对一些物理学知识进行验证,使用"演绎法"对部分知识在实际生活中的应用情况进行介绍。作者在介绍科学知识、科学方法的同时,也通过对研究过程的论述,展示了科学家不畏艰辛、勇于探索的科学精神。如在卷七《光学》中的"论照相法"部分,作者就写道:"一千八百二十七年,有法人名尼爱伯斯者创一法,使物像自绘于铜片,然须日照十一二下钟,不胜其烦,阅二载,有名达盖尔者,与尼爱伯斯合力讲求,颇有进境,惜不四年而尼斯,又五年达出所得日照法,公诸天下……"[①]

李杕虽为基督教神父,并在江苏、上海等地传教多年,其主编的《益闻录》等报刊均为宗教刊物,但其翻译的《形性学要》却与丁韪良、玛高温、潘慎文、艾约瑟等外国传教士翻译的物理学教科书不一样。外国传教士译的教科书一般充分利用教科书这一载体,千方百计地在其中植入宗教思想,如丁韪良就认为,其编译《格物入门》等教科书就是为了宣扬上帝是造物主这一永恒真理。[②]《形性学要》一书却是较为纯粹的物理教科书,全书较为客观地论述物理学知识,而不像其他外国传教士译书那样,不时提到"上帝""造物主"等宗教名词。李杕翻译的《形性学要》以纯粹的物理学知识讲解贯穿全书,无任何宗教思想的渗透,这一译法体现了作者将科学与宗教两者独立论述的编写理念。

三、《形性学要》一书存在的问题

1. 物理知识不完整

牛顿三定律为牛顿结合伽利略、笛卡尔等前人的研究成果总结的物理学定律。这一定律将力与运动结合起来,是牛顿力学和经典物理学的重要组成部分。晚清时期,在《形性学要》之前出版的《格物入门》《重学》等教科书均对牛顿三定律进行过论述。《形性学要》一书虽包含力学、热学、光学、电学、声学等物理学知识,但对牛顿三定律这一重要的物理学定律却并未提及。

杠杆、滑轮、斜面、螺旋等简单机械也是力学的重要组成部分,但《形性学要》仅介绍了杠杆一种简单机械,并未涉及其他器械类型。同样在其之前出版的《格物入门》《重学》《重学图说》《格致须知》等教科书都曾对简单机械进行了介绍。牛顿三定律和简单机械等重要物理学知识的缺失,造成了该书知识结构

① 李杕.形性学要·卷七·光学[M].上海:徐家汇汇报印书馆,1889:46.

② Covell R R. W. A. P. Martin:Pioneer of Progress in China [M]. Washingon:Christian University Press,1978:175.

的不完整,为此教科书的一大缺憾。

2. 少数表述存在知识性错误

李杕并非物理学专业人士,其对物理学知识的理解水平有限,虽有外国传教士的帮助,但对《形性学要》一书的部分章节的知识理解仍难免存在错误。《形性学要·卷二·重学》在讲解"何为势力"时写道:"势力者,物于行运时,去其所受外来之力,而仍复行运之力也,譬如人荡桨架舟,桨初息,舟尤前行,此势力也。"①由此可知,此处"势力"即为物体保持原来运动状态不变的性质"惯性"。作者之后继续写道:"凡物下堕,皆得势力,堕二秒后,力增二倍,三秒后增三倍,余例此。"②惯性是物体自身具有的一种属性,惯性的大小只与质量有关,质量一定的物体,惯性是一定的。物体下坠速度增加是因为重力作用的结果,所以此处表述存在错误。

同样地,卷二《重学》部分在论述"斤两(质量)巨细,何法以衡量"时写道:"须择定一数,为衡量之准,中国用斤……"③由此处可知,"斤"为衡量质量大小单位。卷三《水学》部分在论及液压机时写道:"如子桶水面大于丁桶百倍,则压力增百倍,譬如压力三十斤,则子桶得三千斤压力……"④可见,在此处"斤"又成了液体压力中"力"的单位。由此可知,作者对质量和力的理解存在混乱,造成了两者单位使用的混淆。

四、《形性学要》的影响及作用

在时人徐维则、顾燮光编撰的《增版东西学书录》(1902)中曾记载《形性学要》一书,并写道:"[法]迦诺著、汇报馆译,第一册四卷讲力重气水诸学,附图一百三十余;二册二卷论声学热学,附图八十六三;三册二卷论光学磁学,附图一百余;四册二卷论电学气候学,附图百余。钩元提要,与《格物质学》用意相同,而较为简显易晓(标点为后加,笔者注)。"⑤可见,该书在当时传教士译书为教科书市场主流的情况下,因其简明、易懂得到了读者的认可,并产生了一定的影响。

---

① 人民教育出版社课程教材研究所.义务教育物理教科书-八年级下[M].北京:人民教育出版社,2012:18.
② 李杕.形性学要·卷二·重学[M].上海:徐家汇汇报印书馆,1889:17.
③ 李杕.形性学要·卷二·重学[M].上海:徐家汇汇报印书馆,1889:20.
④ 李杕.形性学要·卷三·水学[M].上海:徐家汇汇报印书馆,1889:26.
⑤ 王韬,顾燮光.近代译书目[M].北京:北京图书馆出版社,2003:179.

1899 年,《形性学要》初版发行,1906 年第二版发行,对初版中的部分问题进行了修订。《形性学要》除在部分新式学堂被使用、被部分热衷西学的知识分子所购买、阅读外,1905 年,李杕在上海震旦学院任教期间,曾将该书作为震旦学院学生的物理教科书使用,其读者范围从普通知识分子、中学生扩大至大学生,影响力逐渐增大。

李杕翻译的《形性学要》作为第一本中国人独立翻译的物理学教科书,结束了外国传教士主导中国物理教科书编写市场的局面,开启了国人自编物理学教科书的新时代。《形性学要》的翻译、出版,体现了中国学者在民族危亡的关键时期的责任与担当,为之后谢洪赉、杜亚泉、陈榥等中国学者独立编译物理教科书和之后中国教科书市场的繁荣、发展乃至 20 世纪初中国近代教科书史上的"黄金二十年"①奠定了基础。虽然"植富强根本"的夙愿因受多种因素限制,在短时间内并未得到实现,但李杕等学者翻译西书、传播科学知识、进行科学启蒙的努力及其产生的深远影响,仍值得国人铭记。

---

① 吴小鸥,褚兴敏.中国现代教科书发展的"黄金二十年"[J].宁波大学学报(教育科学版),2014,36
 (4):16-22.

第六章
趋向实用科学的新学制时期

第一节　新学制时期物理教科书总体情况

1900 年春季,以"义和团事件"为导火索,以英、俄、日、法、意、美、德、奥等八个国家组成的八国联军,对中国进行了武装侵略。腐朽的大清帝国在西方列强的洋枪洋炮面前不堪一击,8 月 14 日,北京被攻陷。1901 年 9 月 7 日,中国清政府与侵华列强签订了《辛丑条约》,结束了此次战争。

1901 年 1 月 29 日,因战争避难西安的慈禧太后以光绪帝的名义发布"变法"上谕,称:"世有万祀不易之常经,无一成不变之治法。穷变通久,见于《大易》;损益可知,著于《论语》……今者恭承慈命,一意振兴,严祛新旧之名,浑融中外之迹。"上谕中对之前学习西学活动和各种改革进行了反思,明令当朝大臣"各就现在情弊,参酌中西政治,举凡朝章、国政、吏治、民生、学校、科举、军制、财政,当因当革,当省当并,如何而国势始兴,如何而人才始盛,如何而度支裕,如何而武备始精,各举所知,各抒所见,通限两个月内悉条议以闻。"①

当年全力镇压"戊戌变法"的慈禧太后幡然醒悟,大力倡导"新政"。可见,此时的晚清政府已经到了不改不行的地步,不论是维新派还是守旧派都已经认识到时局的艰辛,是否启动改革、实行"新政"只是时间问题和方式问题。

上谕一发,清末重臣纷纷响应,结合自己对新政的理解与国内、国际形势,以奏折的形式,表达自己对"新政"的建议。其中,关于教育改革方面的奏折主要集中在兴学校和废科举两个方面。这些奏折虽与"维新变法"时期的改革内容相近,很少有超出"变法"时期的政策措施被提出,但与"变法"时期很多措施

---

①　朱寿鹏.光绪朝东华录[M].北京:中华书局,1958:4601 - 4602.

未得执行相比,"新政"时期的教育改革措施大都得到了具体实施,促进了清末由封建传统教育向近代教育的转型发展,物理教科书也在这一时期获得了新的发展。

一、新学制与新式教育

1901年7月,湖广总督张之洞、两江总督刘坤一联名上奏《变通政治为先遵旨筹议折》,在奏折中,建议朝廷推广学堂,并改书院为学校。这一奏折很快得到朝廷回应,同年9月14日,清廷发布谕旨,"著各省所有书院,于省城均改设大学堂,各府及直隶州均改设中学堂,各州县均改设小学堂,并多设蒙养学堂。其教法当以四书五经、纲常大义为主,以历代史鉴及中外政治艺学为辅,务使心术纯正,文行交修,博通时务,讲求实学。庶几植基立本,成德达材……著各该督抚学政,窃实通饬,认真兴办。"[1]

这道"兴学诏"下达之后,全国各地积极响应。其中,山东巡抚袁世凯最先着手改革,将山东济南泺源书院改为山东大学堂,并制定了《山东大学堂章程》。之后,全国各省纷纷效仿。仅在1902年就有山东、江苏、浙江、福建、甘肃、广东、广西等至少12个省将省城书院改为大学堂,并大力创设中、小学堂。正如当时的《学堂歌》中所唱:"天地泰,日月光,听我唱歌赞学堂。圣天子,图自强,除却兴学别无方。"[2]在"兴学诏"谕旨影响下,新式学堂得到了极大发展,新式教育遍布全国。

新式学堂虽然有所发展,各级各类学堂之间却因缺少联系而造成管理不便,因此,颁布、实施全国统一的学制体系,对各级学堂的入学年龄、教学内容、相互衔接、日常管理等提出要求,规范各级各类学堂的办学行为成为当务之急。

在清学部创设之前,晚清时期的教育事业一直由京师大学堂管理。"维新变法"被镇压后,京师大学堂是唯一得以保留的教育机构。作为当时全国最高学府京师大学堂同时兼具全国最高教育管理机构的职能,在晚清的教育改革和推动教育近代化方面发挥了重要作用。

京师大学堂的主要工作之一即规范和管理全国教育工作。针对全国各级各类学堂教育的混乱状况,许多学者和大臣都纷纷上奏、发文,表达对改革学校管理体制、建立现代学校制度的愿望。清政府结合当时兴学堂、倡西学的现状,

---

①　朱寿朋.光绪朝东华录[M].北京:中华书局,1958:4719.
②　冯友兰.三松堂自序[M].南京:江苏文艺出版社,2011:9.

总结洋务学堂和新式学堂创办的经验教训,借鉴日本明治维新之后的教育改革经验。1902 年,由时任管学大臣张百熙参照国外学制(主要是日本),拟定《钦定学堂章程》,颁布了壬寅学制。这一章程具体规定了各级各类学堂的性质、课程设置、学业年限、入学条件、培养目标等,是我国近代第一部以中央政府名义颁布的全国性的学制。

在《钦定学堂章程》的《钦定中学堂章程》的"功课教法"部分,对中学堂所修的课程门目进行了规定,写道:"修身第一,读经第二,算学第三,词章第四,中、外史学第五,中、外舆地第六,外国文第七,图画第八,博物第九,物理第十,化学第十一,体操第十二。"[①]物理在第一和第二年开设,化学在第三、第四年开设,均为每星期两节课。通过对课程数和课时的分配等方面的考察可以发现,这一时期的中学堂课程仍以"修身""读经""词章"等儒家经典为主,以物理、化学、地理等西学为辅,很好地体现了张之洞等人倡导的"中体西用"思想。

虽颁布了《钦定学堂章程》,但由于清政府认为其部分内容过于激进,对传统经学重视不够,部分大臣对张百熙的排挤等原因,该学制并未正式实施。之后,张百熙上奏反思《章程》存在的问题,并指出:"今日因乏才而谋兴学,因兴学而防流弊,操纵之间倍难措手,必须有精审划一之课本、完全无缺之章程,方能合中人以上之才而陶铸之……"[②]因此,请求批准邀请张之洞参与新章程的修订工作。

1904 年 1 月 13 日,经过张百熙、张之洞和荣庆等人多次协商、修改后的《奏定学堂章程》终于发布。它涵盖初等小学堂、高等小学堂、中学堂、高等学堂等十个部分。同时,他们还发布了实业学堂、各学堂管理等两个通则,以及学务纲要一份。

以《钦定学堂章程》和《奏定学堂章程》的颁布为代表的壬寅、癸卯学制,是中国历史上第一个学制系统,标志着具有数千年教育传统的古老中国开始了教育近代化的探索与实践。

与《钦定学堂章程》中将物理和化学均作为独立的学科单独设置课程不同,在《奏定学堂章程》中,"物理及化学"成为一科。具体学堂科目如下:"一、修身,二、读经讲经,三、中国文学,四、外国语,五、历史,六、地理,七、算学,八、博物,

---

① 陈元晖主编,璩鑫圭,唐良炎编.中国近代教育史料汇编-学制演变[M].上海:上海教育出版社,2007:273.
② 北京大学校史室.北京大学史料第一卷(1898—1911)[M].北京:北京大学出版社,1993:57.

九、物理及化学,十、法制及理财,十一、图画,十二、体操"。① 继续对各门课程数和学时数进行考察,我们可以发现,相比于《钦定学堂章程》,《奏定学堂章程》更加重视修身、读经讲经等传统儒学文化课程,其钟点数已经超过 10 个小时,而物理及化学不过 4 个小时、博物不过 2 个小时。

《奏定学堂章程》结束了之前仅通过科举考试选拔人才,所有学校的教学内容由各个学校和教师根据科举考试的内容自主确定的历史。它对每门课程的教学内容、教学顺序、教学目的等进行了简要的规定。对理化学科,在《奏定学堂章程》中写道:"物理及化学,讲理化之意,在使知物质自然之形象并运用变化之法则,及与人生之关系,以备他日讲求农、工、商实业及理财之源。其物理当先讲物理总纲,次及力学、音学、热学、光学、电磁气……凡教理化者,在本诸实验,得真确之知识,使适于日用生计及实业之用。"②

自马礼逊学堂等教会学校开设物理课程开始至京师同文馆等洋务学堂将物理纳入学堂课程体系,再到天津中西学堂、上海三等公学等新式学堂的物理课程,物理课程一直以一种不同于传统儒家经典的新学课程的形式,出现在各类新式学堂当中。《奏定学堂章程》的颁布、实施,正式确立了物理学的法定课程地位,使物理名正言顺地成为学校的必修课程,为广大教师、学生和民众所接受。在成为学校法定课程之后,物理学的科学启蒙价值虽在短时间内实施和传播效果并不十分理想,但是其影响力和辐射范围得到了极大的扩大。

二、废科举与留学潮

科举考试是一种教育制度和官员选拔制度,自隋朝建立以来,在中国封建社会发挥了一定的作用。一方面,科举考试稳定了社会秩序,使知识分子热心于孔孟之道,通过钻研儒家经典鱼跃龙门,步入仕途;同时也稳固了封建政权,使人们都沉浸于"三纲五常"的束缚之中,臣服于封建皇权的统治。

但到了晚清时期,随着中西交流范围的日益扩大、西学的不断渗入,人们逐渐意识到科举特别是八股取士制度所带来的危害。部分先进人士开始通过各种方式揭露科举的弊端,纷纷要求改科举乃至废科举。早在甲午海战失败后,严复就曾在其《救亡决论》一文中写道:"天下理之最明而势所必至者,如今日中

---

① 陈元晖主编,璩鑫圭,唐良炎编.中国近代教育史料汇编-学制演变[M].上海:上海教育出版社,2007:327.

② 陈元晖主编,璩鑫圭,唐良炎编.中国近代教育史料汇编-学制演变[M].上海:上海教育出版社,2007:331.

国不变法则必亡是矣。然而变将何先？曰：莫亟于废八股。夫八股非自能害国也，害在使天下无才也。"①1898 年，梁启超等人在《请变通科举折》中也写道："夫近代官人，皆由科举……然内政外交，治兵理财，无一能举者，则以科举之试以诗文楷法取士，学非所用，用非所学故也……"康有为更是直接论断："中国之割地败兵也，非他为之，而八股致也。"②晚清重臣张之洞、刘坤一也在其奏折中写道："现行科举章程，本是沿袭前明旧制。承平之世，尚足以佐治安民。今日国蹙患深，才乏文敝；若非改弦易辙，何以拯此艰危！"③

可见，在晚清新政和新学制颁布之时，科举制已经成为阻碍新学普及和社会发展的主要力量。于是，张之洞等人制定了逐年递减科举取士人数并逐年增加从新式学堂取士人数的方式，逐渐废除科举，兴办新式教育。1905 年 9 月 2 日，袁世凯、赵尔巽等人联名上奏废除科举制，奏折中写道："科举一日不停，士人皆有侥幸得第之心，以分其砥砺实修之志……迟滞 10 年，甫停科举，学堂有迁延之势，人才非急切可成，又须 20 余年后，始得多士之用。强邻环伺，岂能我待？"④

清政府也在这时认识到了科举的弊端，在袁世凯、赵尔巽上奏的当天即予以批准，并颁布谕旨，"自丙午科为始，所有乡、会试一律停止，各省岁科科举考试亦即停止"⑤，同时要求主管教育的管学大臣迅速颁发各种教科书，满足新式教育所需。

科举制度自隋朝建立以来，在中国实行了 1300 多年。科举制度的废除，结束了中国传统读书人"两耳不闻窗外事，一心只读圣贤书"的学习生活，通过科考成为"人上人"的途径被彻底封堵，读书的主要目的不再是获取功名，而是通过读书获得在社会上的生存能力。

科举制被废除后，出国留学不仅能够学到新知，还能在回国后获得功名，这些政策更增加了出国留学的吸引力，出国留学特别是赴日本留学在这一时期达到了高潮。仅 1905 年，赴日留学学生数即达到 8000 人之巨。⑥ 1903 年经清政

① 王栻主编.严复集：第一册[M].北京：中华书局，1986：40.

② 朱有瓛.中国近代学制史料：第一辑上册[C].上海：华东师范大学出版社，1983：78 - 79.

③ 舒新城.中国近代教育史资料：上册[M].北京：人民教育出版社，1981：47.

④ 陈元晖主编，璩鑫圭，唐良炎.中国近代教育史资料汇编-学制演变[M].上海：上海教育出版社，2007：537 - 538.

⑤ 陈元晖主编，璩鑫圭，唐良炎.中国近代教育史资料汇编-学制演变[M].上海：上海教育出版社，2007：541.

⑥ 实藤惠秀.中国人留学日本史[M].修订本.谭汝谦，林启彦，译.北京：北京大学出版社，2012.

府批准的由张之洞编制的《鼓励游学毕业生章程》规定,对于毕业于日本普通中等学堂且获得优等文凭者,奖给拔贡出身,分别录用;毕业于日本高等学堂且获得优等文凭者,奖给举人出身,分别录用;毕业于日本大学堂且获得选科或变通选科文凭者,奖给进士出身,分别录用;毕业于日本国籍大学堂三年毕业且获得学士文凭者,奖给翰林出身,五年毕业且获得博士文凭者,除奖给翰林出身外,按翰林升阶。[①] 据统计,清末共有 183 名学生获得进士功名。[②]

清末新政时期的留学生出国后,积极学习政法、师范、海军、陆军、警察、工业、商业等与新兴事业相关的科目,同时,也学习物理、化学、外语、生物、体育、美术、音乐等与新式教育相关的科目。留学期间,他们不仅学习新知识,同时也接受了全新的生活方式和学习方式。这些崭新的知识、生活、学习方式与当时流行的革命思想相结合,大大地促进了学生个体的觉醒。他们大多开始将个人的发展与国家的命运相联系,积极参与到学习新知识、传播新知识、新思想的行列中,为国家的崛起做出贡献。他们当中产生了一大批思想家、教育家和革命家,为科学知识的普及和革命思想的传播贡献了力量。

三、创学部与教科书编审

1. 京师大学堂对教科书的审定工作

鸦片战争之后,伴随着西学东渐的不断深入,教会学校、洋务学堂和新式学堂等新式教育的不断壮大,为适应新式教育而产生的新式教科书大量涌现,特别是 20 世纪初新政发布,新学制的颁布、实施和科举的废除,更是直接推动了新式教科书事业的发展。一时间,翻译西方教科书、编译教科书和自编教科书齐头并进,教会出版机构、洋务出版机构、留学生出版机构、民间出版机构不断竞争的教科书市场格局初步形成。

在学部成立之前,京师大学堂掌管全国学务时期,即已注意到各个新式学堂教科书的问题,并开始对学堂使用的教科书进行审定。管学大臣孙家鼐上奏光绪帝,要求学堂教材之择定应先由管学大臣阅定,而后进呈御览,凡是编译书籍中有"不合体例"者,皆须删除,他以康有为的书为例,认为书中"凡有关孔

① 舒新城.中国近代教育史资料:上册[M].北京:人民教育出版社,1961:186.
② 李忠.新世纪的曙光——晚清新式教育活动研究(1840—1911)[M].武汉:华中科技大学出版社,2016:229.

子改制称王字样,宜明降谕旨,亟令删除"。① 奏折获得了光绪帝的批准。之后颁布的学堂章程更是将京师大学堂对教科书的审定权以法律条文的形式进行了明确规定。如在《钦定京师大学堂章程》中就规定,各地学堂"一律照京师大学堂奏定课本办理,不得自为风气",即使将来各地所编课本"实有精审适用过于京师编译局颁发原书者",亦须"经大学堂审定后,由管学大臣随时奏定改用"。②

除审定各学堂用书外,1903 年,京师大学堂还针对当时"各地学堂采用书籍,初无别择知识,而外府州县之稍僻远者,则更书名而不得知"③等问题,编制、刊行了《京师大学堂暂定各学堂应用书目》,对修身伦理、物理等 16 门功课所需的教科书进行了规定。其中,物理学教科书列入了傅兰雅编译的《格致须知》中的 8 种须知,陈榥译、水岛久太郎著的《物理学》,藩炳清译、木村骏吉著的《小物理学》等数种教科书。

1904 年发布的《奏定学务纲要》明确规定,京师应专设统辖全国学务的总理学务大臣,其职能主要是:"凡整饬各省学务,编定学制,考察学规,审定专门普通事业教科书。"④学务大臣下属机构为"总理学务处",下设专门、普通等六个处,其中审订处的主要职责为:审定各学堂教科书及各种图书仪器,检查私家撰述,刊布有关学务之书籍报章。⑤ 至此,总理学务处取代京师大学堂,成为全国最高的教育行政管理机构,其下辖的审订处即为负责全国新式学堂教科书审定的专门机构。

《奏定学堂章程》也对教科书的审定制度进行了详细的规定,要求教科书的编写、出版要遵循统一的教育宗旨。这一制度的实行,标志着教科书审定制度在中国的正式确立。⑥ 但该制度在学部成立之前,仅限于制度层面的要求,各学堂教科书的使用仍旧大都由教员自己选定,对于民间教科书的审定并无强制要求,审定制度在全国范围内的正式实行则是在学部成立之后。

---

① 《协办大学士孙家鼐奏为译书局编纂各书宜进呈御览钦定折》(光绪二十四年五月二十九日),北京大学、中国第一历史档案馆编《京师大学堂档案选编》,第 46 页。
② 北京大学校史研究室.《北京大学史料》·第 1 卷[M].北京:北京大学出版社,1993:93‑94.
③ 郑鹤声.三十年来中央政府对于编审教科图书之检讨[J].教育杂志.1935(第二十五卷第七号):21.
④ 陈元晖主编,璩鑫圭,唐良炎编.中国近代教育史资料汇编‑学制演变[M].上海:上海教育出版社,2007:514.
⑤ 陈元晖主编,璩鑫圭,唐良炎编.中国近代教育史资料汇编‑学制演变[M].上海:上海教育出版社,2007:514.
⑥ 石鸥,吴小鸥.中国近现代教科书史[M].长沙:湖南教育出版社,2012:256.

2. 学部应时而生

19 世纪末期,随着新学的不断发展,虽由掌管京师大学堂的管学大臣负责全国教育管理工作,但无专职国家机关掌管全国教育事业的问题显得越发突出。传教士李提摩太、近代维新思想家何启等中外人士都曾上书陈述创设学部的必要性,要求组建学部。如李提摩太在 1890 年就曾上奏《论新学部亟宜设立》,奏折中写道:"学之事无穷尽,亦学之时有变迁……亦设立新学部,再多筹经费,广立书院,从此渐推渐广,人才倍出,为国宣劳。"①何启也曾在其《新政论议》中写道:"添商部、学部、……以一人为宰相,而八部之长使宰相自择其人。"②

壬寅癸卯学制的颁布,使新式教育的规模急剧扩大。截至 1905 年,全国共有除教会学校外各类新式学堂 8277 所,学生数达到 25 万余人。③ 科举的废除,使围绕科举管理学务的礼部和国子监失去了相关的教育行政职能,成立学部负责全国新式教育的推广和各级地方学务的管理变得更加紧迫。

1905 年 10 月,山西学政宝熙专折奏请设立学部,并申请裁撤礼部、将国子监并入学部。奏折中写道:"学堂之统系,愈重愈繁……必须有一总汇之区,始足以日臻进步。(建议)速行设立学部……实于全国学务大有裨益。"④宝熙之后,顺天学政陆宝忠、翰林院代递编修尹铭缓等人也奏请设立学部或文部,并将翰林院归并学部。

1906 年 12 月 6 日,清政府颁布上谕,批准了宝熙等人的奏折,正式设立学部,并任命"荣庆著调补学部尚书,学部左侍郎著熙瑛补授。"⑤至此,中国历史上第一个专职统管全国教育事务的中央行政机构正式宣告诞生。

学部诞生后,其主要职能包括:确定新的教育宗旨;建立本部官制和各级地方学务机构;将维新变法时期的教育改革成果以制度形式保留;完成了与癸卯学制配套的教育行政系统的过渡衔接,奠定了中国近代教育行政的权限划分及其相互关系的基本格局。⑥

---

① 沈云龙.中国近代史资料丛刊续辑(711 册)[M].台北:文海出版社,1984:329.
② 关晓红.晚清学部研究[M].广州:广东教育出版社,2000:44.
③ 学部总学武司编印.宣统元年份教育统计年表。
④ 朱寿鹏.光绪朝东华录[M].北京:中华书局,1958:5408 - 5410.
⑤ 朱寿鹏.光绪朝东华录[M].北京:中华书局,1958:5445.
⑥ 关晓红.《晚清学部研究》的写作体会[J].中山大学学报(社会科学版),2004(6):253 - 255.

3. 学部对教科书的审定及编译

作为推行新式教育主要载体的教科书,自然成为学部管理工作的重要内容。中国传统教育除少数官学外,并无统一的教科书,各种学堂、书院所使用的教科书主要由教师根据学生水平、科考要求等自行选择,随意性极大,且这些教科书本质上具有一种非大众化和非科学化的特点。[①]

1906 年,学部成立后,继续加强对学堂用教科书的管理工作,并于当年 6月设立了编译图书局编译各级各类学堂用书。之后,先后发布了《第一次审定初等小学教科书凡例》和《第一次审定高等小学暂用书目凡例》,正式向全国公开审定教科书的标准与要求,申明:"一、凡本部所编教科书未出以前,均采用各家著述先行审定,以备各学堂之用。二、审定程序为教科书内容应以《奏定学堂章程》规定的初等和高等小学科目为准,要求审定者须提出申请,并注明作者、出版年月、价格、印刷和发行单位,审定过的教材不准再行加价,已审定的教科书准其四至五年内通用。三、学部对教科书的审定发行具有绝对管辖权,准予发行的书籍须标明学部审定字样。四、提倡鼓励改良教科书。各学堂在审定书目颁布前已使用的教科书,如不在书目之内,应送呈学部审定,如认为善本,可继续使用。"[②]

可见,针对学制已定,但教科书市场混乱的状况,清学部一方面根据《章程》要求,对现有的学堂教科书进行审定,审定通过的教科书准许流通、使用;另一方面组织编译教科书,以期达到用官编教科书逐渐取代民间教科书的目的。

虽然有部分学者不认可晚清学部对教科书管理工作所取得的成效,甚至认为"由于各学堂无法采用,这个书目实际等于一纸空文"[③],但通过对当时部分教科书的封面和版权页上关于"管学大臣审定""学部审定"等字样、部分教科书的广告中大肆宣传学部对该教科书的评语等信息的考察,以及当时部分省市的学政电文信息显示,多数学堂和各省市学务部门大多遵照京师大学堂和学部的审定要求选用教科书,且学部对教科书的评价对教科书的流通、使用影响较大。鉴于当时清政府权威不再和信息沟通不便的现实,依然存在学部体制管理之外的教科书流通的现象,但这不能掩盖学部对教科书市场管理的事实及其在中国教育近代化特别是教科书管理规范化道路上所取得的成效。

---

① 王建军.中国近代教科书发展研究[M].广州:广东教育出版社,1996:8.

② 清学部.学部第一次审定初等小学暂用教科书凡例[J].学部官报,1906(9):1.

③ 王建军.中国近代教科书发展研究[M].广州:广东教育出版社,1996:166.

四、新教育与新时期物理教科书

新学制的颁布结束了中国几千年的传统教育模式,开启了中国教育的近代化,新学制对新教育的教学内容、教学方法、教育宗旨、教育管理等都提出了新的要求。作为教学内容主体的教科书,自然也成为新式教育所关注的重点。

表 6‐1　1905—1911 年中学物理教科书出版情况统计表

序号	教科书名称	初版时间	原著者	编译者	出版社
1	新物理学	1904		马叙伦	新世界学报
2	最新理化示教	1904	[日]菊池熊太郎	王季烈	文明书局
3	中学物理学教科书(2册)	1904		伍光健	商务印书馆
4	最新中学教科书物理学	1904	[美]何德赉	谢洪赉	商务印书馆
5	普通应用物理教科书	1904		陈文哲	同文印刷舍
6	格致教科书	1904		杜亚泉	商务印书馆
7	理化示教	1904		杜亚泉	商务印书馆
8	初等理化教科书	1904		侯鸿鉴	文明书局
9	物理教科书热学	1904		伍光健	商务印书馆
10	物理教科书	1905		陈文哲	昌明公司
11	物理学教科书	1905	[日]渡边光次	[日]西师意	山西大学堂译书院
12	物理学	1905	[日]中村为邦	江苏师范生	江苏宁属学务处
13	物理学	1905	[日]赤沼满二郎	金孝韩、路黎之	湖北学务处
14	理化学阶梯	1905	[日]渥美锐太郎	泰东同文局	泰东同文局
15	新理科书	1905	[日]滨幸次郎、叶彦六	由宗龙、刘昌明	昌明公司
16	中等教育物理学	1905		陈文	商务印书馆
17	物理学	1905		湖北师范学生	湖北学务处
18	物理教科书静电学	1905		伍光健	商务印书馆
19	物理教科书力学	1905		伍光健	商务印书馆
20	问答体物理学初等教科书	1906		陈文	上海科学会编译部
21	物理学原理教科书	1906	[日]木村骏吉	陈文	上海科学会编译部
22	最新物理学教科书	1906		陈应泰等	湖北教育研究社

（续表）

序号	教科书名称	初版时间	原著者	编译者	出版社
23	新撰物理学	1906	［日］本多光太郎	丛珺珠	山东留学生监督处
24	初等物理学教科书	1906		高慎儒	商务印书馆
25	中等教育物理学	1906	［日］中村清二	林国光	广智书局
26	近世物理学教科书（2 册）	1906	［日］中村清二	王季烈	北京学部编译图书局
27	力学课编(8 卷)	1906	［英］P.马吉纳	严文炳	北京学部编译图书局
28	最近初等理化教科书	1906		易振资	同文印刷舍
29	近世物理学教科书	1906	［日］中村清二	余岩	普及书局
30	普通教育物理学教科书	1906	［日］滨幸次郎	张修爵	普及书局
31	新式物理学	1906		陈文	上海科学会编译部
32	普通应用物理教科书	1906		陈文	湖北教育部
33	江苏师范讲义物理	1906		江苏师范学生	江苏宁属学务处
34	物理教科书动电学	1906		伍光健	商务印书馆
35	物理教科书气学	1906		伍光健	商务印书馆
36	物理教科书声学	1906		伍光健	商务印书馆
37	物理教科书水学	1906		伍光健	商务印书馆
38	物理学	1906		严葆诚	商务印书馆
39	中等教科新式物理学	1907	［日］本多光太郎、田中三四郎	陈文	上海科学会编译部
40	物理学新教科书	1907	［日］中村清二	杜亚泉	商务印书馆
41	最新物理学教科书	1907	［日］中村清二	杜亚泉	商务印书馆
42	物理学计算问题解意	1907	［日］田中伴吉	集思社	集思社
43	物理算法解说	1907	［日］池中清及、近藤清次郎	彭觐圭	京师大学堂译书局
44	物理学课本	1907	［日］后藤牧太	清国名家	东京东亚公司
45	理化学教程	1907	［日］后藤牧太	清国名家	东京东亚公司

(续表)

序号	教科书名称	初版时间	原著者	编译者	出版社
46	物理学讲义	1907	[日]田中三四郎	史浩然	东京中国留学生会馆
47	普通教育物理学新教科书	1907	[日]田丸卓郎	谭其茳	东京中国留学生会馆
48	新式物理学教科书	1907	[日]本多光太郎	王季点	商务印书馆
49	中学物理学教科书	1907	[日]田丸卓郎	吴延槐、华鸿	文明书局
50	物理学公式	1907	[日]藤井乡三	尤金镛	翰墨林书局
51	普通教育物理学教科书	1907	[日]滨幸次郎、河野龄藏	张修爵	普及书局
52	(汉译)最新物理学教科书	1907	[日]酒井佐保		东京合资会社富山房
53	实验理论物理学讲义（3卷）	1907		陈学埕	商务印书馆
54	普通物理学教科书	1907		钱承驹	文明书局
55	物理教科书磁学	1907		伍光健	商务印书馆
56	物理教科书光学	1907		伍光健	商务印书馆
57	物理学公式及问题	1908	[日]服部春之助	宋舆	广智书局
58	最新物理学教科书	1908	[日]本多光太郎	无锡译书公会	上海科学书局
59	物理学讲义（3卷）	1908		陈学埕、严保诚	商务印书馆
60	初等理化教科书（上、下册）	1909	[英]西门司、贵勾利	刘光照	华美书局
61	物理学新教科书	1909	[日]田丸卓郎	谭其茳	不详
62	中学教科书物理学	1909			商务印书馆
63	新撰物理学	1911	[日]本多光太郎	丛琯珠	群益书社

　　如表6-1所示,经过半个多世纪的发展,物理教科书也进入了相对成熟、

稳定的阶段,教科书种类在这一时期实现了极大的丰富,并呈现以下特点。[①]

1. 中国学者独立编译教科书数量明显增加

这一时期原著者为日本学者的教科书达到 30 种,日译教科书成为这一时期教科书的主流,原著者为英、美等国学者的教科书仅 3 种。同时,随着国人参与物理教科书翻译、编写工作机会的增多,教科书编译能力的不断增强,国人开始成为物理教科书编译的主要力量,一大批如谢洪赉、杜亚泉、王季烈、伍光健等本土学者和陈文、陈榥、林国光、丛琯珠等留日学生开始参与物理教科书的编译工作,这一时期独立编译物理教科书数量已达到 29 种,教科书编译者群体以留日学生为主。

1904 年,中国第一部具有现代意义的物理学教科书《最新中学教科书物理学》正式出版,该书原著为何德赉,由商务印书馆出版,其翻译工作即由中国学者谢洪赉独立完成。该书正式开启了中国物理教科书的现代化历程。

2. 教科书出版主体呈现多样化

这一时期共计 24 家出版社出版中学物理教科书,教科书出版主体日趋多样化。其中,既有中国出版社也有外国出版社,既有民营书局也有京师大学堂、学部编译图书局、湖北学务处等官办出版机构。从整体来看,物理教科书出版以民营书局为主体,官办出版机构为辅助;以国内出版机构为主,外国出版社为辅。

新学制时期,共有 19 家中国国内出版社参与了物理教科书出版工作。其中,出版物理教科书最多的当数商务印书馆,该馆在这一时期出版物理教科书达到 22 种。其他民营书局,如上海科学书局、上海普及书局、上海昌明公司、上海文明书局、上海新世界学报、上海群益书局、上海科学会编译部等共出版物理教科书 19 种。可见,上海是这一时期物理教科书出版的主要城市,1904—1911年间,仅上海就出版物理教科书 41 种。上海作为开埠较早的城市之一,这里的民营书局得风气之先,积极参与科学知识的传播与普及,为晚清中学物理教科书的繁荣与发展做出了突出贡献。

作为全国最高教育管理机构,学部成立后,其下属编译图书局于 1906 年编译物理教科书 2 种,京师大学堂译书局出版物理教科书 1 种;湖北学务处、江苏宁属学务处等学务主管部门以及北京、上海之外的各地书局等共出版物理教科

[①] 本部分内容详见:刘志学,陈云奔,张磊.晚清中学物理教科书发展及其特点[J].物理教学,2017,39(8):73-78.

书9种;东京东亚公司等5家日本出版社也在这一时期参与到中国教科书出版、印刷事业当中。这些日本出版社聘请中国留学生编译教科书,印刷后销往中国。其出版的教科书印制精美,对中国出版界产生了一定的影响。[①]

3. 教科书数量激增

壬寅癸卯学制的发布,正式确立了物理课程的法定地位。《奏定学堂章程》的颁布为教科书编写提供了依据。大量新式学堂、民营出版社、官办译书机构、留学生译书机构和外国出版社特别是日本出版社的参与,促进了晚清最后十几年教科书市场的繁荣,物理教科书的种类、数量都在这一时期激增。

在各种因素的集中作用下,这一时期出版物理教科书的种类达到63种,超过前几个时期所有教科书种类之和,年均出版教科书种类近8种,仅1906年出版中学物理教科书种类就达到21种。

第二节　科学为实用:
新学制时期物理教科书科学启蒙特点分析

一、注重实用的科学知识启蒙

1. 教科书名称趋于规范

癸卯学制颁布之前,由于没有全国统一的学制系统,虽建立了一些新式学堂,但这些学校间互不关联,导致教科书内容庞杂、难度不一。有的涉及物理学中多个学科如《格物入门》等;有的仅为某一分支学科如《光学揭要》《声论》等;有的内容较肤浅,适合初学物理者使用,如《重学浅说》《格致启蒙》等;有的难度较大,需要学习者具有一定物理学和数学基础,如《格物测算》等。

传教士翻译的多数物理学教科书均以分支学科的方式展示物理学知识,造成了中国人以为力学(时称重学)、热学、光学、电磁学等均为独立学科的错误认识,对中国人从整体上理解物理学造成了困难[②],在一定程度上阻碍了物理学在中国的传播。在教科书规范期,所有的物理教科书均以"物理""理化"或"物理学"命名,已没有以"格致"等命名的教科书,除《力学课编》外,再没有其他以物理学分支学科命名的教科书。

---

① 　实藤惠秀.中国人留学日本史[M].修订本.谭汝谦,林启彦,译.北京:北京大学出版社,2012.
② 　艾尔曼.科学在中国:1550—1900[M].原祖杰,译.北京:中国人民大学出版社,2016:518.

2. 物理学术语的规范

自物理学被引入中国以来,西方传教士和中国学者在翻译物理教科书的过程中,经常会遇到西书中涉及而中文中无相应词语的情况。同时,由于译者对于物理知识的理解及其中文水平各不相同,译者之间缺乏沟通交流,早期译自西方的物理教科书中出现物理术语混乱在所难免。以常见的"science"(今译为"科学")一词为例,合信、玛高温等将其译为"博物",而丁韪良、伟烈亚力、傅兰雅、李善兰等将其译为"格致"。1877 年,为规范教科书的编写及物理学译名的使用,美国传教士林乐知、狄考文、丁韪良、韦廉臣和英国传教士傅兰雅等成立了益智书会,编制了《英华萃林韵府》《译者指南》等,指导教科书编译者使用译词,并倡议新编译教科书后要附录一份名目表,将书中涉及的中西译词对照列于表中。但直至 1896 年第二届益智书会大会召开,规范教科书专业术语工作才稍有进展,且与其初定目标相差较大。①

1906 年学部成立后,明确了国家的教育宗旨,积极督促《奏定学堂章程》的落实,加强对学堂教科书的管理。同时,学部也非常注意各门课程学术名词术语的使用。1908 年,由学部组织编制、时任学部官员王季烈主编、商务印书馆印制的《物理学语汇》正式发行。该书为我国第一本官方颁布的物理学名词标准,共收录物理学术语 949 个,按照英文—中文—日文、中文—英文—日文和日文—英文—中文等三种编排方式编排。英文术语按照字母顺序编排,中文、日文术语按照笔画数编排,其涵盖物理学术语数量较之前各种物理教科书后附的对照表明显增多,且查找方式灵活,方便学者、教师、学生使用,一定程度上促进了物理学术语的规范。经笔者比对,《物理学语汇》中所列词语多数与《普通应用物理教科书》等日译教科书译法相同,可见其主要参考了日译教科书的翻译方式,且其编排方式也仿照了日本的第一本物理学名词标准《物理学术语对译字书》。②

3. 物理学教科书内容的规范

1904 年,作为癸卯学制主要内容的《奏定学堂章程》正式发布。它明确规定了各级学堂的类别、修业年限、学习科目、学年课程安排、课程内容以及对学堂、教员、学生的相关要求等,为我国新式教育的开展奠定了制度基础,也对教科书内容提出了具体要求,对规范教科书发展起到了重要作用。《奏定中学堂

---

① 王扬宗.清末益智书会统一科技术语工作述评[J].中国科技史料,1991(5):9-19.
② 王冰.中国早期物理学名词的审订与统一[J].自然科学史研究,1997(7):253-262.

章程》"学科程度章"中,将"物理及化学"作为一科,其具体要求为:物理及化学,讲理化之意,在使知物质自然之形象并运用变化之法则,及与人生之关系,以备他日讲求农、工、商实业及理财之源……使适于日用生计及实业之用。①

这一时期的中学物理教科书大多按照章程要求,编排教学内容,如中村清二著、林国光译的《中等教育物理学》的目录为:第一编物之性质、第二编力学、第三编流体、第四编热、第五编波动及音、第六编光、第七编磁气、第八编电气上、第九编电气下;本多光太郎著、丛琯珠译的《新撰物理学》的目录为:第一编力学及物性、第二编热学、第三编音响学、第四编光学、第五编磁气学、第六编电气学、总论;陈榥编译的《物理易解》的目录为:总论、第一卷力学、第二卷流体静力学、第三卷热学、第四卷音学、第五卷光学、第六卷磁气学、第七卷电气学上、第八卷电气学下。教科书中的课程内容得到了极大的规范。

4. 教科书管理规范化

为加强教科书管理,《奏定学堂章程》中提到:凡各科课本,须用官设编译局编纂,经学务大臣奏定之本。其有自编课本者,须呈经学务大臣审定,始准通用。官设编译局未经出书之前,准有教员按照上列科目,则程度相当语无流弊之书暂时应用,出书之后即行停止。② 它对教科书的编写、发行和使用等环节提出了具体要求,这一时期的教科书封面基本上均带有"学务大臣审定"或"学部审定"的字样,以证明其内容和质量经过官方认可,可供学校使用。

早在传教士译书时期,"学校教科书委员会"就曾关注过教科书的版权问题。1878 年,韦廉臣从烟台写信给《中国报道》,在信文末尾他指出,版权问题是商业管理的一个重要方面。他建议每一版教科书的收益中,足够支付出版开销的那部分的版权应该归属作者,其余属于"学校教科书委员会",所有售书利润皆归作者。③ 但韦廉臣的建议并未得到当局的重视,许多地区的盗版现象仍然十分严重。

在新学制时期,特别是许多日本教科书出版公司参与到教科书编写、发行环节中后,各个教科书出版单位开始注重版权问题,纷纷在教科书的显著位置标注"著作权所有""版权所有""不准翻印""书经存案 翻印必究"等字样,以保

---

① 陈元晖主编,璩鑫圭,唐良炎编.中国近代教育史料汇编-学制演变[M].上海:上海教育出版社,2007:331.

② 陈元晖主编,璩鑫圭,唐良炎编.中国近代教育史料汇编-学制演变[M].上海:上海教育出版社,2007:335.

③ 吴小鸥,石鸥.晚清留日学生与中国现代教科书发展[J].高等教育研究,2011(5):89-96.

护本公司的版权。

在吴延槐、华鸿的《中学物理学教科书》(1907)一书的封底处,政府的告示被印在那里。这一做法以示其对版权的重视。详细内容如下:

钦差大臣太子少保兵部尚书兼都察院右都御史办理北洋通商事务直隶总督部堂袁为:

咨明事据户部郎中廉泉具禀京城设立文明分局,由沪运京各书,请谿免税缴,并请各省保护版权等,请到本都部堂据此除批据禀该员在沪设立文明书局,编译教科并新学各书,复于京师设立分局,以便士林。请将由沪运京各书概行谿免税缴,查招商局轮船转运官书向免半价,现在兴学为自强根本,但能全免,即可照办,行该局核议,详复饬遵,至该局编译印行各书。无论官私局所,概禁翻印,以保版权,并候分咨各省督抚院转行遵照抄由批转发,等因印发外相应咨明　贵部(院堂)烦请查照施行须至咨者。

光绪二十八年十二月①

出版者版权意识的增强和晚清政府的支持,使教科书编撰者和出版单位的权益得以保证,为教科书编写、出版事业的健康发展提供了保障。

5. 教科书中的中国元素的凸显

虽在丁韪良等传教士译书时,就开始引入中国传统文化来讲解物理学教科书中的部分知识,但是限于其外国传教士的身份及其对中国文化的理解,其对教科书中中国元素的使用还较为有限。

在新学制时期,大量中国学者开始参与并逐渐独立编写物理教科书,结合他们中西文化兼收并蓄的求学经历,深厚的传统文化底蕴及其对通过编写教科书来激发国人的爱国情怀、改变中国时局的期待,促使这些中国学者在编写教科书的过程中,格外注重对中国元素的组织和运用。

著名翻译家伍光健编撰的《最新中学教科书》(商务印书馆,1904—1907)系列物理教科书,共分为《力学》《热学》《声学》《气学》《磁学》《水学》《静电学》《动电学》等十卷,全书内容丰富,语言精练,体现了作者较高的科学知识素养。作为一名毕业于北洋水师学堂的学贯中西的中国本土学者,伍光健在其编撰的教科书中大量使用中国元素,凸显作者对中国传统文化的热爱。作者在书中所使用的涉及人物的插图,均是长袍马褂、阴阳头的中国人形象。中国人做物理学实验的插图(见图 6 - 1)频繁出现在教科书中,让学生感到物理学并不陌生,拉

---

① 田丸卓郎,吴延槐,华鸿.中学物理学教科书[M].上海:文明书局,1907:封底.

近了学生对物理学实验与生活的距离。

图 6 - 1　《最新中学教科书》插图

在《最新中学教科书 声学》一卷中,为介绍中国古代的声学研究成果,作者专列一章,介绍有关知识,并将该章命名为《音律 中国古音律解 中西音律比较》。在该章中,作者首先介绍了乐音、音律、中隔、乐号、刚柔、音表、均差法等音律知识。之后,作者写道:近代欧美之八音以二、三与五进数而得,古时希腊,则以二、三进数,此与中国古时同,我国音律近略论之如下……①接着,作者根据《史记律书》《汉书律历志》《吕氏春秋》等古籍的记载,对五声之数、七声之律、十二律等音律知识进行了阐述。最后,作者根据中西音律的特点,制作了中西音律比较表,让读者清晰地了解中西音律之数的特点。

伍光健在《最新中学教科书 声学》中,巧妙地将中国传统音律与西方音律知识进行了对比介绍,让学生在接触、学习音律知识的同时,加深对中国传统问题的认识和理解,对于处在内忧外患、外辱不断的晚清学生来说,受到了难得的爱国教育,对于增强学生的民族自尊心和自豪感具有一定的帮助。在这一时期的物理教科书中,伍光健所采取的以中西音律知识对比的方式讲解声学知识的做法是鲜见的,也是很有创见的。

---

① 　伍光健.最新中学教科书-声学[M].上海:商务印书馆,1906:104.

在杜亚泉编译的《物理学新教科书》(商务印书馆,1904)中,作者同样注重中国元素的体现,不论是插图中做实验的中国人形象,例题、举例中的中国山川大河,还是在介绍度量衡的过程中,作者都在其中融合了大量的中国元素,使学生对中国文化和物理学知识的理解更加深入。

6. 注重实用的科学知识

根据《奏定学堂章程》中对物理学科要"适于日用生计及实业之用"的要求,这一时期的物理教科书在对有关知识的处理上,更加注重与日常生活相联系,特别是对运用物理学知识制造的各类能够应用到生产、生活中的工具和设备进行了详细介绍,使之能够很好地满足实业生产、日常生活的需要。

在吴延槐、华鸿编译的《中学物理学教科书》(文明书局,1907)、杜亚泉编译的《物理学新教科书》(商务印书馆,1907)等教科书中,作者每讲到一个知识点,大多附带介绍一种或多种利用相应知识制造的设备,让学生了解物理学知识在生产、生活中的广泛应用。在《中学物理学教科书》一书中,在讲解力学知识之后,作者介绍了杆秤、撬棍、榨软木栓所用之器、订书压榨器等应用力学知识制作的器械。该书在正文上方设计了备注栏,作者在备注栏中对各个器械的工作原理进行了详细的介绍。例如,在介绍应用螺旋知识制作的订书压榨器时,作者就在备注栏中写道:

上部为雌螺旋内部之剖面,中部为雄螺旋嵌入雌螺旋之状态,雄螺旋凸处之上面面雌螺旋凸处下面(如自 A 向 B)而下压,其对于雌螺旋之某凹部者,(如 D)即在 C 处之雄螺旋凸部,如尖劈之推送而。①

《物理学新教科书》一书对各类实用器械和装置的介绍同样非常详细。在热学部分第六章《蒸散与凝聚》中,作者在讲解蒸汽知识之后,介绍了蒸馏及应用蒸汽原理制作的蒸馏器。作者写道:

蒸馏(Distillation)种种液体,相混而加热,则沸度最低者,比他液先蒸发……依此理将混合之液分别之,谓之蒸馏,精制石油等工业最有用之方法也。

蒸馏器为热混合液之釜与凝蒸汽之螺旋管所成,此螺旋管入盛冷水之桶中,使通过螺旋管中之蒸汽,因冷而凝聚,寻常之水,有种种之固体溶解其中,故蒸之则固体留于釜中,而得纯粹之水,曰蒸水,河海之水,受太阳之热而蒸发,复凝聚为雨,故雨水为天然之蒸水,河海之浊水,经天然蒸馏,其污浊之物,留于河

---

① 田丸卓郎,吴延槐,华鸿.中学物理学教科书[M].上海:文明书局,1907:37.

海,而得清洁之水。①

　　通过上述介绍,配上相应的插图,学生可以理解蒸馏的原理,并能够通过学习,知道蒸馏在工业生产中的实际应用。

　　《物理学新教科书》中,在第九篇第四章《电流与热》部分,作者首先介绍了"电热之定律",即:"通电流之电路,其各部皆发热,阻电力愈大则热愈甚。"②之后,作者对不同材质的导线通过相同电流的发热情况进行了说明,并介绍了这一原理在实际生活中应用的场景。作者写道:"电流所发之热,其用甚多,如医家以红热之白金丝代刀,隔断伤处,而其有大益者,则电灯是也。"③接着作者又对"白热电灯"和"弧光电灯"等两种应用电流热效应原理发明的电灯进行了介绍,内容涉及设计两种电灯的结构、样式、工作原理、应用场景等,并配合相应的插图(见图6-2),加深了学生对电灯这种新式电器的认识。

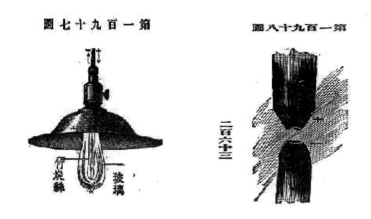

图6-2　《物理学新教科书》插图

二、科学方法的渗透

　　作为培养学生科学素养重要载体的教科书,如果能够在编写过程中,有意识地渗透科学方法的运用,有助于培养学生的知识迁移能力和科学的思维方式,让学生不光知其然,且能知其所以然,尤其是在我国由传统封建社会向近代

①　杜亚泉.物理学新教科书[M].上海:商务印书馆,1907:116.

②　杜亚泉.物理学新教科书[M].上海:商务印书馆,1907:261.

③　杜亚泉.物理学新教科书[M].上海:商务印书馆,1907:263.

社会的转型时期,在教科书中渗透科学方法的教育,让学生掌握观察、实验、归纳、演绎等科学方法,能够有效促进国人思维方式的转变,为开启民智、开发民力奠定基础。

1. 教科书中科学方法的显性化处理

谢洪赉在翻译《最新中学教科书物理学》一书的过程中就通过或显或隐的方式,注意观察、实验、类比、图表、演绎推理、控制变量等科学方法的渗透。其在开篇《总引》中即指出:"学者考诸定律,而以言语申明之,则必用实验之法。"①他在《试验》一节译者写道:"试验者不啻诘问万物……试验之功效,必先以臆想解释之,按之种种事实,皆无远杆,则成理想,理想积验而不可驳,则成物理学之定例。"②这既强调了实验在物理学中的重要作用,而且还阐述了形成物理定律的基本过程:提出假设、形成初步理论、设计并进行实验验证假设、形成物理学定律。在"实验室功课"开始处,作者写道:"学生在实验室之功课,与诵读室内不同,一则专重试,考察未知之理,一则专重领悟,理会已发之蕴。"③之后作者对实验所需的实验记录本、精确记录和重复实验等物品和注意事项一一列举,经过上述论述,使读者能够对实验的作用、实验开展过程、实验所需物品和注意事项有了大致的了解,学生通过学习全书设计的 257 个小实验、188 个实验室实验过程,为进行实验操作、掌握实验原理奠定了基础。

图表法也是《最新中学教科书·物理学》一书常用的科学方法。图表法即运用画图的方式展示实验获得的数据,常用的图表法有折线图、柱状图和饼状图,该书运用较多的是折线图,谢洪赉称该法为"曲线记效法",并称:"试验所得之功效,以曲线法记之,最清晰亦最合宜……试验时所定之点愈多,则其求得之曲线愈密合……观此曲线有得试验所未定之点。"④通过图表可以清晰地展示实验数据的走势变化,方便总结实验数据间的关系和物理规律,如其在讲解测试长杆倾斜情况与施加重物质量间的关系和抛物线等问题时,均使用了图表法。

类比法即用浅近的、易于理解的事物类推到其他与之具有相同或相似的属性的难以理解的事物的一种科学方法。该方法也是《最新中学教科书·物理学》一书中常用的科学方法。如在《电势》一节,作者即将电势类比为水压、将电

① 谢洪赉.最新中学教科书物理学[M].上海.商务印书馆,1904:3.
② 谢洪赉.最新中学教科书物理学[M].上海.商务印书馆,1904:8.
③ 谢洪赉.最新中学教科书物理学[M].上海.商务印书馆,1904:14.
④ 谢洪赉.最新中学教科书物理学[M].上海.商务印书馆,1904:34-35.

流类比为水流,通过类比法,将看不见、摸不到的电势和电流与学生能够亲身感受的水压和水流进行类比,使学生对所学的物理学知识不再陌生,更易于理解和接受。

2. 对实验法的高度重视

物理学是一门以实验为基础的学科,观察、实验是获得物理学知识的主要方法。1904 年颁布实施的《奏定中学堂章程》明确提出:"凡教理化者,在本诸实验,得真确之知识,使适于日用生计及实业之用……凡教授物理、化学、图画、算学、地理、体操等所用器具、标本、模型、画图等物,均宜全备,且须合教授中学堂程度者。"①

《普通应用物理教科书》除在其"例言"部分对在教学中开展实验教学进行阐述外,全书共设计 282 个实验,仅重学部分就设计 109 个实验,许多实验简单、易行,教师、学生可用生活中的常见物品开展实验,也可制作简单的自制仪器开展实验,如在《液体表面张力》一节,作者即设计了表面张力之实验:"屈金属线为一圆圈,插入石鹼(洋肥皂)溶液中引出时即得薄膜……至于水表面之张力较他液体表面之张力更强。"②通过铁丝、肥皂水等生活中常见之物的小实验,既锻炼了学生的动手能力,同时又清晰、直观地让学生感受到液体表面张力的作用效果,可谓一举两得。该教科书后附了一张"本书应用试验器械定价表",将书中各个部分所能用到的 352 件实验器械一一列出,并标注了器械的生产厂家,方便有条件的学校联系采购相关仪器。

《奏定学堂章程》对实验教学的重视,加之日译物理教科书对实验教学的大力推介,引发了教育界对实验教学的重视,推进了学堂教学方法的改进。由著名教育家张伯苓开办的天津南开中学即为当时实验教学开展较好的中学代表。张伯苓注重实验室建设,并从日本购入实验设备,鼓励师生开展理化实验,教学效果显著。民国初年,美国哈佛大学校长来该校参观时,对该校的理化教学高度赞赏。③

1911 年的第六期《教育杂志》就曾刊文《暑假中家庭理科作业》,足见当时对实验教学的重视程度。《暑假中家庭理科作业》一文提到:"理科之学非读书

---

① 陈元晖主编,璩鑫圭,唐良炎编.中国近代教育史料汇编-学制演变[M].上海:上海教育出版社,2007:331.

② 陈文哲.普通应用物理教科书[M].东京:同文印刷舍,1904:23.

③ 骆炳贤.物理教育史[M].长沙:湖南教育出版社,2001:82-83.

所能深造,不借于手眼筋肉实地研究其事实,则不能真得理科之知识。"①文中涉及的物理实验如邮片的测量、毛细管原理、鸡蛋浮水等,都是简单、易行且学生可在生活中寻得实验用品的小实验。这些小实验有助于激发学生物理学习的兴趣,培养学生的动手能力。

3. 重视教学方法的指导

教学方法是为达到教学目的,实现教学内容,运用教学手段而进行的,是由教学原则指导的一整套方式组成的师生相互作用的活动。② 教学方法包含两个方面:教师的教授方法和学生的学习方法。我国传统学校教育普遍采用的教学方法是以讲为主、学习方法是以背诵为主。明清时期,以八股文为主要方式,以儒家经典著作为考试内容的科举考试制度,更加强化了这种教学方法的主流地位。死记硬背的教学方法束缚了学生的想象力,严重影响了学生的发展。

清末新式学堂因受西方教育思想影响,已开始从传统的个别教学、分斋教学改变为分科目、分班级的授课模式,初步建立了班级授课制。在教学方法方面,也开始有部分"先进的教师提倡用启发式教法代替注入式"③,但当时的学堂教师多数为未能考取功名的儒生,他们经历了多年的传统教育,习惯了死记硬背的教学方法,使用的启发式教学法大多也以问答法为主,并出现了以问答体形式的物理教科书(如陈文编著的《问答体物理学初等教科书》等)。

这一时期的教科书编译者大都已认识到,中国传统学校教育教学方法不再适合物理学的教学实际,必须做出改变。在《物理学》一书中,作者写道:"物理学之现象当分次序为三级,第一体察其现象,第二寻检其定律,第三覆明其原由。"④之后,作者分别对观察、实验以及物理定律的得出与应用等逐一进行了阐述。《中学物理教科书》的原例中写道:"摩擦电气,冬则空气干燥,其法易行,入学之期每在夏末秋初,故授业当第三卷毕时可先以第六卷教之……唯于平常授业时偶资谈助而已。"⑤在《普通应用物理教科书》一书"例言"中,作者建议教师:一宜用五段教式,即第一段预备、第二段提示……五宜自制简单之试验器。⑥《中等教育物理学》一书的开篇,编者即写道:"书中问题有能类推者,有

---

① 暑假中家庭理科作业[J].教育杂志,1911(6).

② 王策三.教学论稿[M].2 版.北京:人民教育出版社,2005:239.

③ 陈学恂.中国近代教育史教学参考资料:上册.[M].北京:人民教育出版社,1986:683.

④ 藤田丰八.物理学[M].王季烈,译.上海:江南制造局翻译馆,1900:3 - 5.

⑤ 水岛久太郎.中学物理教科书[M].陈榥,译.东京:教科书译辑社,1902:11 - 2.

⑥ 陈文哲.普通应用物理教科书[M].东京:同文印刷舍,1904:3 - 5.

须演算者,前者令生徒即答,后者令笔答或为宿题以课之,又由计算问题使生徒熟悉笔算及对数表用法一举两得。"①日译教科书中,作者对教师教学进行的阐述和指导,对转变当时落后的教学方式、方法,改进教师的教学、提升学生的学习具有积极意义。

三、注重科学观养成的科学精神启蒙

科学观即对科学的看法和观点,就是人们对科学的地位、作用的整体认识。清末时期,西方现代科学短时间内快速进入中国社会,物理学是近代科学的基础学科,人们对物理学的认识能够很大程度上代表当时社会普遍的科学观。

在《物理易解》的序言中,陈榥开篇即提到:"科学为立国之本,固夫人而知之矣,然而其理精、其功实、其造深,非猎等所能至。"②本多光太郎著、丛琯珠译的《新撰物理学》序言中写道:"近世政治家教育家唱理化思想普及之说殆遍环球……我国地大物博,输出物远不及输入,无他,理化思想未能普及。"③在饭盛挺造著,藤田丰八、王季烈翻译的《物理学》中的《物理学之功用》一节中也提到:"居今日工商极盛之世界,而犹细论物理学为人生所必需,右顾汽机铁道,左盼电信电灯,谁不知物理学之实益。"④

上述教科书的编译者为留日学生或精通日文的中国学者,作为具有时代精神的知识分子,他们深切感受到当时中国的愚昧与落后,并认为科学是增强中国国家实力、改变落后挨打局面的武器。知名学者陈独秀、吴稚晖等都对"科学"持相同的看法,陈独秀曾说过"人类将来真实之信解行证,必以科学为正轨"。⑤ 吴稚晖也曾提到:"我相信宇宙一切,皆可以科学解说。"⑥唯科学主义的科学观在新文化运动时期达到了高潮,并引发了"科学"与"玄学"的争论。这种科学观虽具有一定的片面性,但其所倡导的理性主义、民主精神,在 20 世纪初中国社会转型时期的启蒙作用却是极其显著的⑦,客观上加速了中国由封建社会走向近代社会的步伐,最终成为加快腐朽清政府灭亡的重要推动力量之一。

---

① 中村清二.中等教育物理学[M].林国光,译.上海:上海广智书局,1906:1
② 陈榥.物理易解[M].东京:教科书译辑社,1902:1.
③ 本多光太郎.新撰物理学[M].丛琯珠,译.济南:山东留学生监督处,1906:1.
④ 饭盛挺造.物理学[M].藤田丰八、王季烈,译.上海:江南制造局翻译馆,1900:5-6.
⑤ 丁守河.中国近代启蒙思潮-中卷[M].北京:社会科学文献出版社,1999:90.
⑥ 李日章.现代中国思想家-吴稚晖-第 5 辑[M].台北:巨人出版社,1978:152.
⑦ 秦英君.科学乎 人文乎:中国近代以来文化取向之两难[M].开封:河南大学出版社,2005:100.

第三节　由欧美到日本：
教科书原本的转变与科学启蒙特点分析

译自西方(欧美)和日本的教科书为早期中国引入中学物理教科书的两大主要途径,在中国近代物理教科书发展史中具有重要地位。据笔者统计,1900年之前的 26 种物理教科书均为欧美传教士所编译,其原本均为欧美各国作者所著。1900 年之后,译自日本的物理教科书开始成为教科书市场的主流,达到50 多种,而欧美译教科书数量则逐渐减少,少量欧美译教科书也为中国学者独立编译,之后基本上再无新的由传教士翻译的物理教科书出现。[1][2]

我们选取谢洪赉译《最新中学教科书物理学》(1904)和杜亚泉译《物理学新教科书》(1907),分别作为中国学者独立翻译欧美和日本物理教科书的代表作品,通过对比分析发现可以了解不同学术背景的翻译者,翻译的不同国家的物理教科书的各自特点和其对科学知识、科学方法等科学本质的处理情况以及物理学公式和术语的使用情况,科学启蒙特点及其教科书文本背后的翻译理念,及其对中国近代物理教育产生的影响等。

一、两书的基本情况

1. 谢洪赉译《最新中学教科书物理学》基本情况

《最新中学教科书物理学》的原书为美国司华麻大学何德赉(1848—1936)教授的《简明物理学教程 实验与应用》(*A Brief Course in General Physics, Exoerimental and Applied*),译者为中国近代著名翻译家谢洪赉(1873—1916)。谢洪赉出生在浙江绍兴的基督教家庭,自幼接受私塾教育,之后受教于教会学校,并在上海中西书院任教,曾参与了商务印书馆的物理、数学、地理等多个学科的 100 多部教科书的编译工作。

《最新中学教科书物理学》初版于 1904 年,全书正文共 540 页,正文之前分别为序、例言、教授要言、释名。全书正文除"总引"外共十章,分别介绍体力与准箇、物质之性、定质重学、液质、气质、声、热、磁气、电、光。第一章之前为"总

---

① 刘志学,陈云奔,张磊.晚清时期中学物理教科书发展及其特点[J].物理教学.2017,39(8):73 - 78.

② 刘志学,陈云奔.清末日译中学物理学教科书及其特点研究[J].自然辩证法研究,2017,33(9):102 - 107.

引",正文后附"中西名目表"。

2. 杜亚泉译《物理学新教科书》基本情况

《物理学新教科书》原书为日本物理学家中村清二(1869—1960)的《近世物理学教科书》。该书初版于1899年,其翻译版本在中国流传较广,除杜亚泉翻译的《物理学新教科书》(商务印书馆,1907)外,还有王季烈翻译的《近世物理学教科书》(学部编译图书局,1906)、林国光翻译的《中等教育物理学》(上海广智书局,1906)、余岩的《近世物理学教科书》(上海普及书局,1906)等多个版本,可见该书在当时影响之大。

杜亚泉(1783—1933)为清末著名教育家、思想家,浙江会稽人,早年专心科举,十六岁中秀才,后自学算学、理化和日语,曾任绍兴中学学堂数理教习,创办亚泉学馆、《亚泉杂志》,1904年进入商务印书馆任理化部主任,编译出版物理、化学、植物、矿物等学科教科书多部。[①]

《物理学新教科书》一书选取的原本为《近世物理学教科书》一书的1902年版,杜亚泉在翻译过程中对部分内容进行了调整,增加了"重力单位"等节次[②]。全书正文共287页,共分为九章,分别为物体之性质、力学、流体、热、颤动及声、光、磁、电学上、电学下。

由上可知,两书均在1904年癸卯学制颁布后出版发行,均由清末教科书出版重镇商务印书馆出版发行,作者均为清末著名学者,《最新中学教科书物理学》为谢洪赉继《格物质学》(1898)和《最新简明中学用物理学》(1902)之后编写的第三部物理学教科书,《物理学新教科书》同样为杜亚泉继《最新格致教科书》(1904)和《理化示教》(1904)之后参与编写的第三部物理教科书。两人都曾有过一线教学经历和教科书编译经验。两人均没有留学经历,谢洪赉在教会学校里接受过英文教育和西学教育,杜亚泉自学理化和日语,两人的经历和学识为其翻译的教科书质量提供了基本保证。

二、两书科学启蒙特点分析

1.《最新中学教科书物理学》内容较《物理学新教科书》丰富

物理教科书是物理课程教学内容的"物化形态",因此其主要的功能就是作

---

① 陈镱文,姚远.杜亚泉先生年谱[J].西北大学学报(自然科学版),2008(10):845-850.

② 王广超.王季烈译编两本物理教科书初步研究[J].中国科技史杂志,2015(2):191-202.

为信息资源向师生呈现物理学科的知识信息。[1] 物理学的学科知识包含各种物理学的概念、定义、定律、规律等,这些学科知识构成了物理教科书的内容主体。我国传统教育是伦理道德教育传统,所谓的知识主要是伦理规范和道德经验的知识[2],而物理学知识是一种与中国传统教育完全不同的教育,其研究的重点是物质及其运动规律,这种知识对当时学生而言是全新的知识体验。因此,物理学教科书中知识内容的安排对教科书质量和师生对教科书内容的理解影响重大。

清政府于 1904 年颁布实施了我国第一个学制壬子、癸卯学制,在新学制的指导性文件《奏定中学堂章程》中,对物理课程的地位、作用、教学内容、教学方法等都做出了规定。[3] 两书均成书于新学制颁行之后,通过其目录章节设置可知,两书除个别与前后章节关系不大的章节外,均大致符合《章程》要求,按照《章程》设置了教学内容。通过两书的正文页数对比可知,《最新中学教科书物理学》(540 页)的页数约为《物理学新教科书》(287 页)的近两倍,除两书排版、内容设置和字体字号的区别,其内容仍远较《物理学新教科书》丰富,因此也更易于师生理解和接受其所讲授的内容。

以力学部分为例,《物理学新教科书》设置了力学、质点、加速度、运动之第一例、运动量、运动之第二例、力之绝对单位、运动之第三例、重力加速度、重力单位、坠体之公式、验坠体加速度之器械、抛物、圆运动、摩阻力、合力、分力、斜面、力之相抵、作用于刚体之力、平行力之合力、力之能率、杠杆、天秤、轮轴、滑车、偶力、二力不在同面之合力、重心与底、功力、功率、能力、能力不减之原理、单摆、复摆、测引力之法等 36 个知识点,使用篇幅 33 页。《最新中学教科书物理学》则设置了重学、动、速率、度量速率、渐加速、动力、钮敦动力之定例、钮敦第一例、钮敦第二例、力、极准个、摄力准个、力之代表法、合力、诸力之平行方形实验、平行力、力之不在同平面者、分力、钮敦第二例之实验、钮敦第三例、回动、曲线动、离心力、离心力之现状、工程、度量工程、工力、工程之定率、时非工程内之要素、显力、隐力、工力之变通、宇内引力总例、工力之不废、地心摄力、重、重在地面之上、重在地面之下、重心、定固定、推到一体所需之工程、渐加速动、无碍直坠体、度坠体之速率、坠体诸数之图、掷体、纯摆、摆之例、杂摆、杂摆之长、

① 廖伯琴.物理教育学[M].北京.高等教育出版社,2012:80.
② 袁振国.反思科学教育[M]//钟启泉,等.解读中国教育.北京:教育科学出版社,2000:60-65.
③ 陈元晖主编,璩鑫圭,唐良炎编.中国近代教育史料汇编-学制演变[M].上海:上海教育出版社,2007:331-335.

定长之法、摆之用、机器、实效、机器总例、简器、力之能率、杠杆稳定之例、静例、钢秤、繁杆、轮轴、轮轴之例、连轮、定滑车、动滑车、连定滑车、斜面、尖劈、螺丝、螺丝之例、螺丝应用、磨阻、磨阻之例、磨阻之系数等 75 个知识点,使用篇幅 79 页。可见,《最新中学教科书物理学》涉及知识点更加全面,讲解更加细致、透彻,同时书中还设计了大量的实验、习题来配合知识的讲解。

如在《摩擦力》一节,《物理学新教科书》直接给出摩擦力的概念:"一物体在他物体之表面上,将移动时,相切之表面,彼此有相阻之力,谓之静止摩阻力,又已行时,亦有阻其速之力,曰运动摩阻力。"①之后,附一个测定静摩擦力的实验,并根据实验结果总结出摩擦力定律即书中的"马兰氏之定律"。而《最新中学教科书物理学》中,首先从生活常识入手,写道:"凡令体动,不再加力,则其速率渐减,终必静止,是由磨阻故也。"②引出摩擦力的概念,即:"磨阻者,一体动时著与别体所遇之阻力。"③接着,该书阐述了摩擦力产生的原因"二切面不等",以及减少摩擦的方法"减其不等或令其面光滑或垫平凹凸处(如敷油)。"④下文的"习问"中,安排了测量"磨阻系数"的习题,在"实验室功课"中设计了四个与摩擦力相关的实验,如测量摩擦力的大小、测定摩擦系数和影响摩擦力的因素等,并探索了用滚动摩擦代替滑动摩擦以减少摩擦。

2.《最新中学教科书物理学》更注重科学方法的训练

科学方法是近代科学得以建立的前提和基础。伽利略提出了将观察实验和数学方法相结合的科学研究方法,发现了落体定律和惯性原理,并创立了假说—演绎的科学方法,为现代科学发展奠定了基础。牛顿进一步完善了假说—演绎的科学方法⑤,其著作《自然哲学的数学原理》标志着近代牛顿力学体系的建立。而中国传统教育更注重经验与实用,虽也产生过注重逻辑、归纳、演绎的墨家思想和注重分类、量化的法家思想,但这两家思想最终不及儒家思想影响力久远⑥。哲学家怀特海也非常重视科学方法,他曾说:"如果要理解我们这个时代,有许多细节如铁路、电报等都不必谈,我们的注意力必须集中在方法的本

① 杜亚泉.物理学新教科书[M].上海:商务印书馆,1907:28 - 29.
② 谢洪赉.最新中学教科书物理学[M].上海:商务印书馆,1904:118.
③ 谢洪赉.最新中学教科书物理学[M].上海:商务印书馆,1904:118.
④ 谢洪赉.最新中学教科书物理学[M].上海:商务印书馆,1904:118.
⑤ 刘大椿.科学活动论,互补方法论[M].桂林:广西师范大学出版社,2002:130.
⑥ 刘大椿,刘劲杨.科学技术哲学经典研读[M].北京:中国人民大学出版社,2011:394.

身,这才是震撼古老文明基础的真正新鲜事物。"①在物理教科书中渗透科学方法,有助于摆脱传统思维方式对学生的影响,帮助学生在观察、实验的基础上,运用理性思维形成物理规律的意识,对学生运用科学的思维方式分析问题、解决问题至关重要。

一些学者将科学方法分为基本方法和综合方法。其中,基本方法主要有观察、分类、测量、预测、推理等,综合方法有明确问题、控制变量、假设、实验、图形化、模型化等。②《最新中学教科书物理学》一书非常重视对学生的科学方法的训练,书中多次直接介绍或使用观察法、实验法、图表法、类比法等科学方法。如该书的"教授要言"就曾提到:"实验室器材药品应预为制备,陈列教室,且与教授之前注意检试,务使讲授之际无少窒疑。实验之际,必使全班生徒同时苈视,切当时时诘问,使其知所注意。"③在"总引"部分,安排专门一节讲授实验的重要意义、程序、注意事项等,并在之后的章节对图表法的使用进行了说明。在《摩擦力》一节的"实验室功课"中,作者多次运用控制变量法验证斜面上物体受力情况和摩擦阻力规律等;使用图表法探讨不同大小的力作用在物体上对物体形状改变的关系;运用类比法阐述了电势、电流等看不到或摸不着的物理概念。

《物理学新教科书》一书也多次使用实验法验证书中的物理规律,对电势、电流也运用了类比法进行论述,但是这些方法的运用都是结合相关知识点讲解进行的,并没有安排专门的章节对科学方法进行说明。这些方法的使用分散且隐蔽于教科书的各个部分,很难让学生对科学方法形成完整、清晰的印象。在教科书的编写过程中,作者/编者适当突出科学方法,有助于训练学生的思维方法、培养学生的思维能力,提高学生解决物理问题的能力。④

3.《物理学新教科书》的物理学公式表达方式更加符合国际趋势

用数学公式表达物理学规律是物理学与数学发展到一定程度的产物。这种对物理规律的数学定量表达,将知性思维作为一种精神联系的纽带,贯穿于通过观察实验所得到的实验材料与数据之中,使物理学超越了就事论事的单纯操作领域,进而成为对客观规律的反映⑤,从而使物理学从各门科学中脱颖而

① 怀特海.科学与近代世界[M].何钦,译.北京:商务印书馆,2009:94.
② 刘克文.对我国近代科学教育价值缺失的反思[J].教育科学,2009(2):18-23.
③ 谢洪赉.最新中学教科书物理学[M].上海:商务印书馆,1904:10.
④ 李正福,李春密,邢红军.从隐性到显性:物理科学方法教育的重要变革[J].课程教材教法.2010(12):71-74.
⑤ 萧焜焘.科学认识史论[M].南京:江苏人民出版社,2004:345.

出,最早成为一门实证科学,并成为各门科学的典范。

19 世纪末,西方物理学教科书的符号体系已经相当完备,有关的物理量都用相应字母表示,如用"I"表示电流、"U"表示电压、"R"表示电阻,欧姆定律即可表示为:$I=\dfrac{U}{R}$。但早期教科书如丁韪良编译的《格物入门》(1868)、傅兰雅的《格致须知》(1887)等,编译者为方便中国读者阅读和使用教科书,一般不采用英文表达式,而是用汉字代表相应的英文字母,在字的左侧加偏旁"口"的方式表示大写字母,在公式和示意图中加以使用。谢洪赉的《最新中学教科书物理学》及其在早期同潘慎文合译的《格物质学》(1898)均采用此种编排方式。以欧姆定律为例,早期的教科书一般表示为溜$=\dfrac{电}{阻}$,该公式的变形有时也会因实际题目而有所变化,如写成阻$=\dfrac{电}{溜}=\dfrac{咳}{呷}$,其中的"咳"和"呷"分别为导体两端的电压和流过导体的电流。这种表达方式虽方便国人阅读数学公式,但不利于读者理解和进行运算,同一时期的日本物理教科书已经参照西方通行的写法,引入了用英文表示的物理学公式。杜亚泉在《物理学新教科书》中即采用了英文的表达方式,书中写道"今以 C 代电溜之安培数,E 代动力之弗打数,则依欧姆之定律 $C=\dfrac{E}{R}$,即 E=CR"[1]。这一时期的其他日译物理教科书如由清国名家译的《物理学课本》(东亚公司,1907)、丛琁珠译的《新撰物理学》(山东留学生监督处,1906)、吴延槐、华鸿译的《中学物理学教科书》(上海文明书局,1907)等都用英文字母来表达物理学公式。

可见,以《最新中学教科书物理学》为代表的美译物理教科书一般倾向于以相对保守的方式,以中文代英文字母表示物理学公式,而以《物理学新教科书》为代表的日译教科书则能够更加全面地引入西式的公式表达方式。在物理教科书中,使用完备、准确、清楚的数学符号系统,有助于简化研究、发现规律。[2]从使用汉字表示到运用字母表达物理学公式这一转变,体现了西方物理学被引入中国的过程,也是中西文化的调适与逐渐被国人接受的过程。

4.《物理学新教科书》物理学术语使用更符合物理知识内涵

物理学术语体现了翻译者对物理学知识的理解程度,同时也反映了译者对

---

[1]　中村清二,杜亚泉.物理学新教科书[M].上海:商务印书馆,1907:254.
[2]　白欣,尹晓东,袁敏.数学符号与明清力学知识[J].自然杂志,2009(6):168-172.

中国语言文字和中国文化的熟悉情况。清末引入中国的物理学虽与中国传统
文化属于完全不同的知识系统,但其中的物理学现象和物理学规律通常能被国
人所理解和接受,但在被引入之初,便存在着术语使用混乱的问题。针对这一
问题,英国传教士傅兰雅在江南制造局翻译馆工作期间就确定了译名使用规
则。1877 年益智书会成立后,作为书会主要成员的傅兰雅继续推动译名统一
工作,并于 1904 年出版了由狄考文编写的《术语词汇》一书。该书集中体现了
西方传教士翻译科学教科书术语统一的成果。1905 年清学部成立,次年学部
下属的编译图书局创设并负责管理翻译教科书事宜。1908 年,由学部组织编
写的《物理学语汇》出版,成为第一本官方审定、发行的物理学名词汇编。[①]

　　在这一时期,我国基本上形成了两套物理学术语体系:一套为传教士翻译
教科书使用的西式术语翻译体系;另一套为经由日本传入中国的日式术语翻译
体系。不同学术背景的译书人士翻译的物理学教科书术语一般都使用相应的
术语体系,在表 6-2 选取的部分常用的英文物理学名词中,将当前用语与《术
语词汇》《最新中学教科书物理学》《物理学语汇》《物理学新教科书》中用语情况
加以对比。由表 6-2 可得,《最新中学教科书物理学》中术语的使用情况与《术
语词汇》基本一致,而《物理学新教科书》则与《物理学语汇》大致相同。谢洪赍
翻译的《最新中学教科书物理学》使用的术语即属于西式术语体系,杜亚泉翻译
的《物理学新教科书》即属于日式术语体系。通过将各书术语与当前使用情况
对比可知,大多数的日式术语最终流传下来并被国人普遍使用。日式术语的优
势得益于日本文化深受中国文化的影响,日文与中文相近,因此其翻译方式更
易于为国人所理解和接受。同时,西式术语体系的部分词语翻译方式的确值得
商榷,如"momentum"在西式译法中译为"动力",而日式体系中则译为"运动
量"。该物理术语为物体质量与速度的乘积,可以用来衡量物体惯性的大小。
显然,"运动量"与当代"动量"的称呼更加相近,更符合"momentum"的原意。
在《最新中学教科书物理学》中,"力"的定义为"凡足以致一体之动,或变其动,
或减其动者,皆力也"。[②] 据此考察,"动力"虽与"力"有一定的关系,但这种称
呼易使人将其与"力"混淆,不利于读者清楚地理解概念的内涵。

①　王冰.我国早期物理学名词翻译及演变[J].自然科学史研究,1995(3):215-226.
②　谢洪赍.最新中学教科书物理学[M].上海:商务印书馆,1904:41.

表 6-2　部分常用物理学术语翻译情况对比

英文名词	当前用名	《术语词汇》	《最新中学教科书物理学》	《物理学语汇》	《物理学新教科书》
unit	单位	准个	准个	单位	单位
mechanics	力学	力学、重学	重学		力学
mass	质量	体、体质	体质	质量	质量
solid	固态	定质	定质	固体	固体
liquid	液态	液质	液质	液体	液体
gas	气态	气质	气质	气体、瓦斯	气体
molecule	分子	合点	合点	分子	分子
atom	原子	元点	元点	原子	
inertia	惯性	质阻	质阻	惯性	恒性
velocity	速度	速率	速率	速度	速度
acceleration	加速度	增速率	渐加速	加速度	加速度
composition of forces	合力	合力	合力		合力
resolution of	分力	分力	分力		分力
equilibrium	平衡	平定	稳定	平衡	
gravitation	引力	摄力	摄力	引力	引力
momentum	动量	动力	动力	运动量	运动量
work	功	工	工程	工作	功力
energy	能	工力	工力	能力	能力
kinetic energy	动能	动力力	显力	运动之能力	运动之能力
potentital energy	势能	储力	隐力	位置之能力	位置之能力

　　物理学术语作为教科书的重要组成部分,对学生理解物理概念、接受物理知识具有不可替代的作用,清末的教科书翻译者都对物理学术语的使用给予了高度重视。《最新中学教科书物理学》对书中涉及的术语都进行了详细解读,并运用实验和习题增加学生对术语的认识。《物理学新教科书》则在术语第一次

出现时,在文中用中文和英文两种方式加以表述,方便读者了解该术语中英文的表达方式,如对其理解有困难,可以依据其英文单词,对照不同版本的物理学教科书来加深对术语的理解。

5.《物理学新教科书》体现了更为完整的发展的科学观

科学观是对待科学的整体看法和观点,学生的科学知识主要来自其所学习的教科书。因此,教科书中科学知识的体现方式将直接影响学生的科学观。如果教科书直接给出科学结论、罗列各个章节的知识,学生就会认为科学家获得科学知识的过程是一帆风顺的,是从假设、实验、推理、形成结论、验证结论等环节,一步一步逐步完成的,而且这些结论就是绝对正确的客观真理。但是,如果教科书编写过程,体现出其中知识获得的过程和各个原理的历史演变,则有助于学生了解科学发展的历程,并让学生了解到书中的知识只是人类对客观世界的一种解读,知识发展的过程就是接近真理的过程。爱因斯坦也曾说过,物理学的概念是一种人类的智慧创造,其不仅仅由外部世界所决定。爱因斯坦将人类认识世界比作一个人想要知道一个表的内部结构,却又无法打开表壳,但是他可以通过想象将他所认为的表的内部构造画出来,这个人永远无法确定他所画的结构图是不是唯一的。[①]

物理学中的许多理论如天体物理中从地心说到日心说、热学中从热质说到分子运动说、光学中从波动说到粒子说再到光的波粒二象性都很好地体现了科学发展的历程。《物理学新教科书》一书尽量体现这种科学理论的变化,因而更加有助于学生完整地认识科学,形成进步的、发展的科学观。如其在《热与功力相当之量》一节中就针对燃素说写道:"古时以热为一种物质,凡物之温热者,皆含有热质之故,此说为学者之所信。物之加热者,即注入此热质之谓,追击摩擦而发热者与压含水之棉而出水无异,即将传入物质中之热质逐出,此皆为想象直说,后英人路慕福得制炮于水中入黄铜炮身,穿穴二时半则锥与炮身摩擦之热,使二十六磅之水热至一百度,因知摩擦不绝则热之放出可以无限,因疑热之非物质而公于世后,学者积研究之力,致前五十年时始确知热为一种之分子力……"[②]通过对热是一种物质的"热质说"演化到热是一种分子能力的"分子运动说"的过程的论述,学生能够了解到,科学知识的产生不是一蹴而就的,不是绝对的真理,而是不断修改、完善,不断接近真理的过程。

---

① 爱因斯坦,英费尔德.物理学的进化[M].周肇威,译.长沙:湖南教育出版社,1999:20.
② 杜亚泉.物理学新教科书[M].上海:商务印书馆,1907:100-101.

《最新中学教科书物理学》中对热为工力之现状的论述为"近世格致家考定热之新理,以为凡物体之诸合点,时时速颤不息,任以何故,苟增其颤动之速率,则其体之热亦增,减其颤动之速率,则其体之热亦减"。① 其仅直接论述了热的"分子运动说",而未对曾经被学者广泛接受的"热质说"予以介绍,从而不利于学生形成完整的科学观。

三、两书产生的影响及历史地位

两书的出版机构商务印书馆成立于 1897 年,为中国近代教科书出版行业的先驱,开创了中国近代教科书出版史上的众多第一。该馆的最新教科书系列为清末新学制颁布后出版发行的中国第一套现代意义上的教科书,蔡元培、张元济、谢洪赉、杜亚泉等知名学者都参与了这套教科书的编撰工作。② 谢洪赉译的《最新中学教科书物理学》即为其中一种,杜亚泉编写了其中的《最新格致教科书》《最新笔算教科书》等初等小学堂教科书。两书出版之后,一直作为新式中学堂的教科书使用,《最新中学教科书物理学》一书还曾被选为浙江省高等学堂预备科等大学预科教科书。③ 据《民国时期总书目(中小学教材)》记载,两书在民国时期均有新版本出版发行,可见其影响力一直持续到民国时期④。

谢洪赉翻译的《最新中学教科书物理学》是国人自主翻译的第一本现代意义的物理学教科书,开创了国人自主翻译欧美物理教科书的先河。杜亚泉翻译的《物理学新教科书》是中国本土学者自主翻译日本教科书的代表作品。这两种书的出版发行和广泛传播,见证了从早期的传教士、之后的留日学生,再到中国本土学者独立翻译物理学教科书的历史性转变。这一过程中,中国学者的教科书编写能力不断增强,其编写的教科书水平不断提高,体现了他们在国家处于内忧外患时期的觉醒和成长,在国民科学启蒙关键时期的责任与担当。

甲午战争之后,大量留学生赴日本学习日本的经验,大量的日本教科书被引入中国,深刻影响了中国的教育事业,因此在 1900 年之后,日译物理学教科书逐渐成为国内教科书的主流。谢洪赉翻译的《最新中学教科书物理学》属于新学制,欧美教科书的详细论述、科学方法训练的显性化处理等,仍对当前的物理教科书编写具有一定的借鉴意义。

① 谢洪赉.最新中学教科书物理学[M].上海:商务印书馆,1904:251.
② 石鸥,吴小鸥.中国近现代教科书史[M].长沙:湖南教育出版社,2012:144-145.
③ 朱有瓛.中国近代学制史料第二辑上[M].上海:华东师范大学出版社,1987:591.
④ 北京图书馆.民国时期总书目(中小学教材卷)[M].北京:北京图书馆出版社,1995:274.

第七章
结论与启示

第一节　晚清中学物理教科书科学启蒙特点

晚清时期是封建中国与西方国家交流、碰撞的时期,是传统与现代冲突的时期,也是中国由传统社会走向现代社会的转折时期,"救亡与启蒙"(李泽厚语)成为这个时期的核心命题。科学作为既能"富国强兵"又能"开瀹心灵"的重要力量,在晚清中国"大启蒙"的背景下显得格外重要。这一时期,全社会寄希望于教育,教育则寄希望于教科书。教科书不但是知识传播的工具,还是思想启蒙的利器[①],物理教科书作为科学启蒙的重要载体,自然成为晚清中国科学启蒙的重中之重。

物理教科书与其他科学教科书、报纸、期刊一起,承担了晚清时期科学启蒙的重任,并在教会学校、洋务学堂、新式学堂中,伴随着一代又一代学生群体的成长,成为晚清时期莘莘学子接受科学知识的重要来源。特别是新学制颁布后,物理课成为所有中等学校的必修课程,虽部分偏远地区的师资无法保证,但学习物理学知识,接受科学启蒙,却已在一定程度上达成共识。

在历经了鸦片战争、洋务运动、维新运动、新学制等四个时期的发展之后,教科书的编著者由传教士、传教士与中国学者合作逐渐演变为中国学者独立完成;教科书的出版机构由教会学校、教会出版机构、官办出版机构逐渐发展为以民营书局为主;教科书原本由欧美教科书、日本教科书到陆续出现中国学者独立编写的教科书。物理教科书在 20 世纪初基本定型。

1840—1911 年,共计 100 多部物理教科书不断面世,数十万学子的读者规

---

① 吴小鸥.中国近代教科书的启蒙价值[M].福州:福建教育出版社,2011:255.

模,无数家庭的参与和传播,受众群体的不断扩大,其科学启蒙的效果也逐渐凸显。这些教科书通过向学生传播科学知识、训练科学方法、培养科学精神、提升科学素养,完成了对学生进行科学启蒙的历史使命。特别是辛亥革命之后,一大批科技人才、本土教科书编写者的涌现,以科学社为代表的中国近代科学的建制化的诞生,引发热议的"科玄之争"大讨论,影响中国近代文化走向的五四新文化运动等中国近代科学发展史上的大事,都或多或少地受到以物理教科书为代表的教科书的影响。

一、从无到有、从无序到规范、从翻译到编著的发展过程

物理教科书发端于晚清时期,诞生于教会学校,最早的教科书是由传教士翻译而成。经过晚清70多年的发展,到1911年辛亥革命爆发、清朝灭亡时,物理教科书已基本定型。1840—1911年,物理教科书种类实现了从无到有、从少到多、由单一到丰富的转变,编写形式实现了由翻译、编译到自编的变革,译本实现了由欧美教科书到日本教科书再到最终独立编写的变革,教科书内容实现了由分支学科单独出现到完善学科整体出现的转变,教科书形式实现了由孤立的、著作式的教科书雏形到规范的、标准教科书的转变,中国人在教科书编写中的地位实现了由可有可无的配角到担当大任的主角再到教科书编写绝对主力的历史性变革,国人对物理教科书的态度也由被动接受转变为主动选择。

近代中国第一本物理教科书是1851年美国传教士玛高温译的《博物通书》,之后又陆续出版了《光论》《声论》《博物新编》《重学浅说》《重学》《谈天》等6种教科书。自鸦片战争爆发至洋务运动开始,我国共出版了7种物理教科书。洋务运动开始后,江南制造局译书馆等洋务译书机构、京师同文馆等洋务学堂成为译书的主力。1860—1899年,我国共出版物理教科书19种。随着维新人士、留学生群体、本土学者、民营书局和晚清政府对教科书事业的共同关注,1900—1911年,物理教科书更是呈现出爆发式的增长,共出版教科书64种之多,极大地丰富了晚清物理教科书市场。

从教科书管理方面来审视,物理教科书经历了从无序到规范的发展过程。早期的传教士译书,属于外国教会组织为满足教会学校教学需要而进行的自发行为,不同的传教士选择教科书原本的标准不一样,使用的翻译术语也各不相同,教科书的发展基本上处于一种无序状态。洋务运动开始之后,洋务机构的介入使物理教科书编写工作有了一定的官方背景,传教士于1877年5月成立

了中国近代第一个编写出版教科书的专门机构——教科书委员会①，教科书的编写工作也进入一个相对规范的阶段。进入 20 世纪以后，特别是 1904 年晚清政府颁布"壬寅癸卯学制"、成立学部管理教科书工作后，教科书的名称、内容、体例和术语的使用都有了官方指导，教科书编写和出版工作变得更加规范，基本上实现了物理教科书的规范化。

从教科书的编写视角来考察，物理教科书经历了由翻译、编译到编写的发展过程。早期教科书基本上都是根据外国原本翻译而成的，部分结合原本进行一些改写、编译。随着中国学者对物理学理解的不断加深和教科书编写能力的逐渐提高，中国学者独立编写的物理教科书开始出现，且数量越来越多。中国学者也从传教士译书时期的助手、洋务运动时期译书的配角逐渐成长为主角。在维新运动时期和新学制时期，中国学者和留日学生开始成长为教科书编写的主力军，独立编写了 22 种物理教科书。

二、物理学知识趋于系统、规范

1. 内容逐步完整

早期的物理教科书一般都是作者根据个人的知识储备结合兴趣编写或翻译的，大多介绍物理学的某个分支学科。如《光论》《声论》《重学》等，无法体现物理学知识的全貌。部分教科书虽包含物理学多个分支学科，但同时还包含化学或生物学等其他学科知识，如《格物入门》《格致须知》等，并非严格意义上的物理学教科书。自 1900 年，藤田丰八和王季烈翻译的《物理学》问世之后，这一问题得以改观。新学制时期出版的教科书，其物理学知识更加趋于规范、系统。如伍光健编写的《最新中学教科书》（商务印书馆，1904—1907）系列物理教科书，共分为《力学》《热学》《声学》《气学》《磁学》《水学》《静电学》《动电学》等十卷，内容完整，论述系统，基本上涵盖了近代物理学的全部知识，反映了物理学知识体系的全貌，电磁感应、X 光等现代物理学的新成果也都较为完整地出现在这部教科书中。

这一时期的其他教科书虽一般不及伍光健编写的《最新中学教科书》内容丰富，但大部分可以覆盖物理学知识的多数内容，如陈文哲的《普通应用物理教科书》，全书 377 页（含附录），内容包含总论、固体重学、液体重学、气体重学、音学、光学、热学、磁气学、静电气学、动电气学等十篇；林国光翻译的《中等教育物

理学》全书 281 页,内容包含物之性质、力学、流体、气体、热、波动及音、光、磁气、电气上、电气下等十编。

完整的物理学教科书知识体系,为系统、规范的物理学知识传播奠定了基础,晚清时期的许多经典教科书因其规范的体例、系统的知识、流畅的语言等特点,在民国时期仍被翻印、再版,并被学校广泛使用,影响了民国时期的物理教育。

2. 物理学术语基本确定

随着物理学的引入,物理学术语的问题一直困扰着教科书编写者,从传教士到中国本土学者再到留日学生,他们在编写、翻译物理学教科书的过程中,都曾遇到过如何选用合适的物理学术语表达物理概念的问题。早期的传教士通过成立"学校教科书委员会"规范教科书的编写、翻译工作,并成立"术语委员会",意在统一各个学科术语的使用问题,并在 1904 年刊行了由狄考文编写的《术语词汇》,但总体成效不大。

1908 年,由学部审定科编撰、王季烈执笔,商务印书馆出版发行了《物理学语汇》,全书 90 页,收集了 944 个物理学名词,并应用英文、中文、日文三种语言对照的方式呈现物理学名词的使用规范,成为第一本官方发行的物理学名词手册。1909 年,学部成立编订名词馆,标志着中国政府教育主管部门开始关注科学术语的规范使用问题,中国学者成为物理术语使用规范的制定者,物理学名词的使用问题开始趋向于规范和统一。

辛亥革命之后,民国教育部于 1918 年成立科学名词审查会,成立于 1915 年的中国科学社也于 1920 年开始参与物理学名词的审定工作。1920 年,由中国科学社起草,科学名词委员会审查通过的《物理学名词(第一次审查本)》编制完成[①]。《物理学名词(第一次审查本)》较之前的《术语词汇》和《物理学语汇》都更加专业和详尽,许多留学归国的学者参与了《物理学名词(第一次审查本)》的编订工作,如 dimension—量纲、moment—距、stress—应力、entropy—熵等词的译法即为此次修订确定。

物理学名词虽在民国时期正式走向规范和统一,但晚清时期西方传教士、留日学生和大量中国本土学者在名词编订、使用规范过程中所做出的尝试和努力,为之后的规范和统一提供了可供参考和借鉴的范例。

---

① 刘寄星.汉语物理学名词统一编订的早期历史[J].物理,2013,42(6):409-414.

3. 数学公式使用的标准化

数学方法是科学方法中最重要的一种。彭加勒认为,数学的三个目的之一是"物理学的目的",即数学是"研究自然的工具"①。数学工具的应用化程度,标志着一门学科的科学化程度。同时,数学语言的使用也使科学语言成为一种国际语言,不论学习者的母语是什么语言,只要学习了规范的科学语言,都能够做到相互理解。②

早期由传教士引入的物理教科书,鉴于当时中国读者的数学水平和对科学常识的了解情况,一般都注重描述性知识的介绍和应用性知识的讲解,对于物理学中数学公式的介绍和讲解涉及较少。如《博物新编》等书,全书基本上无任何数学公式;丁韪良在编写《格物入门》时,同样注重知识的介绍,而将涉及数学公式和数学计算较多的部分,单独编写成《格物测算》一书,供具有一定数学知识和物理学基础的读者、学生使用。

早期物理教科书程度大多较浅,引入的数学知识较少,且为照顾中国读者的数学水平和运算习惯,避免使用数学公式,即使使用数学公式的也以汉字代替字母,纵向书写数学公式,为进行复杂的数学运算带来诸多的不便。

1900 年之后,译自日本的物理教科书开始成为教科书市场的主流,以英文字母代替汉字,用英文公式代替汉字公式的形式开始出现在教科书中。

如陈榥翻译的《中学物理教科书》在正文前的译言十则中,作者写道:"一原书记号均用西文字母,今仍其旧,唯立言体裁有不划一者,译时亦未及修正,然按诸意义则全无参差,如言 v 速度,亦言速度 v,譬犹四尺速度变言速度四尺,其意义固无不同也。"③之后,作者又对"+""-""<"">"等数学符号的读法进行了注释,对阿拉伯数字、英文字母的使用与中文字词的对应关系进行了说明。他写道:"凡西文 123 等字,即中文一二三等字,今特做表如下,其西字下旁注之中文字即相当字:1 一,2 二,3 三……"凡记号所用英文字母,可以中文甲、乙、丙等字或他字当之,今做表如下,其英字母下旁注之文字即可视为相当字:"小写英文字母:a 甲,b 乙,c 丙,d 丁,e 戊,f 己,g 庚……""大写英文字母:A 乾,B 坤,C 坎,D 离……"④

该书在正文中,已经开始使用英文字母表示公式。如在第四章《运动》部

① 彭加勒.科学的价值[M].李醒民,译.沈阳:辽宁教育出版社,2000:76.
② Brookes B G. Presenting Science in Physics Textbooks[J].Physics Bulletins,1958(9):1615-172.
③ 水岛久太郎.中学物理教科书[M].陈榥,译.东京:教科书译辑社,1902:2.
④ 水岛久太郎.中学物理教科书[M].陈榥,译.东京:教科书译辑社,1902:4.

分,作者写道:"等速度运动(uniform motion)运动之最简易者,为等速度运动,因无加速度之故,耗道葛辣非(Hodograph,现称时距曲线。笔者注),为一点,即速度之方向大小不变而经路成一直线也,故即前章所论,将速度命为 v,所行之路命为 s,所费之时命为 t,$v=s/t$ $s=vt$ $t=s/v$,v、t、s 三数之中,有二已知数,其余一数即可求而知,故此理毋庸他说之申明也。"[①]

随着译自日本教科书的广泛使用,英文表达数学公式的优势也逐渐被读者接受和认可,在经历了晚清时期中文数学表达式和英文表达式混用的数年之后,民国时期的教科书已基本认可了用英文字母表达数学公式的形式,汉字表达方式逐渐减少直至消失。至 1914 年,蔡钟瀛翻译、群益书舍出版的中村清二《物理教科书》全书采用英文表达数学公式,并采取横版印刷的方式,运算表达更加清晰、直观,大大方便了运算和阅读。在该书《力学》部分,作者写道:力之绝对单位,依据重力以定力之单位,其法已述之于第一一节矣,然求合于理论上之目的,常依据运动第二法则以定之,即以(及影响于单位质量而使单位加速度)之力为力之单位也,此称为力之绝对单位,前第一一节者称为力之重力单位,及影响于质量一瓦而使其速度每秒增加一(厘秒)之力为 C.G.S 法之单位,称之为屯(dyne),用绝对单位,则运动第二法则得以左式表之:$f=ma$。式中 f 为力,m 为物体之质量,a 为加速度。[②] 可见,此时以英文字母表达数学公式已经深入人心,成为毋庸多言的事实,极大地方便了学生学习物理知识。

三、科学方法的引介

科学方法是科学知识体系的基本要素,是通向所有科学思维的关键,是科学素养的重要组成部分。[③] 科学方法虽具有如此重要的地位和作用,但是在早期的物理教科书中,大多注重对物理学知识的宣传和介绍,对科学方法却不够重视,主要以叙述为主,甚至对部分重要的物理学规律的介绍,也仅是直接给出规律,再对规律进行应用,很少涉及科学方法的专门介绍,经常使用的科学方法也仅限于观察法、实验法、归纳法等。

随着物理学教科书的大量翻译、出版以及科学教育理论的不断发展,科学方法的重要作用也逐步被学者所认识。学者们在编写教科书的过程中,将科学方法放在较重要的地位,不断加以深化。

---

① 　水岛久太郎.中学物理教科书[M].陈榥,译.东京:教科书译辑社,1902:41.
② 　中村清二,蔡钟瀛.物理教科书[M].上海:群益书舍,1914:31-32.
③ 　高奇(H. G. Gauch).科学方法实践[M].王义豹,译.北京:清华大学出版社,2005:4.

1904 年,谢洪赉在翻译《最新中学教科书物理学》一书的过程中就通过或显或隐的方式,注意观察、实验、类比、图表、演绎推理、控制变量等科学方法的渗透。其在开篇"总引"中即指出:"学者考诸定律,而以言语申明之,则必用实验之法。"[①]在《试验》一节中,译者谈道:"试验者不啻诘问万物……试验之功效,必先以臆想解释之,按之种种事实,皆无远杵,则成理想,理想积验而不可驳,则成物理学之定例。"[②]既强调了实验在物理学中的重要作用,而且还阐述了形成物理定律的基本程序,即:提出假设、形成初步理论、设计并进行实验验证假设、最终形成物理学定律的过程。在"实验室功课"开始处作者写道:"学生在实验室之功课与诵读室内不同,一则专重试,考察未知之理,一则专重领悟,理会已发之蕴。"[③]之后作者对实验所需的实验记录本、精确记录和重复实验等物品和注意事项一一列举,经过上述论述,使读者能够对实验的作用、实验开展、实验所需物品和注意事项有大致的了解,便于学生在学习全书设计的 257 个小实验、188 个实验室实验时进行实验操作、掌握实验原理。

图表法也是《最新中学教科书物理学》一书常用的科学方法。图表法即运用画图的方式展示实验获得的数据,常用的图表法有折线图、柱状图和饼状图,该书运用较多的是折线图,谢洪赉称该法为"曲线记效法",并称:"试验所得之功效,以曲线法记之,最清晰亦最合宜……试验时所定之点愈多,则其求得之曲线愈密合……观此曲线有得试验所未定之点。"[④]作者通过图表可以清晰地展示实验数据的走势变化,方便总结实验数据间的关系和物理规律。如其在讲解测试长杆倾斜情况与施加重物质量间关系和抛物线等问题时,均使用了图表法。

类比法即用浅近的、易于理解的事物类推到其他与之具有相同或相似属性却难以被理解的事物的一种科学方法。该方法也是《最新中学教科书物理学》一书中常用的科学方法。如在《电势》一节,作者即将电势类比为水压、将电流类比为水流,通过类比法,将看不见、摸不到的电势和电流与学生能够亲身感受到的水压和水流进行类比,使学生对所学到的物理学知识不再陌生,更易于理解和接受。

在编写教科书的过程中,作者适当将科学方法教育显性化,有助于训练学

---

① 谢洪赉.最新中学教科书物理学[M].上海.商务印书馆,1904:3.
② 谢洪赉.最新中学教科书物理学[M].上海.商务印书馆,1904:8.
③ 谢洪赉.最新中学教科书物理学[M].上海.商务印书馆,1904:14.
④ 谢洪赉.最新中学教科书物理学[M].上海.商务印书馆,1904:34-35.

生的思维方法、培养学生的思维习惯,提高学生解决物理问题的能力。[①] 纵观物理教科书中科学方法渗透的教育方式,大致经历了无意识使用、隐性教育、隐显结合到显性教育的发展历程。晚清时期的教科书大多对科学方法偶有关注,极少开展真正的科学方法教育,但也正是这种"润物细无声"的教育方式,使科学方法在学生、读者心中扎根,并在日后得到关注和发扬。在民国时期的部分物理教科书中,编者就已经开始关注科学方法教育问题,虽不系统、不深入,但也取得了一定的成效。[②]

第二节　晚清物理教科书科学启蒙的历史影响

一、为民国时期物理教育奠定基础

1. 为民国时期物理教科书的繁荣提供条件

自鸦片战争之后,传教士玛高温于 1851 年编写的《博物通书》面世,至辛亥革命爆发丛珚珠于 1911 年翻译的《新撰物理学》出版的 60 年间,我国共出版、发行各类中学物理教科书 100 多部,年均出版近两部,特别是晚清最后 6 年间,年均出版物理教科书近 10 部。物理教科书的大量翻译、编写、出版、发行,极大地繁荣了晚清教科书市场,为广大学生、读者提供了更多的选择,同时也为民国时期物理教科书市场的进一步丰富、发展提供了先决条件。

辛亥革命推翻了清王朝的统治,标志着在中国延续数千年的封建君主制度的终结。1912 年 1 月 1 日,中华民国临时政府成立,孙中山在南京宣誓就任临时大总统,发布《临时大总统就职宣言》和《告全国同胞书》,明确宣告临时政府的任务:尽扫专制之流毒,确定共和,以达革命之宗旨。[③] 之后,临时政府陆续颁布了一系列政治、经济、军事、文化等方面的改革措施,并任命蔡元培为教育总长,开启了民初的教育改革。

蔡元培就任后,立即组织编制并发布了《普通教育暂行办法》,要求所有中

---

① 李正福,李春密,邢红军.从隐性到显性:物理科学方法教育的重要变革[J].课程教材教法.2010 (12):71-74.

② 李正福,谷雅慧.百年中学物理教科书中科学方法教育的变迁研究[J]. 物理教师,2017,38(3):69-73,78.

③ 临时政府公告第一号,转引自:田正平.中国教育史研究(近代分卷)[M].上海:华东师范大学出版社,2009:171.

小学限期开学,并提出:清末各学堂均改称学校,监督、堂长一律改称校长;初等小学可男女同校;各种教科书务合乎共和国宗旨,清学部颁布之教科书,一律禁止使用;小学读经科一律废止;清末学堂的奖励出身制度一律废止等。该文件共同 14 条内容。同时,临时政府颁布了《普通教育暂行课程标准》,对中小学和师范学校的课程设置、教授科目、周学时数和课程表等进行了规定。通过蔡元培等人的努力,民国初期的教育在新政权刚刚稳定的动荡局面下得到了发展。

1912 年 9 月,中华民国教育部颁布了新的教育宗旨:注重道德教育,以实利教育、军国民教育辅之,更以美感教育完成其道德。这较之前清的忠君、尊孔、尚公、尚武、尚实等封建王朝教育宗旨有了很大的进步。1913 年 8 月,中华民国教育部发布壬子、癸丑学制,从临时性的《普通教育暂行办法》和《普通教育暂行课程标准》正式发布学制体系,基本上完成了民国时期国民普通教育体系的建设工作。

据统计,1912 年,全国学校达到 87272 所,学生数达到 2933387 人,较 1909 年学堂数量增加 28000 所,在校生人数增加 1300000 人。[①] 特别是废止读经科、废止清末学堂的奖励出身制度和实行男女学生同校等方面的教育改革,更是开创了中国近代教育的新局面。

民国初建,虽颁布了《普通教育暂行办法》《普通教育暂行课程标准》等教育制度,并明确要求"各种教科书务合乎共和国宗旨,清学部颁布之教科书,一律禁止使用",但因开学在即,时间紧迫,许多地区的教科书使用情况还很混乱。有的学校使用教师自编的讲义、有的学校使用私人编写而由书商发行的材料,有的学校使用的是译自日本的教科书。[②] 各个版本的教科书内容不统一,水平参差不齐。许多晚清时期出版、发行的物理教科书仍在民国时期被使用,并多次再版。

《中国近代中小学教科书总目》记载,杜亚泉翻译的《物理学新教科书》(商务印书馆,1907)、陈文编写的《中等教育新式物理学》(科学会编译部,1907)、钱承驹编译的《普通物理学教科书》(文明书局,1907)、陈学埕编写的《实验理论物理学讲义(3 卷)》(商务印书馆,1907)等教科书在民国时期都曾出版、发行过新的版本。其中,陈学埕编写的《实验理论物理学讲义(3 卷)》更是出版多达 12 版,在 1934 年仍有新版本发行。[③]

---

① 田正平.中国教育史研究(近代分卷)[M].上海:华东师范大学出版社,2009:173.

② 骆炳贤.物理教育史[M].长沙:湖南教育出版社,2001:159.

③ 王有朋.中国近代中小学教科书总目[M].上海:上海辞书出版社,2010:690.

　　伴随着民国教育管理的不断规范,中华书局、世界书局等新式民营书局的不断崛起,民国物理教科书也出现了繁荣局面。特别是 1922 年,中华民国政府颁布了壬戌学制,将中学分为初中和高中之后,各类初中教科书、高中教科书、实验教科书、复习指导书纷纷面世。自 1912 年中华民国临时政府成立至 1949 年中华人民共和国诞生,政府共出版各类中学物理教科书 150 种以上[①],年均出版物理教科书 4 种左右,达到晚清时期年均出版物理教科书数量的两倍,且不光教科书出版的数量增加,种类也不断增多,如表 7-1 所示。

表 7-1　民国时期中学物理学教科书出版情况汇总表

序号	书名	出版时间	作者	出版社
1	物理学讲义	1912	伍作楫 辑	——
2	中学物理学教科书	1912	余岩 编著	文明书局
3	汉译密尔根盖尔物理学	1913	屠坤华 编译 徐善祥、杜就田 校订	商务印书馆
4	密尔根盖尔物理学实验教程	1913	米尔根、盖尔 著 徐善祥 编译	商务印书馆
5	共和国教产书物理学	1913	王季烈 编 周昌寿 校订	商务印书馆
6	民国新教产书物理学	1913	王兼善 编纂	商务印书馆
7	中学物理教科书	1913	伍光健 编	商务印书馆
8	物理教科书	1914	中村清二 著 蔡钟瀛 译	群益书社
9	中华中学物理学教科书	1914	黄际遇 编 陈纯、沈煦 校订	中华书局
10	女子物理教科书	1917	滨幸次郎、河野龄藏 著 黄邦柱 译	群益书社
11	新制物理学教本	1917	吴传绥 编	中华书局
12	实用教科书物理学	1918	陈榥 编	商务印书馆
13	实用物理学教科书	1919	张文熙、邱玉麒 编	铭记印刷所

---

① 　王有朋.中国近代中小学教科书总目[M].上海:上海辞书出版社,2010:688-706.

（续表）

序号	书名	出版时间	作者	出版社
14	新法理科教科书	1922	凌昌焕 编	商务印书馆
15	初等实用物理学教科书	1923	贾丰臻、贾观仁 编 译	商务印书馆
16	现代实践教科书物理学	1923	周昌寿 编辑	商务印书馆
17	米尔根盖尔实用物理学	1924	米尔根、盖尔 著 周昌寿、高铦 译	商务印书馆
18	新中学教科书物理学	1925	钟衡臧 编 华襄治 校	中华书局
19	物理学问题精解	1925	王枚生 编	商务印书馆
20	理化界之常识	1926	张伯谨 编	北京商务印书馆
21	新撰初级中学教科书物理学	1926	周昌寿 编辑	商务印书馆
22	初级中学学生物理学实验教程	1928	高田德佐 著 郑贞文 译	商务印书馆
23	初级物理实习讲义	1930	丁燮林 著	商务印书馆
24	初中物理学	1930	龚昂云 编辑 金通尹 校订	世界书局
25	实用物理学	1930	陆静孙 编	民智书局
26	新时代高中教科书物理学（上、下册）	1930—1932	周昌寿 编	商务印书馆
27	最新高中物理实验	1930	耿克仁 编	华北科学社
28	新标准初中物理（上、下册）	1931	王鹤清 著	文化学社
29	高中物理学	1931	傅溥 编著	世界书局
30	高中物理学	1931	庐熙仲等 编	蔚兴印刷厂
31	普通物理学	1931	夏佩白 编	大东书局
32	物理学精义	1931	差泽原 著 潘祖武 译	商务印书馆
33	初中物理学指导书	1932	谢一挥、龚昂云 编	世界书局
34	高级中学物理实验	1932	方嗣樅 编著	师大附中理科丛刊社

（续表）

序号	书名	出版时间	作者	出版社
35	高级中学物理学实验教程	1932	段仁德 编	华东基督教教育会
36	开明物理学读本（上、下册）	1932	戴运轨 编著	开明书店
37	物理问题详解	1932	王承基 编	南京书店
38	勃拉克台维斯最新实用物理学	1933	布莱克、戴维斯 著 陈宝珊 译	文怡书局
39	初中物理	1933	阎玉振 编	北平立达书局
40	初中物理学（上、下册）	1933	胡惪风、胡刚复 编	北新书局
41	高级中学物理学实验教程	1933	戴运轨 编著	钟山书局
42	高中物理科教学进度表	1933	江苏省教育厅 编	编者刊
43	高中物理学（上、下册）	1933	倪尚达 编著 叶少农、王佐清 助编	钟山书局
44	新生活初中教科书物理	1933	周毓莘 编著	大东书局
45	物理实验	1933	胡惪风 编	北新书局
46	物理实验	1933	吴祖龙、李韵菡 编	黎明书局
47	物理学	1933	方嗣槾 编	北平理科丛刊社
48	新标准初中教本物理学（上、下册）	1933	周昌寿 编著	开明书店
49	复兴初级中学教科书物理学（上、下册）	1933	周颂久 编著 王云五 主编	商务印书馆
50	物理学纲要	1933	密尔根、盖尔、培尔 著 陈天池等 译	科学社
51	初中物理（上、下册）	1934	张开圻、包墨青 编 华襄治、华汝成 校	中华书局
52	龚氏初中物理学（上册）	1934	龚昂云 编纂	世界书局
53	高中物理	1934	沈星五 编	文化学社
54	高中物理学（上、下出）	1934	仲光然 编	中华书局
55	高中物理学实验	1934	包墨青 编	世界书局
56	密尔根盖尔培尔物理纲要	1933	陈天池 等译	科学社

（续表）

序号	书名	出版时间	作者	出版社
57	物理实验法	1934	夏佩白 编	梅枝书局
58	物理学	1934	周昌寿 编	商务印书馆
59	物理学计算问题解法	1934	王维廉、王止善 编	中华书局
60	最新物理学	1934	吴镜兆 编	广州中华科学教育改进社
61	勃拉克台维斯最新实用物理学解题	1935	周绍文 编	乐群科学研究所
62	初级物理实验	1935	蔡亦平 编著	燕北理科教育研究社
63	初中物理参考书（上册）	1935	张开圻、郁树锟 编	中华书局
64	初级中学物理学（上、下册）	1935	陈杰夫 编著	正中书局
65	新标准初中物理学（上、下册）	1935	沈星五 编著	文化学社
66	初中物理学辑要	1935	常蔚生、王少农 编	新民学会
67	傅氏高中物理	1935	傅溥 编著	世界书局
68	高级中学物理实验	1935	丁燮林、王书庄 编	国立中央研究院物理研究所
69	高中物理辑要	1935	艾秀峰 编著	新民学会
70	开明物理学教本改订本	1935	戴运轨 编著	开明书店
71	实用力学	1935	王济仁 编	中华书局
72	物理学	1935	陈岳生 编著	商务印书馆
73	物理学	1935	张资平 编	中学生书局
74	物理学纲要	1935	吴镜兆 编	中华科学改进社
75	复兴初级中学教科书物理学教员准备书	1935	陈岳生 编著 王云五 主编	商务印书馆
76	物理学实验	1935	周昌寿、文元模 编	商务印书馆
77	物理学学生实验教程	1935	朱建霞 编	中华书局

（续表）

序号	书名	出版时间	作者	出版社
78	新实用物理学	1935	布莱克、戴维斯 著 薄善宝 等译 张贻惠、刘拓 校订	北平师大附中理科丛刊社
79	中等物理学问题详解	1935	许雪樵 编	开明书店
80	中华百科丛书物理学纲要	1935	陈润泉 编	中华书局
81	最新实用物理学（上、下册）	1935	布莱克、戴维斯 著 陈岳生 译	商务印书馆
82	标准高中物理实验	1936	方嗣楬 编著	师大附中理科丛刊社
83	初中物理复习指导书	1936	陶世洪 编	新生书局
84	初中物理实验教程	1936	高季可、居小石 编	中华书局
85	高中标准物理学力学（上册）	1936	李直钧 等译	直钧科学实验社
86	高中物理学	1936	仲光然 编	中华书局
87	汉译达夫物理学（上册）	1936	佟韶华 编译	戊辰学社
88	开明物理学讲义	1936	沈乃启、夏承法 编	开明书局
89	物理实验	1936	米尔根 著 王维廉、袁雪心 编译	中华书局
90	物理试题总解	1936	施惠同、陈建勋 编	东方书店
91	物理学	1936	高行健 编	中山书局
92	物理学	1936	王善章、王德勋 编	光明书局
93	初中物理（上、下册）	1937	张开圻、包墨青 编	中华书局
94	初中物理复习指导	1937	丁光宇 编	现代教育研究社
95	初中新物理（上册）	1937	何守愚 编著	世界书局
96	汉译斯梯渥氏高等物理学习题详解	1937	齐振寰 编	北平科学社
97	建国高中物理学	1937	张开圻 编	正中书局
98	女中物理学表解	1937	桂林女中 编	编者刊

（续表）

序号	书名	出版时间	作者	出版社
99	物理学	1937	杨孝述、胡毡风、胡刚复 编辑	中国科学图书仪器公司
100	物理学	1937	张开圻 编	商务印书馆
101	初中物理	1938	（伪）教育部编审会 编著	编者刊
102	复兴初级中学教科书物理学实验	1937	陈岳生 编著 王云五 主编	商务印书馆
103	简明力学	1938	姚幼蕃 编著	世界书局
104	开明物理学教本（修正本）	1938	戴运轨 编著	开明书店
105	物理学（审定本）	1938	周颂久 编著	商务印书馆
106	物理学（修正本）	1938	周昌寿 编著	开明书店
107	朱氏初中物理	1938	朱昊飞 编著	世界书局
108	初中物理（上、下册）	1939	（伪）教育总署编审会 编著	编者刊
109	初中物理参考书（上、下册）	1939	徐天游 编 陶翔鸿 校	中华书局
110	高级中学物理学教本	1939	陈德云 编著	大华印书局
111	高中物理	1939	（伪）教育总署编审会 编著	新民印书馆
112	简明热光声学	1939	姚幼蕃 编著	世界书局
113	师范学校教科书物理学	1939	周毓莘、沈有葵 编著	商务印书馆
114	建国教科书初级中学物理学（上册）	1940	陈杰夫 编著	正中书局
115	国定教科书初中物理（上、下册）	1940	（伪）教育部编审委员会 编	新亚印书局
116	初中物理	1940	李超 编著	艺文书社
117	高中新物理学	1940	寿望斗 编著	世界书局
118	（重订）高中物理实验	1940	耿克仁等 编著	华北科学社

（续表）

序号	书名	出版时间	作者	出版社
1119	初中新物理学	1941	宋承均、周文、徐子威 编著	上海科学社
120	基本实用物理学（最新修订本）	1941	布莱克、戴维斯 周文 译述	上海新科学书店
121	理化问题详解 物理之部	1941	重庆理化研究会 编	
122	物理	1941	陈朔南 编	商务印书馆
123	最新高中物理学	1941	方克诚 编	湖南南轩图书馆
124	标准初中物理学	1942	赵东樵、黄培新 编著	长沙琴庄仪器图书馆
125	大时代高中物理	1942	李绪文、王定百 编	兼声编译社
126	勃台实用物理学题解	1943	周颐年 编演	世界书局
127	勃台物理实验	1943	将宪淞 编	世界书局
128	初中物理复习指导	1943	丁光宇 编	北新书局
129	正中高中物理习题解	1943	黄斗懿 编	复兴书局
130	新中国教科书初级中学物理学（上、下册）	1944	常伯华 编著	正中书局
131	高级中学物理实验	1945	丁燮林、王书庄 著	开明书店
132	新中国教科书高级中学物理学（上下册）	1945	张开圻 编著	正中书局
133	勃拉克台维斯新实用物理学习题详解	1946	郑毓苏 编著	理科丛刊社
134	勃拉克台维斯最新实用物理学（修订本）	1946	勃拉克、台维斯 著 陈宝册 译	文怡书局
135	物理学问题通解	1946	缪超群 编	新亚书店
136	新修正标准初中物理（上、下册）	1946	甘景镐、林琼平 编著 黄福煦 校订	大东书局
137	中学活用课本初级物理学纲要	1947	杨士文 编著	世界书局

（续表）

序号	书名	出版时间	作者	出版社
138	初中物理	1947	张开圻、包墨青 编	中华书局
139	初中物理学	1947	胡悫风 编	北新书局
140	初中新物理学（上、下册）	1948	何守愚、陈公衡 编著	世界书局
141	投考大学全书 物理之部	1947	徐兆华 编	师友出版公司
142	中国科学教科书初中物理学	1948	杨孝述 编	中国科学图书仪器公司
143	初中物理学提要	1948	刘遂生 编	中华书局
144	初中新物理学（上、下册）	1948	徐子威 等编著	上海科学社
145	高中物理复习指导	1941	丁光宇 编	现代教育研究社
146	高中物理实验	1948	兆平私立笃志女子中学 编	编者刊
147	中国科学教科书高中物理学（上、下册）	1948	严济慈 编著	中国科学图书仪器公司
148	汉译达夫物理学题解	1948	高佩玉 编演	北平科学社
149	基本实用物理学	1948	布莱克、戴维斯 著陈岳生 译	开明书店
150	物理难题详解	1948	陈朔南 编	平津书店
151	物理修订本	1948	谭勤余 编	商务印书馆
152	物理学	1948		东北书店
153	物理学精华	1948	陈振华 编	中华书局
154	物理学要览	1948	桑安柱 编	商务印书馆
155	物理珍话	1948	钱耕莘 编	文光书店

资料来源：王有朋.中国近代中小学教科书总目[M].上海：上海辞书出版社,2010：688-706. 北京图书馆.民国时期总书目[M].北京：北京图书馆出版社,1996：273-281.

2. 培养了物理教科书编写人才

据统计，共有 65 人参与民国时期出版的 100 多种物理学教科书，其中英美传教士 12 人、日本学者 2 人，其余 51 人为中国学者或留日中国学生。在早期教科书引入阶段,西方传教士是译书的绝对主力,大多数的教科书都由这些传教士翻译,或由传教士与中国学者合作完成。1900 年之后,留日学生和中国本土学者成为译书的主力,谢洪赉、杜亚泉、陈榥、陈文哲等一大批中国作者参与到教科书翻译、编写队伍中,这一时期的绝大多数物理教科书都由中国人完成。

经过多年的物理教育与熏陶,中国物理人才队伍得到了不断的壮大,培养了周昌寿、王兼善、龚昂云、周颂久、戴运轨等大量的物理教科书编写人才。在民国时期,除日本学者滨幸次郎、河野龄藏翻译的《女子物理教科书》外,已经鲜有外国人参与翻译的教科书出版、发行。

3. 培养了大量的物理学研究人才

物理教科书是培养物理学人才的基石。民国时期出现了许多物理学人才为民国的人才录增添了色彩。但不可否认,民国时期的许多物理学人才大都诞生于晚清时期,并在晚清时期接受了物理学启蒙教育。可以推断,物理教科书作为学生的物理学启蒙读物,陪伴他们度过了学习生涯,为他们的物理学专业成长奠定了基础。

(1)中国第一位物理学博士李复几。

李复几,原名李福基,1881 年 12 月 9 日生于上海,1947 年 9 月病逝于四川省。他幼年接受家塾教育,在长沙时务学堂学习,1901 年 7 月毕业于南洋公学中院,为南洋公学中院首届毕业生。其在中院毕业后,因该校尚未建成上院,受学校派遣留学欧洲。他曾在伦敦国王学院学习语言,之后进入芬斯伯里学院和伦敦大学学习机械工程,曾在伦敦机械工程师研究所和德国汉尼尔理机器厂实习。1906 年,他进入波恩皇家大学师从凯瑟尔从事光谱学研究,1907 年获得物理学博士学位,是中国第一位物理学博士。

李复几曾就读的长沙时务学堂、上海南洋公学等学校,均为晚清时期知名的新式学堂,均开设了物理课程。梁启超主持时务学堂时,在其制定的《湖南时务学堂学约十章》中,就曾指出:

五约穷理。瓦特因沸水而悟汽机之理,牛顿因苹果落地而悟巨体吸物之理,侯失勒约翰因树叶而悟物体分合之理,亚基米德之创论水学也,因入盘浴而得之;葛立里由之制远镜也,因童子取二镜片相戏而得之。西人一切格致制造之学,衣被五洲,震烁万国;及推原其起点,大率由目前至粗极浅之理,偶然触悟,遂出新机……今格致之学,略有译本,我辈所已知之理,视前人盖有加焉,因而益穷之。大之极恒星诸天之国土,小之及微尘血轮之世界,深之若精气游魂之物变,浅之若日用饮食之习睹,随时触悟,见浅见深,用之既熟,他日创新法、制新器、辟新学,皆基于是,高材者勉之。穷理之功课,每刚日诸生在堂上读书功课毕,由教习随举目前事理,或西书格致浅理数条以问之,使精思以对,对既遍,教习乃将所以然之理揭示之。[1]

该条学约对物理课程的意义、作用、教科书和课程安排、教学方式和考核方式进行了规定。

李复几曾就读的上海南洋公学也应时之需,开设了物理课程。该校教员杨耀文回忆,(光绪)二十五年夏(1899 年,正是李复几就读期间。笔者注),中院校舍落成……格致范围颇广,主要者为理化,所用讲义由物理教员陆之平、化学教员黄国英分别编译,黄之化学课本译稿现尚归图书馆保存,至于实验,由教员上课时酌量情形,为之表演,所置应用仪器,简单者居多。理化而外,有科学教育及动、植、矿、生理、地理,虽略备各种博物标本、图表、模型、地图、地球仪等,未全列入正式课程。本院所属译书院,有《科学教育学讲义》译稿与《格致读本》译本,原意本为师范院而设备。[2] 除杨耀文提到的物理教员陆之平译书外,李复几留学英国的具体操办人即时任南洋公学提调伍光健,也是近代知名的翻译家,其翻译的《最新中学教科书》系列物理学教科书在晚清时期非常知名。

1907 年 1 月,李复几完成博士论文《关于 P.Lenard 的碱金属光谱理论的分光镜实验研究》,3 月 5 日,李复几被授予高等物理学博士学位,成为中国历史上第一位物理学博士。

(2)一代物理教育大师叶企孙。

叶企孙,1898 年 7 月 16 日出生于上海书香世家,自幼接受传统教育,1977年病逝于北京。1907 年,他进入新式学堂上海敬业学堂学习;1911 年,进入清华学堂学习;1918 年,前往美国留学,1923 年获得哈佛大学博士学位;1924 年回国在清华大学任教,创办了清华大学物理系,并任理学院首任院长,是中国近代物理学奠基人、中国物理学界的一代宗师。叶企孙先生一生桃李满天下,诺贝尔物理学奖获得者杨振宁、李政道都是他的学生,包括钱三强、赵九章、王淦昌、王大珩等在内的 23 位"两弹一星"元勋中,超过一半都曾受业于叶先生,在他门下,走出了 79 位中国科学院院士。

---

[1] 梁启超.《湖南时务学堂学约十章》,转引自陈学恂.中国近代教育史教学参考资料上册[M].北京:人民教育出版社,1986:396-397.

[2] 杨耀文.《本校四十年来之重要变迁(节录)》转引自陈学恂.中国近代教育史教学参考资料上册[M].北京:人民教育出版社,1986:317.

1921 年叶企孙和导师杜安(W. Duane)及帕尔默(H. H. Palmer)合作用 X 射线精确地测定普朗克常数,被物理学界沿用 16 年之久。亚瑟·康普顿(Arthur Compton)在 1935 年出版的著作《X-射线的理论和实验》(*X-Rays in Theory and Experiment*)一书中称叶企孙等的工作是一次对普朗克常数的最为可靠的测定,科恩(E. R. Cohen)在《物理学的基本常数》(*The Fundamental Constants of Physics*)等书中对叶企孙等人的这项工作也有记载。[①]

叶企孙幼年就读的上海敬业学堂,原名为敬业书院,在"癸卯学制"颁布的前一年被更名为敬业学堂。时任校长为叶企孙之父叶景沄,叶景沄任敬业学堂校长期间,在学堂中设置"西算""理化""博物"等课程。[②] 早年的物理教育对叶企孙先生的成长产生了重要的影响,据叶企孙的学生、著名物理学学家钱三强回忆,(叶企孙等)教师们除教学工作外,还开展科学研究工作,组织学生进行科学实验。后来在国外进行科学研究工作时,由于在国内受过各种训练,因而自己很快能动手做实验,不比同时工作的外国青年差。[③]

(3)近代中国科学事业的拓荒者任鸿隽。

任鸿隽,字叔永,1886 年生于四川省垫江县,1961 年辞世,是近代知名教育家局、社会活动家,近代中国科学事业的拓荒者,近代中国第一个科学社团——科学社和第一份综合性科学杂志《科学》的创办人之一。

任鸿隽早年先后就读于重庆府中学和中国公学,1908 年留学日本东京高等工业学校,1913 年进入美国康奈尔大学学习,获得学士学位;1916 年进入哥伦比亚大学学习,获得硕士学位。1918 年回国,他先后在北京大学、东南大学、四川大学等学校任教。1949 年后,任鸿隽任全国政协委员、上海市人大代表、上海政协副主席等职务。

任鸿隽既有中学根基,又接受过新式学堂的西学教育,并具有日本、美国多所大学的留学背景,对"科学"的丰富内涵具有深刻的认识。他在中国大力宣传"科学救国"的理念,并最终成为著名的科学事业宣传家、科学事业推进者。他用一系列事实和切实的行动推动了中国科学研究和科学传播事业的发展,促进

---

① 王向田.叶企孙的教育思想和教学实践[J].清华大学教育研究,2005(S1):9-14.

② 上海敬业中学[DB/OL].(2018-12-16)[2023-5-31]. Https://baike.baidu.com/item/%E4%B8%8A%E6%B5%B7%E5%B8%82%E6%95%AC%E4%B8%9A%E4%B8%AD%E5%AD%A6/6833770? fr=aladdin.

③ 钱三强.缅怀敬爱的叶企孙教授[J].物理通报,1987(5):10.

了中国科学体制化的建立。①

任鸿隽说:吾此时于本文学术之本源略有所见,谓西方学术乃至西方文化之所异于东方者,一言以蔽之,西方有科学,东方无科学而已。所谓科学者,非指化学、物理学或生物学,而为西方近百年来用归纳方法研究天然与人为现象所得结果之总和。故所谓科学者,决不能视为奇技淫巧或艺成而下之事,而与吾东方人之用考据方法研究经史无殊,特其取材不同,鹄的各异,故其结果遂如南北寒燠之互异耳。同时欲效法西方而撷取其精华,莫如绍介整个科学。② 上述这段话,是任鸿隽以推进中国科学事业发展为终身职业的最佳注脚。

二、提升民众的科学素养

中国传统知识分子一般以一物不知为耻,但他们的知识结构大都围绕传统儒家典籍,以哲学、人文、道德知识为主,对自然科学知识的掌握处于非常基础的阶段。京师同文馆的总教习丁韪良通过与晚清大臣接触,看到他们对于自然科学知识的匮乏与傲慢,不禁发出"在文学方面他们是成人,而在科学方面,他们仍然是孩子"③的感叹。新式教育拓展了民众的知识结构,提升了他们的科学素养,实现了传统知识分子知识结构的现代转化。

1. 新式教育获新知

但是,随着教会学校、洋务学堂、新式学堂的广泛开设,包含物理学教科书在内的各类书籍、报刊等出版物的不断发行、传播,广大民众特别是一些先知先觉的知识分子的知识结构开始发生变化,逐步从抗拒西学到主动接触西学,并已具备一定的科学知识。

胡适于 1891 年出生,4 岁入私塾。1895—1904 年,他先后学习了《孝经》《小学》《论语》《孟子》《中庸》《大学》等儒家经典著作。1904 年,他进入上海梅溪学堂学习,开始接触西方自然科学,并大受"适者生存"的进化论影响,将"胡嗣穈"的原名改为"胡适"。

郭沫若生于 1892 年,6 岁入家塾,以读《三字经》"发蒙"起步,之后开始了白天读经、晚上作诗的生活,自 1902 年开始学做经义策论。从 1903 年起,其家塾的课本发生变化,他开始接触上海出版的各种新式蒙学教科书,内容包含格

---

① 黄翠红.近代中国科学事业的拓荒者——任鸿隽生平研究[D].扬州:扬州大学,2014:244.
② 任鸿隽.科学救国之梦:任鸿隽文存[M].上海:上海科技教育出版社,2002:682-683.
③ 丁韪良.花甲记忆[M].桂林:广西师范大学出版社,2004:202.

致、地理、东西洋史、国文(语文)等。①

　　除这些历史名人外,通过一些晚清教育变革亲历者的日记,我们也能感受到这种教育内容转变对莘莘学子的影响。在《朱峙三日记(1893—1919)》中,我们可以发现日记主人幼时在家塾中熟读《三字经》《孝经》《龙文鞭影》《诗经》《孟子》《论语》等著作的场景。1896年(作者年方10岁)的日记中,满是"二月初一 今年读《诗经》首本,师上八句或十二句,兼可听《论语》,以三、八日为定例","九月初四 今日下午,《下孟 告子》全部背诵,不差一字,王师批于《告子》末页"②之类的描述;1901年(作者15岁)的日记中,则开始出现"九月二十三日 今日正课题:中西互市,利源外溢,将何法整顿商务,挽回利权议"。"此时务题也,师喜看新书,讲求时务之学。城内教书者,舞步乐与谈论,领其尘教也。"③"十月二十八日 今日课题:中西格致学论。"④可见,在部分私塾中,一些追求新知的先生开始接触"时务之学""格致学",并在日常教学中向学生渗透。

　　1905年,清政府废除科举制度,朱峙三的日记中开始出现"八月二十日 前日报载有上谕,立即停止科举,各省学政改为专考察学堂事宜,今日科举已成历史上陈迹矣。许多醉心科举之人,有痛哭者矣"⑤。作为历史的亲历者,他目睹了自己为之奋斗多年的科举考试的废止和大多数士子难以接受的现实。

　　1906年,作者以第一名的成绩从县师范毕业,同年考入湖北省两湖总师范学堂学习,开始接触物理、化学等自然科学课程。他在日记中写道:"九月二十二日,今日上午三堂,修身、图画、算学。下午第一、二堂物理学,系仁、义两斋各分两堂合听讲。此讲堂在大操场旁,名大讲堂,相连有十座。听讲者前坐均两人并坐,甚低,以上渐渐高之,便于看理化试验者也。教习三泽力太郎,日本博士也,在湖北教过三次,闻聘金月二百元,以三年为定约。此人讲说甚佳,全恃译述汤玉山,即修身马教习之戚也。因予为初听物理学之人,甚快意,笔记特详,堂中亦发有简单之图表。"⑥"十月初六 予前住速成师范,无理化二科,今日初看试验,颇感兴味。"1909年,"八月十四日 今日上物理课,三泽教员试验火车模型,说明物理,并提及湖北展览会事"。1911年,"四月十三日 三泽力太郎

---

①　樊洪业.从科举到科学:中国本世纪初的教育革命[J].自然辩证法通讯,1998(1):40-47,39.
②　朱峙三.朱峙三日记[M].武汉:华中师范大学出版社,2011:27-28.
③　朱峙三.朱峙三日记[M].武汉:华中师范大学出版社,2011:92.
④　朱峙三.朱峙三日记[M].武汉:华中师范大学出版社,2011:102.
⑤　朱峙三.朱峙三日记[M].武汉:华中师范大学出版社,2011:169.
⑥　朱峙三.朱峙三日记[M].武汉:华中师范大学出版社,2011:193.

之物理学,试电学,予一一能之。其余声、光二门较容易试验"[1]。通过作者的描述,可见其是进入师范学堂之后才开始接触物理学的,且教习为日本人,当时的理化实验以教习做、学生观察为主,学生鲜有实际操作的机会,但学生对物理学的兴趣依然非常浓厚,学习效果较好。

在陆殿舆的《清末重庆府中学》[2]一文中关于重庆府中学物理课程的记录,也可以让我们对当时的物理课程教学有所了解。

清末兴学之初,国内理化教师极少。重中理化由日本教师藤川勇吉担任……他对教学工作扼要有四点:

(一)每次课都是先由藤川先生讲,次由翻译陈新之先生用汉语译出。陈先生语言简洁清楚,容易记录。藤川讲时用汉字写标题或大纲,或画图或做实验,学生从他的动作神态已略知大概,嗣经翻译系统地说明,就完全了解……

(二)藤川先生的启发式用得最灵活。他对教材和实验很熟练,在课堂上,对教材和实验,大约只用三分之一的精力来对付,而三分之二的精力用在教法安排和教室管理上……

(三)藤川先生教学第三个特点是循序渐进,边讲边练。物理跟数学有密切关系,他了解学生数学知识还浅,教学时先教浅易的部分,需要较高数学的部分,放到第四、五年级才教;热学、光学、电学也随时同数学科配合前进。他讲课用边讲边练方法,做到了当堂了解、当堂消化、当堂巩固的教学过程……

(四)直观教学适用于一切教学,理化等科尤为重要……

藤川先生整整教了我们五年的理化,(我们)所得的知识很多,印象最深。

可见,在晚清时期,不论历史人物、文化名人还是普通知识分子,他们大多从四书五经等儒学著作开始他们的读书生涯,并陆续在新式学堂里接触新式教科书,通过教科书接受了以物理学为代表的西方自然科学知识,于是筑牢他们贯通中西的学术根基。教科书内容的变革体现了教育内容的革命,其实质是从儒学知识体系开始向现代科学知识体系的转变。

2. 科学素养得提升

教科书是学生在学校学习期间接受知识的主要渠道。晚清学生在新式学堂中,通过新式教科书获取新知,知识结构得以更新,除传统儒学知识外,各类

---

[1] 朱峙三.朱峙三日记[M].武汉:华中师范大学出版社,2011:195.
[2] 中国人民政治协商会议四川省委员会文史资料研究委员会.四川文史资料选辑第十三辑[M].成都:四川人民出版社,1985:45.

自然科学知识也进入了学生的视野,开阔了学生的眼界,优化了学生的知识结构。

除教科书外,科技报刊也是晚清时期重要的科学传播渠道,傅兰雅主编的《格致须知》即为晚清时期最早的也是最为知名的科普期刊。该刊物自 1876 年创办,一直致力于向中国人传播西方科学知识和科学文化,对晚清时期科学传播方面产生了重要的影响。《格致须知》设有"读者问答",读者提问的内容即为他们所关心的却又在日常生活中无法解答的科学知识。通过分析这些问题,我们能够较好地了解晚清普通民众对科学知识的掌握情况。

这些问题包含"水缸因冰冻而裂碎,何故;家有黑猫,天冷以手逆摩其背上之毛,抚摸数次,见有细火星发出,有极微声响,手指觉痒,何故"等读者感到奇怪的生活琐事,也包含"美国近有人以电线传声,数十里之远能闻知何人言语,此事甚奇而不可解,何理,中国有人能造否;山中开采煤矿,其洞内难通外气,有何法能令外气通入"[1]等具备一定的科学知识。大量读者提问来信的不断刊登,表明了民众科学常识的匮乏以及对科学常识的渴求。

1898 年创办的《格致新报》同样是以宣传西方近代科学为目的的刊物,与《格致须知》相同,该刊物同样设置了"读者问答"栏目。通过对比、分析可见,《格致新报》刊登的读者提问问题难度和水平,已经较《格致须知》有了明显提升。原来读者在《格致须知》中提出的一些常识性问题,在《格致新报》中已经非常少见。如一位湖北读者提出:"太阳之热气,与亮光相辅而行,西人尝以电机照演天文,谓月球之有光,是太阳反照使然。果尔,则月光应有热气,何月光夜之冷热,与无光夜同,请详其理。"[2]经过多年新式教育的影响、西学教科书与科学期刊的科学启蒙,民众已经掌握了一定的科学常识,具备了一定的科学素养。

学生课艺即将考试题或试题与答案整理成册的一种文本形式。通过分析这些学生课艺,我们能够从另一个侧面反映学生的知识理解和掌握情况,为了解学生的知识结构提供参考。京师同文馆是中国近代第一所官办现代学校,于1861 年开办,1868 年开始开设自然科学课程,在该校 1872 年的学生课艺中,就出现了下列问题和学生作答情况。

问题:冬夏之冷暖有别,以图考之,其理若何?

学生作答道:冬夏之冷暖有别,其故有二:一、夏日照于顶,其光直下,冬日

---

① 蔡文婷,刘树勇.从《格致汇编》走出的晚清科普[J].科普研究,2007(1):59-65.

② 熊月之.西学东渐与晚清社会[M].上海:上海人民出版社,1994:457.

偏于南,其光斜射;一、夏日长,所积之热,较夜间所散之热多;冬日短,所积之热,较夜间所散之热少,此所以冷暖有别也。若以图考之,则更有进。盖地外有气,日光至地,必先过气,气虽透光,而略能阻热,故日光直下,则过气处较少,如甲丙,阻热亦少,故暖;日光斜射,则过气处较多,如乙丙,阻热亦多,故冷。(图略)

问题:光有二说,其理孰长?

学生作答道:光有二说,一谓光为细质散布也,一谓光乃微气扬动也。前人虽信前说,而后人考之,知有不通之处。如一烛光,能照数里,若光为细质,则一烛之质,不得有若是之多;而后说则无不通,亦若声音借气以扬,其理固长也。[1]

通过试题我们可以看出,同文馆对物理学知识的考察较为基础,部分较优秀的学生已经掌握了教师所传授的物理学知识,回答思路清晰,语言精练,具备了一定的科学素养。

1876年成立的上海格致书院是一所集科普展示和教学教育于一身的特殊机构,书院由中外人士共同出资捐物兴建。1877年开始,傅兰雅、狄考文、徐寿、华蘅芳、栾学谦等中外学者在书院里进行讲学和实验展示,成为向中国人展示西方科学技术的窗口。从1886年开始,书院举行一年多次的考课,由书院的组织者或邀请南北洋大臣出题,组织书院学生和号召江浙等省份的学子参与考课,考试内容以科学知识和实事为主。至1894年考课终止,共计组织了46次考试,来自全国十多个省份的1878名学生获得了一等以上(奖励分为超等、特等、一等)的奖励。

格致书院课艺的题目内容涉及较广:有具体的科学知识问题,如西人如何度量热、光、电问题,金属性质及导体阴极阳极问题,风性表说,枪炮射线问题等;有科学理论问题,如格致之学中西异同论、中西格致之说含义异同、西方格致学说源流、华人讲求西学用华文用西文利弊若何论、西学分科问题等;也有其他时政问题,如中国今日讲求富强之术当以何者为先论、泰西格致之学与近刻翻译诸书详略得失何者为最要论、如何兼综条贯各取中西之长、如何效法欧美设立技术学校等问题。这些课艺题目的提出者,都是当时知名的学者或是关心西学的清朝官员,这些问题代表了他们所关心的方向。参与课艺者的答题情况,则代表了当时知识分子对西学的掌握情况和理解水平。

---

[1]　同治十一年(1872)岁试英文格物第一名朱格仁试卷,中西见闻录第7号。转引自:熊月之.西学东渐与晚清社会[M].上海:上海人民出版社,1994:321.

如在 1889 年,格致书院课艺的出题者为李鸿章,题目是要求答题者论述西方科学发展的历程。参与课艺者中,共有钟天纬、蒋同寅、王佐才等 30 余人获奖,通过获奖学生的答卷可以看出,这些人对西方科学已经非常熟悉,对柏拉图、亚里士多德、伽利略、牛顿、达尔文等西方哲学家、科学家的理论可以娓娓道来,对于他们在科学史上的业绩、地位、发挥的作用更是如数家珍。

如超等获奖者钟天纬就在其答卷中写道:

格致之学,中西不同。自形而上者言之,则中国先儒阐发已无余蕴;自形而下者言之,则泰西新理方且日出不穷。盖中国重道而轻艺,故其格致专以义理为重;西国重艺而轻道,故其格致偏于物理为多。此中西之所由分也⋯⋯请申论之。

考西国理学,初创自希腊,分有三类:一曰格致理学,乃明征天地万物形质之理;一曰性理学,乃明征人一身备有伦常之理;一曰论辩理学,乃明征人以言别是非之理。其初创此学者,后人即以其名名其学,而阿卢力士托德尔,实为格致学之巨擘焉。阿君希腊人⋯⋯晚年十三载所著之书,囊括一生所考之事,语皆精粹,不涉悯恍之谈,人皆信为实录。综其平生,无一种学问不为思虑所到,可谓格致之大家、西学之始祖已。

越二千零三年,始有英人贝根出而尽变其说。贝根,英之伦敦人⋯⋯乃专心于格致之学。所著大小书数十种,内有一卷论新器,尤格致家所奉为主臬⋯⋯

迨一千八百零九年而达文生焉。达文为英之塞罗斯玻里人⋯⋯随英国兵船环游地球,测量绘画,并考究动植各物、舆地等事,返至英国,凡天下所有格致博物等会,无不邀请主盟,屡得金牌等奖赏⋯⋯

至于施本思,名赫白德,生于英国豆倍地方,小于达文者十一年,生平所著之书多推论达文所述之理,使人知生活之理、灵魂之理。其书流传颇广,其大旨将人学而确可知者与确不可知者,晰分为二⋯⋯近人译有《肄业要览》一卷,即其初著之书也。

此四家者,实为泰西格致之大宗,其派衍源流犹我中国汉儒宋儒之别,将来新理日出,正不患无继起之人也。[1]

此文作者钟天纬生于 1840 年,卒于 1900 年。钟天纬幼年家贫失学,主要

① 王韬.格致书院课艺:第四册,转引自熊月之.西学东渐与晚清社会[M].上海:上海人民出版社,1994:321,365 - 366.

靠自学具备一定中学的基础,33 岁入上海广方言馆学习,开始接触西学,后赴欧洲游历,回国后在山东机器局、上海江南制造局翻译馆工作,译书千百卷,参与创办了上海三等公学等多所学校。① 钟天纬是晚清时期热心西学知识分子的典型代表,他具有一定中学根基,主动接触、学习西方科学,对中学和西学认识透彻,并完成了《格致说》《中国创设铁路利弊论》《扩充商务十条》《挽回中国工商生计利权论》等多篇著作。他虽地位不高,无法与康有为、梁启超、严复等知名人士相提并论,但他渊博的科学知识、建议在学校"增设格致一科"②以宣传科学的态度、对中国传统文化不足之处的深刻认识、鲜明的反封建专制的立场,引发当今学者对晚清时期普通知识分子的重新认识。

第三节　晚清中学物理教科书科学启蒙的历史局限

自 1851 年第一本近代物理教科书《博物通书》面世,至 1911 年《新撰物理学》出版,晚清的物理教科书经历了鸦片战争时期、洋务运动译书时期、维新运动译书时期和新学制时期等四个时期,经过了 60 多年的发展,出版了 100 多种教科书。

在教会学校、洋务学校、新式学堂等新教育形式和物理教科书等新式教科书影响下的一代又一代晚清学子,在《格物入门》《格致须知》《物理学》等物理教科书的科学启蒙下,知道了在四书五经之外还有另外一片天空,在"子曰""诗云"和"之乎者也"之外,还有"力热电光磁";知道除了吟诗作对、在故纸堆里讨生活,还可以接受新式教育,学物理、学化学、做实验;也知道了龙是不存在的,即使存在也因为其密度大而无法飞上天,知道了彩虹只是雨后水雾折射的结果并不能预测吉凶,打雷下雨并不是雷公电母控制的,只是云层相碰、水蒸气凝结的结果。

回顾晚清物理教科书的产生、发展历程,梳理不同时期物理教科书科学启蒙的特点及其产生的历史影响,反思发展过程中的得失、成败、经验,可以为今天物理教科书的建设提供一定的启示和思考。

一、物理教科书编写受制于意识形态的影响

法国学者特拉西最先创造并使用了"意识形态"这个词,其最初是哲学概

---

① 钱曼倩.钟天纬与上海三等公学[J].华东师范大学学报(教育科学版),1985(3):89-92.

② 钟祥财.钟天纬的教育思想[J].华东师范大学学报(教育科学版),1987(3):58,70.

念,可理解为"理念的科学"或"观念的科学"。马克思丰富和发展了意识形态理论,分析了意识形态和经济基础、上层建筑、国家机器间的关系,并认为意识形态是观念的上层建筑。一般认为,意识形态是一系列想法、一种全面的视野或一种看待事物的方式,是在一定历史时期内,某些群体所持有的深层次的价值观念和思想体系。①

一般认为,与意识形态联系紧密的应该是语文、历史等人文学科,物理学知识属于自然科学知识,应该是价值无涉的,起码是与意识形态关系不大的学科。但事实并非如此,物理教科书与意识形态联系紧密,不论是译书原本的选取、教科书知识的选择、教科书内容的话语方式、教科书的封面、排版设计等方面,都或隐或现地渗透着意识形态的影子。

鸦片战争时期,物理教科书是西方传教士传教的工具,不论是《博物通书》还是《谈天》,我们从这一时期的教科书中都能发现宗教的影子。科学与宗教,这一对在西方中世纪相对应的两面,在晚清中国却实现了联手。正如传教士米怜在英文版回忆录中所说:"首要目标是宣传基督教,其他方面的内容尽管被置于基督教的从属之下,但也不能忽视。知识和科学是宗教的婢女,而且也会成为美德的辅助者。"②

洋务运动时期,在"中体西用"思想的指导下,物理教科书成为洋务派官员"自强求富""富国强兵"的手段,傅兰雅在江南制造局翻译馆期间,编写教科书翻译原本的选择就受到了洋务派官员的控制③,导致他无法系统地引入西方的教科书,只能根据官员的要求,优先翻译那些涉及兵船、厂矿的实用性较强的书籍。

维新运动时期,物理教科书为维新人士提供思想武器和精神动力,被维新派人士所推崇,康有为、梁启超、谭嗣同等维新派领袖都已经具备一定的自然科学知识,并将自然科学与社会现实相联系,物理也成了这些维新领袖创办的新式教育的必备科目,并都努力试图通过传播"科学"来实现他们的政治思想。

新学制时期,正式确立了物理课程的"合法课程",物理课程不再仅仅是新式教育的宠儿,而成了所有学堂的备课科目。随着新学制的颁布、科举考试的废止、学部的成立特别是编译图书局的设立,清政府加紧了对物理教科书的管

---

① 于冰.中学物理教科书的意识形态研究[D].长春:东北师范大学,2015:32.
② 米怜.新教在华传教前十年回顾[M].郑州:大象出版社,2008:72.
③ 见于:傅兰雅档案第一卷,1870年3月15日傅兰雅写给弟弟的信,转引自赵红霞.傅兰雅的西书中译事业[D].上海:复旦大学,2006:26.

理,对教学目标、课时安排以及教学内容的选择与顺序都做出了规定。在"凡教理化者,在本诸实验,得真确之知识,使适于日用生计及实业之用"①的实用主义思想指导下,教科书中出现了电灯、电话、火车、望远镜、X光机等新式设备,而这些设备背后的原理与知识却似乎成了配角。

二、物理教科书对科学精神的遮蔽

现代科学源于古希腊时期,并将古希腊哲学家所推崇的为求知而求知的自由精神、为真理而牺牲的献身精神、外部世界是有规律的且规律是可循的理性精神、吾爱吾师吾更爱真理的求真精神、不畏权势的批评、质疑精神等精神一脉相承,最终形成了具有鲜明特色的科学精神体系。这些科学事业所特有的优秀精神,在一代又一代科学工作者从事的科学事业中得到发扬光大,成为激励、促进科学工作者不断奋勇向前的不竭动力和指路明灯,为科学事业的不断繁荣、发展奠定了基础。科学精神是科学本性的自然流露或延伸,体现科学的哲学和文化意蕴,是科学的根本、真诠和灵魂。②

作为现代科学的诞生地,现代科学在西方经历了从科学精神到科学方法再到科学知识的发展历程。人们首先是认识并认可科学精神,在科学精神的指引下,形成了归纳、演绎、观察、实验、数学建模等科学方法,在科学精神和科学方法的助力下,大量经过验证的原理、定律等科学知识逐渐被人们所发现,人们对自然界的认识不断加深,科学事业得到发展和繁荣。各种运用科学知识制作、建设的装置、机器陆续被发明和创造出来,并被人们在生产、生活中广泛使用,极大地提高了人类的生产力、改善了人们的生活质量,并对人类社会的政治、经济、军事、文化、教育等领域产生了重大而深远的影响。

恰恰与现代科学在西方的发展路径相反,其在中国的发展路径为:首先认识科学知识、科学产品等外显的科学元素,之后才陆续地发现和认识到科学精神和科学方法等科学内核。在鸦片战争时期,译书的主体是西方传教士,他们翻译物理教科书、传播物理学知识的前提是传播宗教。因此,在他们翻译、出版的教科书中,宗教精神是主体,所有传授的知识、方法的训练都是围绕着宗教精神进行的。虽在部分章节中也对科学家的艰辛工作、百折不挠的努力进行了论述,但这些都是为引出宗教精神服务的,且是不系统、不完整的,无法体现科学

---

① 陈元晖主编,璩鑫圭,唐良炎编.中国近代教育史料汇编-学制演变[M].上海:上海教育出版社,2007:331.
② 李醒民.什么是科学精神[J].民主与科学,2012(2):39-40.

精神的全貌。

在洋务运动时期,洋务译书机构进入教科书翻译市场并成为主流,物理教科书作为格致新知的一部分,成为洋务派富国强兵的工具和手段,关注的重点自然是物理学中的实用知识,那些与工业生产和军工事业相关联的知识成为被关注的重点。而科学方法、科学精神等却无法引起他们的兴趣,自然成为附属品而被冷落。

维新运动时期,物理教科书所传播的新知识、新思想,为维新派人士提供了精神养料和思想武器;新学制时期,虽对物理课程的教学内容、教学方式及物理教科书的组织、编排提出了笼统的要求,但并未对科学方法、科学精神等更高层面的知识形式做出具体的规定。

由于历史和现实的原因,科学精神虽在物理教科书中,伴随着科学定律的发现、科学家科学研究的过程中偶有体现,如百折不挠追求真理的奋进精神,对原有理论存在问题的批判、质疑精神,勇于探索、无惧危险的牺牲精神,尊重事实和实验数据的求真求实精神等科学精神,在晚清物理教科书中都一定程度地存在着。但大多反被作者简单提及,以附属品的形式或明或暗地出现在教科书中。

现代科学在中国由科学知识到科学方法最后到科学精神的发展路径,影响了国人对完整科学的认识,特别是对科学知识、科学产品等科学实用属性的过度强调,对科学精神、科学方法的忽视,导致了对科学理解的局限性,造成了对科学认识的窄化和唯科学化。

梁启超就曾在《科学精神与东西文化》一文中说过,中国人对于科学的态度,有根本不对的两点:其一,把科学看太低了,太粗了……其二,把科学看得太呆了,太窄了……中国人因为始终没有懂得"科学"这个词的意义,所以五十年来有人奖励学制船、学制炮,却没有人奖励科学;近十几年学校里都教的数学、几何、化学、物理,但总不见教会人做科学。[①]

晚清时期在科学精神传播方面的缺失,到民国时期才得以改善。在中国,最早、较为系统地宣传、传播科学精神的人,当数中国科学社的创始人任鸿隽。任鸿隽,晚清秀才,曾在日本、美国等国留学,中国近代科学事业的倡导者和实践者,著名教育局、化学家,中国第一个科学社团和最早的科学期刊《科学》的主要创建人。任鸿隽认为,研究科学者,常先精神,次方法,次分类。科学精神乃

---

① 梁启超.梁启超文化学术随笔[M].北京:中国青年出版社,1996:220-229.

科学真诠,理当为首。任鸿隽指出:"夫豫去其应用之宏与收效之巨,而终能发挥光大以成经纬世界之大学术,其必有物焉为之亭毒而酝酿使之一发不可遏,盖可断言。其物为何? 则科学精神是。于学术思想上求科学,而遗其精神,犹非能知科学之本者也。"①

对待科学教育、科学研究的问题上,任鸿隽也有自己的观点。他认为:我们追踪欧美人的科学,必须先追踪他们的心理。此处所谓欧美人的心理,无非是他们对物处事的一个态度、一点习惯。这种态度习惯在求学上便直截了当地产生出东西两个不同的世界来。总而言之,欧美人的态度习惯,先是科学的(因为科学必须实在、认真与积极),所以得有科学的结果。② 任鸿隽先生提到的实在、认真、积极等态度问题,其实质与科学精神中的实证精神、奋进精神是契合的,也是很有见地的。

作为民国时期在中国传播科学的典型代表,任鸿隽深厚的国学根基、丰富的学术背景,让其深谙国人科学知识的匮乏和科学精神的荒芜,同时也为其能够清晰、透彻地理解科学内涵,一语中的地传播科学知识、大力弘扬科学精神提供了保障。

经过任鸿隽、中国科学社的大力宣传、"科玄之争"的广泛传播,人们对科学精神有了一定的认识,但时至今日,国人对科学的认识仍有很大的局限性。如描述某事是正确的,常常说"科学合理",将"科学"与"合理"画上了等号,使人们在一定程度上形成了科学的就是正确的、科学的就是合理的、科学就是万能的错误认识。科学概念的泛化和唯科学主义的盛行,影响了人们的思维方式和对科学本质的认识,阻碍了人们对科学的理解,可以说科学精神的启蒙在中国仍然任重而道远。

第四节　对物理教科书编写的启示

一、处理好意识形态与教科书的关系

教科书是传承人类文明、传播文化知识、对未来一代进行教化的主要媒介,物理教科书更是学生学习科学知识、进行科学启蒙的主要载体。同时,教科书

① 任鸿隽.科学精神论[J].科学,1915,2(1).

② 樊洪业,张久村.科学救国之梦——任鸿隽文存[M].上海:上海科技教育出版社,2002:494.

也是教育制度化的产物,没有制度化的教育就没有教科书。教育活动承担着人类文化保存、文化传承和文化创造的使命①,物理教科书是传承物理文化的主要载体,通过这一载体,物理教育保证了物理文化在新一代身上再生,以保证物理文化的延续。②

石鸥教授认为,整个教科书的发展史表明,在教科书之上意识形态之眼炯炯有神。③ 同样,纵观物理教科书产生、发展的历程,意识形态都一直如影随形。物理教科书是现代教育的产物,也是意识形态的产品,不可能也不应该实现价值无涉,真正地实现与意识形态脱钩。这就要求我们要认真审视物理教科书与意识形态间的关系,并在教科书的编写和使用过程中,时刻对意识形态问题保持高度的敏感,正确处理两者之间的关系,既不能让教科书完全由意识形态所主导,也不能对其不闻不问、漠不关心。通过综合考量社会稳定、发展需要,个体发展、进步的需要,科学文化传承、创新的需要,平衡好意识形态和物理学知识间的复杂关系,最终实现物理教科书在传播科学知识、训练科学方法、培养科学精神、进行科学启蒙的同时,完成对学生情感领域、态度领域、"三观"等方面的塑造和影响。

二、对科学精神与科学方法进行显性化处理

科学方法和科学精神是科学文化的重要组成部分,在提升学生科学素养、对学生进行科学启蒙过程中具有不可替代的作用。梳理晚清物理教科书的发展历程可以发现,无论是鸦片战争时期的传教士将物理教科书作为传教的工具、洋务运动时成为"自强求富"的手段、维新运动时期成为维新派的思想武器、新学制时期成为"日用生计及实业之用",物理教科书一直被强调的都是其工具属性和实用功能。晚清时期物理教科书的主要内容从来都是科学知识和科学产品,而科学方法和科学精神一直是可有可无的点缀,没有引起教科书编译者足够的重视。

对于科学方法在科学教育中的重要作用,物理学大师、诺贝尔物理学奖获得者费恩曼教授曾做过精彩的论述,他指出:"科学是一种方法,它教导人们一些事物是如何被了解的,不了解的还有些什么,对于了解的,现在又了解到什么程度(因为任何事物都没有被绝对了解),如何对待疑问和不确定性,依据的法

①　石中英.教育学的文化品格[M].太原:山西教育出版社,2007:47.

②　谢世雄.物理文化研究对物理教育的启示[J].课程教材教法,2006(4):56-59.

③　石鸥,刘学利.教科书文本内容的构成[J].教育学术月刊,2013(5):77-82.

则是什么,如何思考问题并做出判断,如何区别真理与欺骗,真理与虚饰……"①费恩曼教授直接将科学理解为科学方法,即科学方法代表了科学的典型特征,为科学的产生、发展和完善奠定了基础,可以说,没有观察、实验、数学等科学方法,就没有现代科学。同时,现代科学的不断进步,很大程度上也是科学方法不断改进的结果。

同科学方法一样,科学精神是伴随近代科学的诞生、在继承人类先前思想遗产的基础上,逐渐发展起来的科学理念和科学传统的积淀,是科学文化深层结构(行为观念层次)中蕴涵的价值和规范的综合。② 科学精神体现了科学文化的根本和灵魂,也是科学文化的精髓,鼓舞和激励着一代又一代的科学家,推动科学不断进步。

作为对民众特别是广大学生群体科学启蒙的重要载体,物理教科书不能仅仅传授物理学知识,以物理学知识代替内涵丰富的物理学文化是片面的。在科学方法、科学精神缺失情况下进行的科学教育、实施的科学启蒙,其培养的人才最终只能是"有知识、没文化"的"单向度"的人。

真正的科学启蒙应该是全方位的启蒙,不论是作为科学结论的科学知识,还是作为获取科学知识工具的科学方法、科学家共同体在科学活动中所体现的科学精神等都应该是科学启蒙的有机组成部分。在物理教科书编写过程中,高度重视科学方法和科学精神的作用,将科学方法与科学精神进行显性化处理,是进行科学启蒙的有效途径。所谓显性化处理,就是将在传授科学知识过程中涉及的科学方法、科学家所体现的科学精神明确地表达出来,并将其作为教科书的重要组成部分加以重视,使学生在接受科学知识的同时,熟悉科学方法的作用,经常性地接受科学精神的熏陶,让学生能够对科学有一个相对完整的认识,促进学生科学素养的养成。

美国主流的中学理科教科书《科学探索者》在这方面就做出了较好的探索与实践。该套教科书共分为《运动、力与能量》《地球上的水》《声与光》等16册,涵盖了物理、化学、生物、地理等自然科学知识。同时,该套教科书单独设计了《科学探究》一册,专门讲解、论述科学探究的方法、科学精神以及STS(科学、技术与社会的英文缩写)方面的知识。书中用通俗易懂的语言,向学生介绍了观

---

① 约翰·格里宾,玛丽·格里宾.迷人的科学风采——费恩曼传[M].向东,译.上海:上海科技教育出版社,1999:156.

② 李醒民.科学精神的特点和功能[J].社会科学论坛,2006(2):5-16,1.

察、实验、推理、预测、分类、制作模型等科学方法,诚实、怀疑、创新等科学精神。如在讲解定量观察时,作者写道,定量观察是通过具体的数据或数量来描述观察结果,如你查到你的电子邮箱中有 8 封新邮件,这就属于定量观察。① 在介绍科学精神时,作者写道,成功的科学家都具有某些基本的科学观、基本的科学素养,它包括好奇心(求知欲)、诚实(敢讲真话)、虚心(思想开放)、怀疑(质疑一切)和创新性(开拓精神)。② 在介绍科学理论时,作者写道,科学理论是指经过反复试验检验,并能很好地说明广泛领域中能观察到的各种现象或实验结果的一种解释……科学家只能接受那些由大量的证据证明其正确的理论。然而,即使是这些被接受的理论,也有可能在进一步的检验中被证明是不正确的。这时,科学家们就要修正这些理论,甚至完全舍弃这些理论。③ 在介绍了科学理论之后,作者还对科学理论的发展、完善过程进行了论述。读过这些内容之后,读者会在理解科学理论的同时,知道科学知识不是一蹴而就的,而是不断发展、演变的,促进了学生科学观的养成。类似的教科书编写方式不光在晚清物理教科书中难以看到,在当前的国内教科书中也是鲜见的。

三、融入物理文化、助力文化自信

　　文化自觉理论是我国著名人类学、社会学大师费孝通先生在 1997 年提出的,其内涵是"文化自觉只是指生活在一定文化中的人对其文化有'自知之明',明白它的来历、形成过程、所具的特色和它发展的趋向,不带任何'文化回归'的意思,不是要'复旧',同时也不主张'全盘西化'或'全盘他化'。"④费孝通先生出生于 1910 年,其在晚年反思自己的学术历程和世界发展轨迹,站在时代高度,对当前世界经济全球化、文化多元化格局做出了积极反映,提出了"文化自觉理论"。⑤

　　鸦片战争之前,几千年的封建统治影响了清代社会政治、经济、文化的发

---

① 帕迪利亚.美国初中主流理科教材·科学探索者:科学探究[M].华曦,华佳,译.杭州:浙江教育出版社,2007:15.
② 帕迪利亚.美国初中主流理科教材·科学探索者:科学探究[M].华曦,华佳,译.杭州:浙江教育出版社,2007:20.
③ 帕迪利亚.美国初中主流理科教材·科学探索者:科学探究[M].华曦,华佳,译.杭州:浙江教育出版社,2007:29.
④ 费孝通.反思·对话·文化自觉[J].北京大学学报(哲学社会科学版),1997(3):15-22,158.
⑤ 王俊义.一位世纪学人的文化情怀——费孝通先生"文化自觉"论解读[J].学术研究,2003(7):9-16.

展。鸦片战争爆发后,大清帝国在资本主义新兴国家面前不堪一击。历经两次鸦片战争之后,一系列丧权辱国的不平等条约的签订,让外国人在中华大地的趾高气扬、横行霸道,进一步加深了国人对时局的认识和反思,如何应对西方文化与传统文化间的关系,成了国人必须面对的问题。从"师夷长技以制夷"到"中体西用",从"洋务运动"到"新文化运动",国人一直尝试将外国文化和中国文化融合,费孝通的"文化自觉理论"就是他对这一历史问题的理论回应。

物理作为晚清时期被引入中国的西学的典型代表,曾一度被赋予了极高的地位,被李鸿章、曾国藩、梁启超、严复等晚清重臣和知识分子所推崇。中国传统儒家文化从最初的绝对优越地位,之后在"中体西用"的分庭抗礼中占上风,到新学制之后成为与西学各科平等的一门学科,其地位逐渐降低,以至于在新文化运动中出现了"全盘西化"的呼声。

但是,中华人民共和国成立以来,特别是改革开放后的新世纪,中国国家实力不断增强,中国的崛起增强了人民的民族自尊心、自信心和自豪感。我们在深刻理解"文化自觉"的同时,还要树立"文化自信"的思想,不断开创中华文化站起来、走出去的新局面。党的十八大以来,习近平总书记经常提及"文化自信"问题。2014年2月24日,在主持中央政治局第13次集体学习时,习近平强调,要"增强文化自信和价值观自信"。① 2014年10月15日,在主持文艺工作座谈会时,习近平强调:"增强文化自觉和文化自信,是坚定道路自信、理论自信、制度自信的题中应有之义。"②

所谓物理文化,解世雄先生在《物理文化简论》一书中将其定义为"物理文化是世界历代物理学家在创建物理学过程中,发现、创造和形成的物理思想、物理方法、物理概念、物理定律、物理运言符号、价值标准、科学精神、物理仪器设备以及约定俗成的工作方法的总和。"③可见,物理文化的诞生、发展和传播,都离不开物理学家即研究物理学的科学家共同体,物理学家共同体是物理文化的主体。

物理学作为外来文化的代表,在晚清时期被传入中国。1851年,第一本物理学教科书被引入中国。1868年,第一所官办学校京师同文馆开设物理课程。

---

① 习近平.使社会主义核心价值观的影响像空气一样无所不在[N/OL].http：// news. xinhuanet. com/ politics /2014-02/25/c_ 119499523. htm.

② 习近平.文艺不能在市场经济大潮中迷失方向[N/OL].http：// news. xinhuanet. com/ politics/ 2014-10/15/c_1112840544. htm.

③ 解世雄.物理文化简论[M].重庆:西南师范大学出版社,1996:1-12.

历经了几十年的发展,到 1904 年,物理学正式成为"法定课程"出现在学制体系中。1915 年,第一个科学社团——中国科学社成立,1918 年,北京大学物理系创立,之后南开大学、清华大学、燕京大学、四川大学、中山大学、浙江大学、武汉大学等,也相继成立了物理系;1928 年,中央研究院成立,近代科学在中国基本上完成了从"民间课程"到"法定课程"、从自发行为到科学家共同体乃至社会建制的历史性转变,物理学文化逐渐与中国文化交流、融合并最终成为中国文化的一部分。

历史一次次地证明,不仅在中国古代就已开展物理学研究,并取得了一定的成果,近代中国人也能学习物理学,并能够不断地取得成绩。在中华人民共和国成立之前,许多中国科学家在物理学领域就取得了很多前沿突破,如:叶企孙测定了普朗克常数(1921)、吴有训通过实验证明了康普顿散射理论(1924)、赵忠尧发现相当于正负电子对产生的湮没现象(1930)、吴大猷通过计算预言了铀元素系(1933)、钱三强和何泽慧发现核三分裂(1946)、黄昆提出固体的"黄散射"理论(1947 年)。[①] 1949 年之后,中国人更是不断在物理学的各个领域内取得成就。1957 年,华人学者杨振宁、李政道由于发现弱相互作用中宇称不守恒获得诺贝尔物理系奖,之后又有丁肇中、朱棣文、崔琦等多位华人获得诺贝尔物理学奖。

在由文化自觉到文化自信的大背景下,如何看待和处理物理文化,成为学者必须面对的问题。物理文化起源于西方,曾经属于外来文化,但物理文化是科学文化的一个子系统,是人类文明的一部分,也是为全世界人民所共有、共享的主流文化之一。[②] 中国作为具有悠久历史的文明古国,在古代曾经有着发达的科学技术,但受封建制度、农耕文明的高度发达等的影响,近代科学发展停滞。到了近代,在西学东渐的影响下,近代科学走进中国,通过新文化运动"德先生""赛先生"等呼吁,在"科学救国""科教兴国"等思想的感召下,现代科学特别是物理学在中国得到了快速的发展,并逐渐开始构建具有中国特色的科学文化和物理文化。

物理教科书是进行科学启蒙和科学教育、传播物理文化的重要载体,应该在由"文化自觉"向"文化自信"过渡的征途上发挥应有的作用。物理教科书要强化物理文化氛围的建构,主动设计、规划、组织相应的物理学知识和具有中国

---

① 董光璧.中国近现代科学技术史论纲[M].长沙:湖南教育出版社,1992:74.

② 谢世雄.关于物理文化的学术探讨[J].自然辩证法研究,2004(11):17-21.

特色的物理学文化,将中国古代的物理学成就、中国近代物理学家取得的世界领先成果和当前在物理学领域取得的突破融入物理教科书中。同时,物理学史、物理实验、物理人物、物理方法、物理思想、物理价值观等物理文化要素应纳入物理教科书,通过观赏物理:演示奇妙的物理现象、享乐物理——动手做各种趣味物理活动和玩物理实验等多样化的方式①,让学生感受物理文化,让学生在学习物理知识的同时,了解物理文化,形成物理文化的"自觉"、培育物理文化的"自信",让学生在潜移默化中提升科学素养。

---

① 谢世雄.关于物理文化的学术探讨[J].自然辩证法研究,2004(11):17-21.

晚清中学物理教科书出版情况统计表

序号	教科书名称	初版时间	原著者	编译者	出版主体
1	博物通书（1册）	1851		［美］玛高温	华花圣经书房
2	光论	1853		［英］艾约瑟、张福禧	墨海书馆
3	声论	1853		［英］艾约瑟、张福禧	墨海书馆
4	博物新编（3卷）	1855		［英］合信	墨海书馆
5	重学浅说（1卷）	1858		［英］伟烈亚力、王韬	墨海书馆
6	重学（20卷）	1859	［英］惠威尔	［英］艾约瑟、李善兰	墨海书馆
7	谈天（18卷）	1859	［英］赫歇尔	［英］伟烈亚力、李善兰	墨海书馆
8	格物入门（7卷）	1866		［美］丁韪良	京师同文馆
9	声学（8卷）	1874	［英］丁铎尔	［英］傅兰雅、徐建寅	江南制造局翻译馆
10	光学（2卷）	1876	［英］丁铎尔	［美］金楷理、赵元益	江南制造局翻译馆
11	电学（10卷）	1879	［英］亨利	［英］傅兰雅、徐建寅	江南制造局翻译馆
12	热学（2册）	1880		［美］金楷理、江衡	江南制造局翻译馆
13	数理格致（8册）	1880	［英］牛顿	［英］伟烈亚力、［英］傅兰雅、李善兰	江南制造局翻译馆

（续表）

序号	教科书名称	初版时间	原著者	编译者	出版主体
14	格致启蒙格物学	1880	[英]罗斯古	[美]林乐知	江南制造局翻译馆
15	分光求原（4册）	1880		[英]伟烈亚力	江南制造局翻译馆
16	电学钢目（1卷）	1881	[英]丁铎尔	[英]傅兰雅、周郇	江南制造局翻译馆
17	格物测算（8卷）	1883		[美]丁韪良	京师同文馆
18	格致小引（1卷）	1886	[英]赫施赍	[英]罗亨利、瞿昂来	江南制造局翻译馆
19	格致须知（8卷）	1884—1894		[英]傅兰雅	益智书会
20	格致图说	1890—1893	[英]李兹等	[英]傅兰雅	益智书会
21	声学揭要（1卷）	1893	[法]迦诺	[美]赫士、朱宝琛	登州文会馆
22	热学揭要（1卷）	1897	[法]迦诺	[美]赫士、刘永贵	登州文会馆
23	光学揭要（2卷）	1898	[法]迦诺	[美]赫士、朱宝琛	登州文会馆
24	格物质学	1898	[美]史砥尔	[美]潘慎文、谢洪赍	美华书馆
25	通物电光（4卷）	1899	[美]莫耳登	[英]傅兰雅、王季烈	江南制造局翻译馆
26	物体遇热改易记（4卷）	1899	[英]瓦特斯	[英]傅兰雅、徐寿	江南制造局翻译馆
27	电学纪要（1册）	1899		[英]李提摩太、邃深居士	广学会
28	电学测算（1卷）	1900		徐兆熊	江南制造局翻译馆
29	物理学	1900	[日]饭盛挺造	[日]藤田丰八、王季烈	江南制造局翻译馆
30	理化示教	1901	[日]后藤牧太	樊炳清	教育世界社
31	中学物理教科书	1902	[日]水岛久太郎	陈榥	教科书译辑社
32	最新简明中学用物理学	1902	[美]何德赍	谢洪赍	不详

（续表）

序号	教科书名称	初版时间	原著者	编译者	出版主体
33	中学校初年级理化教科书	1902	[日]和田猪三郎	虞辉祖	科学仪器馆
34	物理易解	1902		陈榥	教科书译辑社
35	新编小物理学（1册）	1903	[日]木村骏吉	樊炳清	教育世界社
36	物理学问答	1903	[日]富山房	范迪吉	群益书社
37	额伏列特物理学（5卷）	1903	[法]A.P.丹斯切尔	北京京师大学堂译书局	京师大学堂译书局
38	格致教科书	1903		王化成	商务印书馆
39	新物理学	1904		马叙伦	新世界学报
40	最新理化示教	1904	[日]菊池熊太郎	王季烈	文明书局
41	中学物理学教科书（2册）	1904		伍光健	商务印书馆
42	最新中学教科书物理学	1904	[美]何德赉	谢洪赉	商务印书馆
43	普通应用物理教科书	1904		陈文哲	同文印刷舍
44	格致教科书	1904		杜亚泉	商务印书馆
45	理化示教	1904		杜亚泉	商务印书馆
46	初等理化教科书	1904		侯鸿鉴	文明书局
47	物理教科书热学	1904		伍光健	商务印书馆
48	物理教科书	1905		陈文哲	昌明公司
49	物理学教科书	1905	[日]渡边光次	[日]西师意	山西大学堂译书院
50	物理学	1905	[日]中村为邦	江苏师范生	江苏宁属学务处
51	物理学	1905	[日]赤沼满二郎	金孝韩、路黎之	湖北学务处
52	理化学阶梯	1905	[日]渥美锐太郎	泰东同文局	泰东同文局
53	新理科书	1905	[日]滨幸次郎、稻叶彦六	由宗龙、刘昌明	昌明公司

（续表）

序号	教科书名称	初版时间	原著者	编译者	出版主体
54	中等教育物理学	1905		陈文	商务印书馆
55	物理学	1905		湖北师范学生	湖北学务处
56	物理教科书静电学	1905		伍光健	商务印书馆
57	物理教科书力学	1905		伍光健	商务印书馆
58	问答体物理学初等教科书	1906		陈文	上海科学会编译部
59	物理学原理教科书	1906	［日］木村骏吉	陈文	上海科学会编译部
60	最新物理学教科书	1906		陈应泰等	湖北教育研究社
61	新撰物理学	1906	［日］本多光太郎	丛琯珠	山东留学生监督处
62	初等物理学教科书	1906		高慎儒	商务印书馆
63	中等教育物理学	1906	［日］中村清二	林国光	广智书局
64	近世物理学教科书（2册）	1906	［日］中村清二	王季烈	北京学部编译图书局
65	力学课编（8卷）	1906	［英］P.马吉纳	严文炳	北京学部编译图书局
66	最近初等理化教科书	1906		易振资	同文印刷舍
67	近世物理学教科书	1906	［日］中村清二	余岩	普及书局
68	普通教育物理学教科书	1906	［日］滨幸次郎	张修爵	普及书局
69	新式物理学	1906		陈文	上海科学会编译部
70	普通应用物理教科书	1906		陈文	昌明公司
71	江苏师范讲义物理	1906		江苏师范学生	江苏宁属学务处
72	物理教科书动电学	1906		伍光健	商务印书馆

(续表)

序号	教科书名称	初版时间	原著者	编译者	出版主体
73	物理教科书气学	1906		伍光健	商务印书馆
74	物理教科书声学	1906		伍光健	商务印书馆
75	物理教科书水学	1906		伍光健	商务印书馆
76	物理学	1906		严葆诚	商务印书馆
77	中等教科新式物理学	1907	[日]本多光太郎、田中三四郎	陈文	上海科学会编译部
78	物理学新教科书	1907	[日]中村清二	杜亚泉	商务印书馆
79	最新物理学教科书	1907	[日]中村清二	杜亚泉	商务印书馆
80	物理学计算问题解意	1907	[日]田中伴吉	集思社	集思社
81	物理算法解说	1907	[日]池中清及近藤清次郎	彭觐圭	京师大学堂译书局
82	物理学课本	1907	[日]后藤牧太	清国名家	东京东亚公司
83	理化学教程	1907	[日]后藤牧太	清国名家	东京东亚公司
84	物理学讲义	1907	[日]田中三四郎	史浩然	东京中国留学生会馆
85	普通教育物理学新教科书	1907	[日]田丸卓郎	谭其茳	东京中国留学生会馆
86	新式物理学教科书	1907	[日]本多光太郎	王季点	商务印书馆
87	中学物理学教科书	1907	[日]田丸卓郎	吴延槐、华鸿	文明书局
88	物理学公式	1907	[日]藤井乡三	尤金镛	翰墨林书局
89	普通教育物理学教科书	1907	[日]滨幸次郎、河野龄藏	张修爵	普及书局
90	(汉译)最新物理学教科书	1907	[日]酒井佐保		东京合资会社富山房
91	实验理论物理学讲义(3卷)	1907		陈学埕	商务印书馆
92	普通物理学教科书	1907		钱承驹	文明书局
93	物理教科书磁学	1907		伍光健	商务印书馆
94	物理教科书光学	1907		伍光健	商务印书馆

（续表）

序号	教科书名称	初版时间	原著者	编译者	出版主体
95	物理学公式及问题	1908	［日］服部春之助	宋舆	广智书局
96	最新物理学教科书	1908	［日］本多光太郎	无锡译书公会	上海科学书局
97	物理学讲义（3卷）	1908		陈学埕、严保诚	商务印书馆
98	初等理化教科书（上、下册）	1909	［英］西门司、贵勾利	刘光照	华美书局
99	物理学新教科书	1909	［日］田丸卓郎	谭其茳	不详
100	中学教科书物理学	1909			商务印书馆
101	新撰物理学	1911	［日］本多光太郎	丛琯珠	群益书社

附录二
民国时期中学物理教科书出版情况统计表

序号	书名	出版时间	作者	出版社
1	物理学讲义	1912	伍作楫 辑	——
2	中学物理学教科书	1912	余岩 编著	文明书局
3	汉译密尔根盖尔物理学	1913	屠坤华 编译 徐善祥、杜就田 校订	商务印书馆
4	密尔根盖尔物理学实验教程	1913	米尔根、盖尔 著 徐善祥 编译	商务印书馆
5	共和国教产书物理学	1913	王季烈 编 周昌寿 校订	商务印书馆
6	民国新教产书物理学	1913	王兼善 编纂	商务印书馆
7	中学物理教科书	1913	伍光健 编	商务印书馆
8	物理教科书	1914	中村清二 著 蔡钟瀛 译	群益书社
9	中华中学物理学教科书	1914	黄际遇 编 陈纯、沈煦 校订	中华书局
10	女子物理教科书	1917	滨幸次郎、河野龄藏 著 黄邦柱 译	群益书社
11	新制物理学教本	1917	吴传绂 编	中华书局
12	实用教科书物理学	1918	陈榥 编	商务印书馆
13	实用物理学教科书	1919	张文熙、邱玉麒 编	铭记印刷所

（续表）

序号	书名	出版时间	作者	出版社
14	新法理科教科书	1922	凌昌焕 编	商务印书馆
15	初等实用物理学教科书	1923	贾丰臻、贾观仁 编 译	商务印书馆
16	现代实践教科书物理学	1923	周昌寿 编辑	商务印书馆
17	米尔根盖尔实用物理学	1924	米尔根、盖尔 著 周昌寿、高铦 译	商务印书馆
18	新中学教科书物理学	1925	钟衡臧 编 华襄治 校	中华书局
19	物理学问题精解	1925	王枚生 编	商务印书馆
20	理化界之常识	1926	张伯谨 编	北京商务印书馆
21	新撰初级中学教科书物理学	1926	周昌寿 编辑	商务印书馆
22	初级中学学生物理学实验教程	1928	高田德佐 著 郑贞文 译	商务印书馆
23	初级物理实习讲义	1930	丁燮林 著	商务印书馆
24	初中物理学	1930	龚昂云 编辑 金通尹 校订	世界书局
25	实用物理学	1930	陆静孙 编	民智书局
26	新时代高中教科书物理学（上、下册）	1930—1932	周昌寿 编	商务印书馆
27	最新高中物理实验	1930	耿克仁 编	华北科学社
28	新标准初中物理（上、下册）	1931	王鹤清 著	文化学社
29	高中物理学	1931	傅溥 编著	世界书局
30	高中物理学	1931	庐熙仲等 编	蔚兴印刷厂
31	普通物理学	1931	夏佩白 编	大东书局
32	物理学精义	1931	差泽原 著 潘祖武 译	商务印书馆
33	初中物理学指导书	1932	谢一挥、龚昂云 编	世界书局
34	高级中学物理实验	1932	方嗣樬 编著	师大附中理科丛刊社

（续表）

序号	书名	出版时间	作者	出版社
35	高级中学物理学实验教程	1932	段仁德 编	华东基督教教育会
36	开明物理学读本（上、下册）	1932	戴运轨 编著	开明书店
37	物理问题详解	1932	王承基 编	南京书店
38	勃拉克台维斯最新实用物理学	1933	布莱克、戴维斯 著 陈宝珊 译	文怡书局
39	初中物理	1933	阎玉振 编	北平立达书局
40	初中物理学（上、下册）	1933	胡壹风、胡刚复 编	北新书局
41	高级中学物理学实验教程	1933	戴运轨 编著	钟山书局
42	高中物理科教学进度表	1933	江苏省教育厅 编	编者刊
43	高中物理学（上、下册）	1933	倪尚达 编著 叶少农、王佐清 助编	钟山书局
44	新生活初中教科书物理	1933	周毓莘 编著	大东书局
45	物理实验	1933	胡壹风 编	北新书局
46	物理实验	1933	吴祖龙、李韵菡 编	黎明书局
47	物理学	1933	方嗣楒 编	北平理科丛刊社
48	新标准初中教本物理学（上、下册）	1933	周昌寿 编著	开明书店
49	复兴初级中学教科书物理学（上、下册）	1933	周颂久 编著 王云五 主编	商务印书馆
50	物理学纲要	1933	密尔根、盖尔、培尔 著 陈天池 等 译	科学社
51	初中物理（上、下册）	1934	张开圻、包墨青 编 华襄治、华汝成 校	中华书局
52	龚氏初中物理学（上册）	1934	龚昂云 编纂	世界书局
53	高中物理	1934	沈星五 编	文化学社
54	高中物理学（上、下出）	1934	仲光然 编	中华书局
55	高中物理学实验	1934	包墨青 编	世界书局
56	密尔根盖尔培尔物理纲要	1933	陈天池 等译	科学社

（续表）

序号	书名	出版时间	作者	出版社
57	物理实验法	1934	夏佩白 编	梅枝书局
58	物理学	1934	周昌寿 编	商务印书馆
59	物理学计算问题解法	1934	王维廉、王止善 编	中华书局
60	最新物理学	1934	吴镜兆 编	广州中华科学教育改进社
61	勃拉克台维斯最新实用物理学解题	1935	周绍文 编	乐群科学研究所
62	初级物理实验	1935	蔡亦平 编著	燕北理科教育研究社
63	初中物理参考书（上册）	1935	张开圻、郁树锟 编	中华书局
64	初级中学物理学（上、下册）	1935	陈杰夫 编著	正中书局
65	新标准初中物理学（上、下册）	1935	沈星五 编著	文化学社
66	初中物理学辑要	1935	常蔚生、王少农 编	新民学会
67	傅氏高中物理	1935	傅溥 编著	世界书局
68	高级中学物理实验	1935	丁燮林、王书庄 编	国立中央研究院物理研究所
69	高中物理辑要	1935	艾秀峰 编著	新民学会
70	开明物理学教本改订本	1935	戴运轨 编著	开明书店
71	实用力学	1935	王济仁 编	中华书局
72	物理学	1935	陈岳生 编著	商务印书馆
73	物理学	1935	张资平 编	中学生书局
74	物理学纲要	1935	吴镜兆 编	中华科学改进社
75	复兴初级中学教科书物理学教员准备书	1935	陈岳生 编著 王云五 主编	商务印书馆
76	物理学实验	1935	周昌寿、文元模 编	商务印书馆
77	物理学学生实验教程	1935	朱建霞 编	中华书局

（续表）

序号	书名	出版时间	作者	出版社
78	新实用物理学	1935	布莱克、戴维斯 著 薄善宝 等译 张贻惠、刘拓 校订	北平师大附中理科丛刊社
79	中等物理学问题详解	1935	许雪樵 编	开明书店
80	中华百科丛书物理学纲要	1935	陈润泉 编	中华书局
81	最新实用物理学(上、下册)	1935	布莱克、戴维斯 著 陈岳生 译	商务印书馆
82	标准高中物理实验	1936	方嗣楥 编著	师大附中理科丛刊社
83	初中物理复习指导书	1936	陶世洪 编	新生书局
84	初中物理实验教程	1936	高季可、居小石 编	中华书局
85	高中标准物理学力学(上册)	1936	李直钧 等译	直钧科学实验社
86	高中物理学	1936	仲光然 编	中华书局
87	汉译达夫物理学(上册)	1936	佟韶华 编译	戊辰学社
88	开明物理学讲义	1936	沈乃启、夏承法 编	开明书局
89	物理实验	1936	米尔根 著 王维廉、袁雪心 编译	中华书局
90	物理试题总解	1936	施惠同、陈建勋 编	东方书店
91	物理学	1936	高行健 编	中山书局
92	物理学	1936	王善章、王德勋 编	光明书局
93	初中物理(上、下册)	1937	张开圻、包墨青 编	中华书局
94	初中物理复习指导	1937	丁光宇 编	现代教育研究社
95	初中新物理(上册)	1937	何守愚 编著	世界书局
96	汉译斯梯渥氏高等物理学习题详解	1937	齐振寰 编	北平科学社
97	建国高中物理学	1937	张开圻 编	正中书局
98	女中物理学表解	1937	桂林女中 编	编者刊

（续表）

序号	书名	出版时间	作者	出版社
99	物理学	1937	杨孝述、胡㦉风、胡刚复 编辑	中国科学图书仪器公司
100	物理学	1937	张开圻 编	商务印书馆
101	初中物理	1938	（伪）教育部编审会 编著	编者刊
102	复兴初级中学教科书物理学实验	1937	陈岳生 编著 王云五 主编	商务印书馆
103	简明力学	1938	姚幼蕃 编著	世界书局
104	开明物理学教本（修正本）	1938	戴运轨 编著	开明书店
105	物理学（审定本）	1938	周颂久 编著	商务印书馆
106	物理学（修正本）	1938	周昌寿 编著	开明书店
107	朱氏初中物理	1938	朱昊飞 编著	世界书局
108	初中物理（上、下册）	1939	（伪）教育总署编审会 编著	编者刊
109	初中物理参考书（上、下册）	1939	徐天游 编 陶翔鸿 校	中华书局
110	高级中学物理学教本	1939	陈德云 编著	大华印书局
111	高中物理	1939	（伪）教育总署编审会 编著	新民印书馆
112	简明热光声学	1939	姚幼蕃 编著	世界书局
113	师范学校教科书物理学	1939	周毓莘、沈有葵 编著	商务印书馆
114	建国教科书初级中学物理学（上册）	1940	陈杰夫 编著	正中书局
115	国定教科书初中物理（上、下册）	1940	（伪）教育部编审委员会 编	新亚印书局
116	初中物理	1940	李超 编著	艺文书社
117	高中新物理学	1940	寿望斗 编著	世界书局
118	（重订）高中物理实验	1940	耿克仁等 编著	华北科学社

（续表）

序号	书名	出版时间	作者	出版社
1119	初中新物理学	1941	宋承均、周文、徐子威 编著	上海科学社
120	基本实用物理学（最新修订本）	1941	布莱克、戴维斯 周文 译述	上海新科学书店
121	理化问题详解 物理之部	1941	重庆理化研究会 编	
122	物理	1941	陈朔南 编	商务印书馆
123	最新高中物理学	1941	方克诚 编	湖南南轩图书馆
124	标准初中物理学	1942	赵东樵、黄培新 编著	长沙琴庄仪器图书馆
125	大时代高中物理	1942	李绪文、王定百 编	兼声编译社
126	勃台实用物理学题解	1943	周颐年 编演	世界书局
127	勃台物理实验	1943	将宪淞 编	世界书局
128	初中物理复习指导	1943	丁光宇 编	北新书局
129	正中高中物理习题解	1943	黄斗懿 编	复兴书局
130	新中国教科书初级中学物理学（上、下册）	1944	常伯华 编著	正中书局
131	高级中学物理实验	1945	丁燮林、王书庄 著	开明书店
132	新中国教科书高级中学物理学（上下册）	1945	张开圻 编著	正中书局
133	勃拉克台维斯新实用物理学习题详解	1946	郑毓荪 编著	理科丛刊社
134	勃拉克台维斯最新实用物理学（修订本）	1946	勃拉克、台维斯 著 陈宝珊 译	文怡书局
135	物理学问题通解	1946	缪超群 编	新亚书店
136	新修正标准初中物理（上、下册）	1946	甘景镐、林琼平 编著 黄福煦 校订	大东书局
137	中学活用课本初级物理学纲要	1947	杨士文 编著	世界书局

（续表）

序号	书名	出版时间	作者	出版社
138	初中物理	1947	张开圻、包墨青 编	中华书局
139	初中物理学	1947	胡崡风 编	北新书局
140	初中新物理学（上、下册）	1948	何守愚、陈公衡 编著	世界书局
141	投考大学全书 物理之部	1947	徐兆华 编	师友出版公司
142	中国科学教科书初中物理学	1948	杨孝述 编	中国科学图书仪器公司
143	初中物理学提要	1948	刘遂生 编	中华书局
144	初中新物理学（上、下册）	1948	徐子威 等编著	上海科学社
145	高中物理复习指导	1941	丁光宇 编	现代教育研究社
146	高中物理实验	1948	兆平私立笃志女子中学 编	编者刊
147	中国科学教科书高中物理学（上、下册）	1948	严济慈 编著	中国科学图书仪器公司
148	汉译达夫物理学题解	1948	高佩玉 编演	北平科学社
149	基本实用物理学	1948	布莱克、戴维斯 著 陈岳生 译	开明书店
150	物理难题详解	1948	陈朔南 编	平津书店
151	物理修订本	1948	谭勤余 编	商务印书馆
152	物理学	1948		东北书店
153	物理学精华	1948	陈振华 编	中华书局
154	物理学要览	1948	桑安柱 编	商务印书馆
155	物理珍话	1948	钱耕莘 编	文光书店

参考文献

著作类文献：

1. A. S. 尼尔. 夏山学校：养育子女的最佳方法[M]. 周德，译. 北京：京华出版社，2002.

2. 阿普尔，克丽斯蒂安—史密斯. 教科书政治学[M]. 侯定凯，译. 上海：华东师范大学出版社，2005.

3. 阿普尔. 官方知识：保守时代的民主教育[M]. 曲囡囡，刘明堂，译. 上海：华东师范大学出版社，2004.

4. 艾尔曼. 科学在中国：1550—1900[M]. 原祖杰，等译. 北京：中国人民大学出版社，2016.

5. 爱因斯坦，英费尔德. 物理学的进化[M]. 周肇威，译. 长沙：湖南教育出版社，1999.

6. 安德森，等. 布卢姆教育目标分类学(修订版)(完整版)[M]. 蒋小平，等译. 北京：外语教学与研究出版社，2009.

7. 安德森，等. 布卢姆教育目标分类学[M]. 北京：北京大学出版社，2012.

8. 奥古斯特·孔德. 论实证精神[M]. 黄建华，译. 北京：商务印书馆，2011.

9. 巴格莱. 教育与新人[M]. 袁桂林，译. 2版. 北京：人民教育出版社，2005.

10. 柏拉图. 理想国[M]. 郭斌和，张竹明，译. 北京：商务印书馆，1986.

11. 保罗·弗莱雷. 被压迫者教育学[M]. 2版. 顾建新，赵友华，何曙荣，译. 上海：华东师范大学出版社，2014.

12. 毕苑. 建造常识：教科书与近代中国文化转型[M]. 福州：福建教育出版社，2010.

13. 布鲁纳. 教学论[M]. 姚梅林，郭安，译. 北京：中国轻工业出版社，2008.

14. 曹文彪. 科学与人文：关于两种文化的社会学比较研究[M]. 上海：学林出版社，2008.

15. 曹运耕.维新运动与两湖教育[M].武汉：湖北教育出版社,2003.

16. 陈桂生.教育原理[M].3版.上海：华东师范大学出版社,2012.

17. 陈时见.课程与教学理论和课程与教学改革[M].桂林：广西师范大学出版社,1999.

18. 陈学恂.中国近代教育史教学参考资料-上册[M].北京：人民教育出版社,1986.

19. 陈学恂.中国近代教育文选[M].北京：人民教育出版社,1983.

20. 陈元晖,李桂林,戚名琇,等.中国近代教育史资料汇编-普通教育[M].2版.上海：上海教育出版社,2007.

21. 陈元晖,璩鑫圭,唐良炎.中国近代教育史资料汇编-学制演变[M].上海：上海教育出版社,2007.

22. 陈元晖,璩鑫圭,童富勇.中国近代教育史资料汇编-教育思想[M].上海：上海教育出版社,2007.

23. 陈自鹏.中国中小学英语课程教材教法百年变革研究[M].北京：光明日报出版社,2012.

24. 戴吉礼.傅兰雅档案[M].桂林：广西师范大学出版社,2010.

25. 丁守和,中国现代文化学会.中国近代启蒙思潮[M].北京：社会科学文献出版社,1999.

26. 杜威.民主主义与教育[M].王承绪,译.北京：人民教育出版社,2001.

27. 樊洪业,王扬宗.西学东渐 科学在中国的传播[M].长沙：湖南科学技术出版社,2000.

28. 方成智.艰难的规整：新中国十七年(1949—1966)中小学教科书研究[M].长沙：湖南师范大学出版社,2013.

29. 费耶阿本德.知识、科学与相对主义[M].陈健,译.南京：江苏人民出版社,2006.

30. 费正清,刘广京.剑桥晚清中国史(上册)[M].中国社会科学院历史研究所编译室,译.北京：中国社会科学出版社:1985.

31. 封小超,王力邦.物理课程与教学论[M].北京：科学出版社,2005.

32. 冯建军.教育基本理论研究20年：1990—2010[M].福州：福建教育出版社,2012.

33. 冯长根.博士学位随笔[M].北京：中国科学技术出版社,2015.

34. 弗·卡约里.物理学史[M].戴念祖,译.北京：中国人民大学出版社,2010.

35. 高秉江.胡塞尔与西方主体主义哲学[M].武汉：武汉大学出版社,2000.

36. 高凌飚.基础教育教材评价:理论与工具[M].北京:人民教育出版社,2002.

37. 顾长声.传教士与近代中国[M].上海:上海人民出版社,1981.

38. 关晓红.晚清学部研究[M].广州:广东教育出版社,2000.

39. 郭汉民.中国近代思想与思潮[M].长沙:岳麓书社,2004.

40. 郭嵩焘,钟叔河,杨坚.伦敦与巴黎日记[M].长沙:岳麓书社,1984.

41. 贺国庆,于洪波,朱文富.外国教育史[M].北京:高等教育出版社,2009.

42. 赫胥黎.科学与教育[M].单中惠,平波,译.北京:人民教育出版社,2005.

43. 胡贻谷.谢庐隐先生传略[M].上海:青年协会书报部,1917.

44. 怀特海.过程与实在:宇宙论研究[M].杨富斌,译.北京:中国城市出版社,2003.

45. 怀特海.教育的目的[M].庄莲平,王立中,译注.上海:文汇出版社,2012.

46. 怀特海.科学与近代世界[M].何钦,译.北京:商务印书馆,2009.

47. 加扬,程冕.如何高效学习[M].北京:机械工业出版社,2014.

48. 姜朝晖.民国时期教育独立思潮研究[M].北京:中国社会科学出版社,2008.

49. 金观涛,刘青峰.观念史研究:中国现代重要政治术语的形成[M].北京:法律出版社,2009.

50. 夸美纽斯.大教学论[M].2版.傅任敢,译.北京:教育科学出版社,2014.

51. 莱斯利·A.豪.哈贝马斯[M].陈志刚,译.北京:中华书局,2002.

52. 李秉德.教育科学研究方法[M].2版.北京:人民教育出版社,2001.

53. 李朝辉.教学论[M].北京:清华大学出版社,2010.

54. 李凡册,北京图书馆.民国时期总书目-综合性图书:1911—1949[M].北京:北京图书馆出版社,1995.

55. 李提摩太.亲历晚清四十五年:李提摩太在华回忆录[M].李宪堂,侯林莉,译.北京:人民出版社,2011.

56. 李约瑟.中国科学技术史.第一卷,总论[M].北京:科学出版社,1975.

57. 梁启超,夏晓虹.《饮冰室合集》集外文[M].北京:北京大学出版社,2005.

58. 廖伯琴.物理教育学[M].北京:高等教育出版社,2012.

59. 廖伯琴.物理教育学[M].北京:高等教育出版社,2012.

60. 林德宏.科技哲学十五讲[M].北京:北京大学出版社,2004.

61. 林逢祺,洪仁进.教师不可不知的哲学[M].上海:华东师范大学出版社,2009.

62. 刘大椿,刘劲杨.科学技术哲学经典研读[M].北京:中国人民大学出版社,2011.

63. 刘大椿. 科学活动论　互补方法论[M]. 桂林：广西师范大学出版社，2002.

64. 刘登阁,周云芳. 西学东渐与东学西渐[M]. 北京：中国社会科学出版社,2000.

65. 刘海峰. 鉴古知今的教育史研究[M]. 厦门：厦门大学出版社,2014.

66. 刘儒德. 学习心理学[M]. 北京：高等教育出版社,2010.

67. 刘伟. 教学利益论[M]. 福州：福建教育出版社,2015.

68. 刘伟. 教学利益论[M]. 福州：福建教育出版社,2015.

69. 刘玉梅. 近代教师群体研究：以直隶为考察中心[M]. 北京：人民出版社,2016.

70. 刘志军. 教育心理学[M]. 长沙：中南大学出版社,2009.

71. 卢梭. 爱弥儿：论教育[M]. 李平沤,译. 北京：商务印书馆,2017.

72. 陆有铨. 现代西方教育哲学[M]. 北京：北京大学出版社,2012.

73. 路海东. 学校教育心理学[M]. 长春：东北师范大学出版社,2000.

74. 罗素. 罗素论教育[M]. 杨汉麟,译. 北京：人民教育出版社,2009.

75. 洛克. 教育漫话：全译·注释本[M]. 杨汉麟,译. 北京：人民教育出版社,2006.

76. 骆炳贤. 物理教育史[M]. 长沙：湖南教育出版社,2001.

77. 吕达. 课程史论[M]. 北京：人民教育出版社,2003.

78. 吕顺长. 清末中日教育文化交流之研究[M]. 北京：商务印书馆,2012.

79. 马勇. 盗火者：严复传[M]. 北京：东方出版社,2015.

80. 麦金太尔. 马尔库塞[M]. 邵一诞,译. 北京：中国社会科学出版社,1989.

81. 贾德. 苏菲的世界[M]. 萧宝森,译. 北京：作家出版社,2007.

82. 帕特里夏·奥坦伯德·约翰逊. 伽达默尔[M]. 何卫平,译. 北京：中华书局,2003.

83. 裴娣娜. 现代教学论. 第二卷[M]. 北京：人民教育出版社,2005.

84. 齐梅,马林. 教育学原理[M]. 北京：清华大学出版社,2012.

85. 钱曼倩,金林祥. 中国近代学制比较研究[M]. 广州：广东教育出版社,1996.

86. 乔治·J.波斯纳. 课程分析[M]. 仇光鹏,韩苗苗,张现荣,译. 上海：华东师范大学出版社,2007.

87. 秦英君. 科学乎　人文乎：中国近代以来文化取向之两难[M]. 开封：河南大学出版社,2005.

88. 桑兵. 晚清学堂学生与社会变迁[M]. 桂林：广西师范大学出版社,2007.

89. 上海外国自然科学哲学著作编译组. 牛顿自然哲学著作选[M]. 上海：上海人民出版社,1974.

90. 施良方. 课程理论：课程的基础、原理与问题[M]. 北京：教育科学出版社，1996.

91. 石鸥,吴小鸥.简明中国教科书史[M].北京:知识产权出版社,2015.

92. 石鸥. 教科书评论—2013[M]. 北京：首都师范大学出版社，2014.

93. 石鸥. 教科书评论—2015[M]. 北京：首都师范大学出版社，2016.

94. 石鸥.百年中国教科书忆[M].北京:知识产权出版社,2015.

95. 石玉.中国革命根据地教科书研究[M].北京:知识产权出版社,2015.

96. 石中英. 教育哲学[M]. 北京：北京师范大学出版社，2007.

97. 实藤惠秀. 中国人留学日本史[M]. 修订本. 谭汝谦,林启彦,译.北京：北京大学出版社，2012.

98. 史春风. 商务印书馆与中国近代文化[M]. 北京：北京大学出版社，2006.

99. 史密斯. 全球化与后现代教育学[M]. 郭洋生,译,上海：华东师范大学出版社,2010.

100. 叔本华. 叔本华：爱与生的苦恼[M]. 刘越峰,译. 北京：中国画报出版社，2012.

101. 舒新城. 近代中国教育思想史[M]. 福州：福建教育出版社，2007.

102. 舒新城.近代中国教育史料[M].北京:中国人民大学出版社,2012.

103. 孙宏安.中国古代科学教育史略[M].沈阳:辽宁教育出版社,1996.

104. 孙培青. 中国教育史[M]. 2 版. 上海：华东师范大学出版社，2000.

105. 孙正聿. 哲学：思想的前提批判[M]. 北京：中国社会科学出版社，2016.

106. 檀传宝. 学校道德教育原理[M]. 2 版. 北京：教育科学出版社，2003.

107. 田正平. 中国教育史研究（近代分卷）[M]. 上海：华东师范大学出版社，2009.

108. 万丹. 断裂还是统一：库恩"不可通约性"概念研究[M]. 北京：中国社会科学出版社，2012.

109. 汪家熔. 民族魂：教科书变迁[M]. 北京：商务印书馆，2008.

110. 汪霞. 课程理论与课程改革[M]. 合肥：安徽教育出版社，2007.

111. 王本陆. 现代教学理论：探索与争鸣[M]. 合肥：安徽教育出版社，2007.

112. 王冰. 中外物理交流史[M]. 长沙：湖南教育出版社，2001.

113. 王炳照. 简明中国教育史[M]. 修订版. 北京：北京师范大学出版社，1994.

114. 王策三. 教学论稿[M]. 2 版. 北京：人民教育出版社，2005.

115. 王道俊,扈中平. 教育学原理[M]. 福州：福建教育出版社，1998.

116. 王建军.中国近代教科书发展研究[M].广州:广东教育出版社,1996.

117. 王伦信. 清末民国时期中学教育研究[M]. 上海：华东师范大学出版社，2002.

118. 王守恒.教育科学研究方法基础[M].合肥:安徽大学出版社,2002.

119. 王思隽,李肃东.贺麟评传[M].天津:百花文艺出版社,1995.

120. 王小静.清末民初修身思想研究:以修身教科书为中心的考察[M].北京:人民出版社,2012.

121. 王扬宗.傅兰雅与近代中国的科学启蒙[M].北京:科学出版社,2000.

122. 威廉·E.伯恩斯.知识与权力:科学的世界之旅[M].杨志,译.北京:中国人民大学出版社,2015.

123. 魏书生.教学工作漫谈[M].桂林:漓江出版社,2005.

124. 吴履平,课程教材研究所编.20世纪中国中小学课程标准·教学大纲汇编—物理卷[M].北京:人民教育出版社,2001.

125. 吴小鸥.中国近代教科书的启蒙价值[M].福州:福建教育出版社,2011.

126. 吴永贵.民国出版史[M].福州:福建人民出版社,2011.

127. 肖川,朱小林,邓宏.义务教育美术课程标准(2011年版)解读[M].武汉:湖北教育出版社,2012.

128. 小威廉姆·E.多尔,诺尔·高夫.课程愿景[M].张文军,等译.北京:教育科学出版社,2004.

129. 熊月之.西学东渐与晚清社会[M].上海:上海人民出版社,1994.

130. 徐瑞.尼采[M].北京:北京师范大学出版社,2012.

131. 徐学福.教学论[M].北京:人民教育出版社,2012.

132. 杨明全.课程概论[M].北京:北京师范大学出版社,2010.

133. 杨小微.教育研究方法[M].北京:人民教育出版社,2005.

134. 杨玉厚.中国课程变革研究[M].西安:陕西人民教育出版社,1993.

135. 叶澜.教育研究方法论初探[M].上海:上海教育出版社,2014.

136. 咏梅.中日近代物理学交流史研究:1850—1922[M].北京:中央民族大学出版社,2013.

137. 于海波.科学课程发展的文化学研究[M].2版.长春:东北师范大学出版社,2015.

138. 于伟.现代性与教育[M].北京:北京师范大学出版社,2006.

139. 于野,李强.马基雅维里:我就是教你"恶"[M].北京:新世界出版社,2006.

140. 张楚廷.课程与教学哲学[M].北京:人民教育出版社,2003.

141. 赵惟熙.西学书目答问[M].贵阳:贵阳学署,1901.

142. 赵长林.科学课程知识观的重建:在人文与科学之间[M].北京:中国社会科学出版社,2008.

143. 郑金洲，瞿葆奎. 中国教育学百年[M]. 北京：教育科学出版社，2002.

144. 中国教育学会物理教学专业委员会. 中学物理教育三十年回顾与展望：中国教育学会物理教学专业委员会成立 30 年教育实践与研究综述[M]. 杭州：浙江教育出版社，2011.

145. 钟启泉. 课程论[M]. 北京：教育科学出版社，2007.

146. 钟启泉. 现代课程论[M]. 2 版. 上海：上海教育出版社，2006.

147. 周谷平. 近代西方教育理论在中国的传播[M]. 广州：广东教育出版社，1996.

148. 周其厚. 中华书局与近代文化[M]. 北京：中华书局，2007.

149. 朱义禄，张劲. 中国近现代政治思潮研究[M]. 上海：上海社会科学院出版社，1998.

150. 朱永新. 沟通与融合：中国近现代教育思想史[M]. 北京：人民教育出版社，2004.

151. 朱有瓛. 教育行政机构及教育团体[M]. 上海：上海教育出版社，1993.

152. 左玉河. 从四部之学到七科之学：学术分科与近代中国知识系统之创建[M]. 上海：上海书店出版社，2004.

教科书文本：

1. 陈榥. 物理易解[M]. 东京：教科书译社，1902.

2. 陈文. 问答体物理学初等教科书[M]. 东京：教科书译社，1906.

3. 陈文哲. 普通应用物理教科书[M]. 东京：同文印刷舍，1904.

4. 丛琯珠. 新撰物理学[M]. 济南：山东留学生监督处，1906.

5. 丁铎尔，金楷理，赵元益. 光学[M]. 上海：江南制造局翻译馆，1876.

6. 丁韪良. 格物测算[M]. 北京：京师同文馆，1883.

7. 丁韪良. 格物入门[M]. 北京：京师同文馆，1868.

8. 丁韪良. 重增格物入门[M]. 北京：京师大学堂，1899.

9. 杜亚泉. 格致教科书[M]. 上海：商务印书馆，1904.

10. 杜亚泉. 物理学新教科书[M]. 上海：商务印书馆，1907.

11. 傅兰雅. 电学须知[M]. 上海：益智书会，1887.

12. 傅兰雅. 光学须知[M]. 上海：益智书会，1884.

13. 傅兰雅. 气学须知[M]. 上海：益智书会，1894.

14. 傅兰雅. 声学须知[M]. 上海：益智书会，1887.

15. 傅兰雅. 水学须知[M]. 上海：益智书会，1894.

16. 傅兰雅. 重学须知[M]. 上海：益智书会，1889.

17. 广济陈文哲.普通应用物理教科书[M].武汉:湖北教育部,1903.

18. 何德赉.最新中学教科书物理学[M].上海:商务印书馆,1904.

19. 何德赉.最新中学教科书物理学[M].谢洪赉,译.上海:商务印书馆,1904.

20. 赫施赉,罗亨利,瞿昂来.格致小引[M].上海:江南制造局翻译馆,1886.

21. 后藤牧太,清国名家.物理学课本[M].东京:东亚公司,1907.

22. 黄际遇.中华中学物理学教科书[M].上海:中华书局,1914.

23. 和田猪三郎,虞辉祖.中学校初年级理化教科书[M].上海:科学仪器馆,1902.

24. 水岛久太郎.中学物理教科书第一册[M].东京:教科书译辑社,1903.

25. 水岛久太郎著,陈榥译.中学物理教科书[M].东京:教科书译辑社,1902.

26. 田丸卓郎,吴延槐,华鸿.中学物理学教科书[M].上海:文明书局,1907.

27. 瓦特斯,傅兰雅,徐寿.物体遇热改易记[M].上海:江南制造局翻译馆,1899.

28. 王化成.格致教科书[M].上海:商务印书馆,1903.

29. 王季烈.共和国教科书物理学[M].上海:商务印书馆,1913.

30. 王季烈.物理学语汇[M].上海:商务印书馆,1908.

31. 西门司贵勾利,刘光照.初等理化教科书[M].上海:华美书局,1909.

32. 谢洪赉.最新中学教科书物理学[M].上海:商务印书馆,1904.

33. 陈榥.实用教科书物理学[M].上海:商务印书馆,1918.

34. 毅民氏.最新物理学教科书[M].上海:科学书局,1907.

35. 中村清二,蔡钟瀛.物理教科书[M].上海:群益书社,1914.

36. 中村清二,杜亚泉.物理学新教科书[M].上海:商务印书馆,1907.

37. 中村清二,林国光译.中等教育物理学[M].上海:广智书局,1906.

38. 钟衡臧.中学教科书物理学[M].上海:中华书局,1925.

39. 周昌寿.复兴高级中学教科书物理学[M].上海:商务印书馆,1934.

40. 周昌寿.复兴教科书:物理学[M].上海:商务印书馆,1937.

41. 周昌寿.现代初中教科书物理学[M].上海:商务印书馆,1923.

42. 周昌寿.新标准初中教本物理学[M].上海:开明书店,1933.

43. 周昌寿.新时代高中教科书物理学[M].上海:商务印书馆,1930.

44. 周昌寿.新撰初级中学教科书物理学[M].上海:商务印书馆,1926.

45. 周毓莘.新生活初中教科书物理[M].上海:大东书局,1933.

期刊、学位论文类文献：

1. 毕苑.博物与启蒙[J].理论视野，2016(7)：67-70.

2. 蔡铁权，何丹贤.我国近代物理学和物理教育的兴起及早期发展[J].全球教育展望，2013，42(10)：109-118.

3. 陈朝东.高中数学教科书与其它理科教科书的衔接性研究[J].数学教育学报，2014，23(1)：79-83.

4. 陈娜.人文精神与现代意识的和谐抒写：论民国语文教材生命力之所在[D].上海：上海师范大学，2013.

5. 陈文革，吴建平.科学教科书中的意识形态及其话语建构：以初中物理和化学教科书为例[J].外语与外语教学，2014(5)：11-16.

6. 陈娴，梁玲.美国高中多样化物理教科书初探[J].物理教学，2014，36(11)：75-79.

7. 陈云奔，刘志学，王枭，等.中国第一本现代意义物理学教科书：谢洪赉译《最新中学教科书·物理学》评析[J].科普研究，2018，13(5)：79-86.

8. 崔雪梅，李凤月，Seung Kee Han.物理知识网络的特性分析[J].复杂系统与复杂性科学，2013，10(2)：30-36.

9. 戴结林，王从戎，杨思峰.高中物理三种不同版本课程标准实验教科书的比较研究[J].合肥师范学院学报，2009，27(6)：116-121.

10. 戴敏.中美初中物理教科书中 HPS 内容比较研究[D].武汉：华中师范大学，2017.

11. 邓磊，廖伯琴.基于国际比较的我国高中物理教科书评价指标体系的建构研究[J].教育学报，2010，6(3)：66-73.

12. 方成智.艰难的规整：新中国十七年(1949—1966)中小学教科书研究[D].长沙：湖南师范大学，2010.

13. 高嵩.教科书中引入中国传统文化元素的研究：以物理教科书为例[J].山东师范大学学报(人文社会科学版)，2012，57(4)：135-139.

14. 葛吉霞，张海林.清末民初庄俞思想的流变[J].甘肃社会科学，2015(6)：233-237.

15. 郭桂周，易娜伊，周云.我国中学物理教科书中科学家形象建构的实证研究：以人教版初中物理教科书为例[J].教育导刊，2018(10)：52-57.

16. 郭桂周，易璇子，黄晓庆.我国中学物理教科书中环境教育内容的文本分析：以人教版初中物理教科书为例[J].环境教育，2018(8)：43-46.

17. 郭睿.语文教科书录用外国作品的历史考察：从"中体西用"到"启蒙"[J].中国教育学刊，2009(3)：62-66.

18. 中英高中物理教学方法的比较研究[D].西安：陕西师范大学，2015.

19. 郭震.变革时代中的科学启蒙：近代中国化学教科书的历史沿革[J].科普研究，2017，12(1)：86-94.

20. 胡扬洋，邢红军，谷雅慧.物理教科书编写呈现科学方法的研究：以人教社高中物理必修教科书为例[J].课程·教材·教法，2016，36(9)：63-67.

21. 胡扬洋.中学物理教科书中的科学家形象描绘：现实与超越[J].课程教学研究，2016(12)：29-34.

22. 黄宝忠.中国近代民营出版业成长的社会生态分析[J].浙江大学学报(人文社会科学版)，2013，43(5)：103-121.

23. 惠宇洁，陈娴.从美国主流教科书插图看物理核心素养的渗透：以"动量"为例[J].物理教师，2018，39(8)：77-80.

24. 蒋忠星，呼力雅格其.中俄初中物理教科书"电学"内容难度比较[J].内蒙古师范大学学报(教育科学版)，2018，31(4)：111-115.

25. 金新喜.刍议中学物理教科书中的举例说明题[J].课程教学研究，2018(5)：28-31.

26. 雷熙.清末民初女子教科书缘起及演变：基于女子思想启蒙与角色定位的文本研究[D].长沙：湖南师范大学，2012.

27. 李佳.高中物理教科书评价指标体系构建研究[D].重庆：西南大学，2011.

28. 李佳.中美物理教科书评价指标体系比较研究[J].课程·教材·教法，2011，31(9)：99-103.

29. 李金航.中国近代大学教科书发展历程研究[D].苏州：苏州大学，2013.

30. 李正福，谷雅慧.百年中学物理教科书中科学方法教育的变迁研究[J].物理教师，2017，38(3)：69-73.

31. 廖苗，吴彤.百年小学科学教科书中的科学观变迁[J].科学技术哲学研究，2015，32(4)：88-98.

32. 林红玲.清末民初国民意识生成与嬗变的历史考察[D].长春：吉林大学，2015.

33. 林华，林钦.初中物理教师使用教科书情况与影响因素分析[J].湖南中学物理，2018，33(5)：16-20.

34. 刘斌.清末中小学体育教科书的启蒙价值[J].湖南师范大学教育科学学报，2012，11(6)：53-57.

35. 刘志学，陈云奔.丁韪良编译物理教科书评析[J].自然辩证法通讯，2018，40(5)：80-87.

36. 刘志学, 陈云奔. 清末日译中学物理学教科书及其特点研究[J]. 自然辩证法研究, 2017, 33(9): 102 - 107.

37. 刘志学, 陈云奔. 晚清传教士译物理教科书科学启蒙特点及其影响[J]. 科普研究, 2018, 13(2): 84 - 90.

38. 刘志学, 陈云奔, 张磊. 晚清时期中学物理教科书发展及其特点[J]. 物理教学, 2017, 39(8): 73 - 78.

39. 刘志学, 陈云奔, 张磊. 晚清时期中学物理教科书发展及其特点(续)[J]. 物理教学, 2017, 39(10): 73 - 77.

40. 罗爽. 教科版初中物理新旧教科书对比研究[D]. 成都: 四川师范大学, 2017.

41. 吕达. 百年教科书的启蒙追寻: 《复兴之路: 百年中国教科书与社会变革》简评[J]. 课程教学研究, 2017(6): 94 - 95.

42. 彭征, 伏森泉. 人教版高中物理教科书习题配置特点研究[J]. 中学物理教学参考, 2017, 46(21): 1 - 5.

43. 彭征, 李晓梅, 李春密. 国际初中物理教科书中对不同知识主题的侧重: 以中、俄、德、法四套教科书为例[J]. 课程·教材·教法, 2014, 34(3): 119 - 124.

44. 祁会玲. 人教版义务教育课程标准物理实验教科书比较研究[D]. 石家庄: 河北师范大学, 2007.

45. 瞿骏. "民国范儿"的迷思: 论清末民国教科书之"另一面"[J]. 学术月刊, 2014, 46(9): 146 - 156.

46. 瞿骏. 教科书的启蒙与生意[J]. 读书, 2014(7): 49 - 56.

47. 石鸥. 百年中国教科书的文化担当[J]. 教育科学研究, 2017(11): 93 - 96.

48. 石鸥, 吴小鸥. 从有限渗入到广泛传播: 清末民初中小学教科书的民主政治启蒙意义[J]. 教育学报, 2010, 6(1): 62 - 70.

49. 石鸥, 吴小鸥. 清末民初教科书的现代伦理精神启蒙[J]. 伦理学研究, 2010(5): 27 - 30.

50. 石鸥, 吴小鸥. 清末民初教科书的科学启蒙[J]. 高等教育研究, 2012, 33(11): 85 - 90.

51. 孙艺. 高中物理教科书使用调查研究[D]. 苏州: 苏州大学, 2015.

52. 陶杰. 中加中学化学教科书比较研究: 以人教版九年级和安大略省九年级为例[D]. 重庆: 西南大学, 2017.

53. 王广超. 清末陈榥编著《物理易解》初步研究[J]. 中国科技史杂志, 2013, 34(1): 27 - 39.

54. 王海英. 致知在格物——清末民初科学启蒙教科书[N]. 中华读书报, 2012 - 08 -

15(14).

55. 王较过,陈鲜艳.中美高中物理教科书内容呈现方式的比较:以"电学"内容为例[J].物理教学探讨,2013,31(2):1-5.

56. 王较过,陶丽娟.美国高中物理教科书中"功和能"内容呈现方式及启示[J].内蒙古师范大学学报(教育科学版),2009,22(6):43-47.

57. 王较过,田珺.高中物理教科书中的物理科学方法教育:以沪科版高中物理1为例[J].教育理论与实践,2010,30(32):14-16.

58. 王较过,田珺.物理实验探究性水平的评价研究:以高中物理教科书为例[J].物理教学探讨,2011,29(6):1-6.

59. 王琳,高闯.管窥英国物理教材如何渗透STS教育及几点思考:由一本英国A级考试物理教科书与我国物理教材之比较[J].物理教师,2004(6):50-52.

60. 王南湜.重估哲学教科书体系的意义:从启蒙理性科学主义被纳入之后果视角的考察[J].学习与探索,2014(3):1-8.

61. 温晓雷.中美高中物理教科书科学方法呈现方式的比较研究[D].西安:陕西师范大学,2013.

62. 吴林涛.中学物理教科书插图类型与知识类型匹配关系研究[J].物理通报,2018(11):120-122.

63. 吴小鸥.百年中国启蒙:中小学教科书的视角[J].教育科学研究,2016(3):25-31.

64. 吴小鸥.汲汲以求于强国富民之道:清末民初教科书的现代商品经济启蒙[J].宁波大学学报(教育科学版),2012,34(1):16-21.

65. 吴小鸥.健康身体:文明之起点:试论清末民初教科书的现代生活方式启蒙[J].内蒙古师范大学学报(教育科学版),2011,24(4):1-5.

66. 吴小鸥.近代中国教科书的启蒙功利主义[J].宁波大学学报(教育科学版),2012,34(5):23-29.

67. 吴小鸥.民国时期中小学党化教科书及其启蒙规定性[J].中国人民大学教育学刊,2013(4):145-162.

68. 吴小鸥.现代性:清末民初教科书的启蒙诉求[J].华东师范大学学报(教育科学版),2010,28(4):71-81.

69. 吴小鸥.清末民初教科书的启蒙诉求[D].长沙:湖南师范大学,2009.

70. 吴小鸥,褚兴敏.中国现代教科书发展的"黄金二十年"[J].宁波大学学报(教育科学版),2014,36(4):16-22.

71. 吴小鸥,李想."蒙学科学全书"与20世纪初的科学启蒙[J].教育学报,2012,

8(5)：118‐128.

72. 吴小鸥,李想.赋权女性:晚清民国女子教科书的启蒙诉求[J].华东师范大学学报(教育科学版),2014,32(1)：103‐110.

73. 吴小鸥,彭太军.小课本 大启蒙:试析清末民初教科书的巨大影响力[J].内蒙古师范大学学报(教育科学版),2011,24(10)：1‐8.

74. 吴小鸥,石鸥.烽火岁月中的启蒙:试析民国时期国立编译馆中小学教科书编审[J].中国人民大学教育学刊,2012(3)：166‐180.

75. 吴小鸥,石玉.经典的理念与启蒙的思路:以中小学语文教科书中鲁迅作品为例[J].湖南师范大学教育科学学报,2010,9(5)：12‐16.

76. 吴小鸥,徐加慧."复兴教科书"的抗战救亡启蒙[J].湖南师范大学教育科学学报,2015,14(4)：18‐24.

77. 吴小鸥,姚艳.民族脊梁:1933年"复兴教科书"的启蒙坚守[J].华东师范大学学报(教育科学版),2015,33(4)：113‐118.

78. 向娟.中美高中物理教科书例习题设置的比较研究[D].重庆:西南大学,2015.

79. 谢丽.关于部分中学物理概念的定义及教学误区的案例分析研究[D].芜湖:安徽师范大学,2012.

80. 谢娉.中美物理教科书中的概念比较:以"静电场"为例[D].南京:南京师范大学,2017.

81. 熊泽本,马世红.基础物理实验教科书对比与分析[J].实验室研究与探索,2017,36(10)：186‐190.

82. 熊泽本,马世红.美国基础物理实验教科书(讲义)的特点分析[J].大学物理,2017,36(5)：53‐61.

83. 熊泽本,马世红.中美基础物理实验教科书的对比与启示[J].物理与工程,2017,27(3)：10‐17.

84. 熊哲.中美高中历史教科书关于启蒙运动内容比较研究:以人教版和麦格劳—希尔版《世界历史》为例[D].长沙:湖南师范大学,2017.

85. 杨丙麟.中美小学科学教科书比较研究:以上海科教版《自然》和麦克米伦版《科学启蒙》为例[D].上海:上海师范大学,2015.

86. 杨赫姣.德国古典哲学中国化研究:以推进马克思主义哲学中国化理论发展为视角[D].长春:东北师范大学,2015.

87. 杨雪漓.朝鲜后期汉语教科书中介词研究[D].成都:四川师范大学,2015.

88. 姚丽鹏,刘烁.高中物理教科书中实验探究水平的研究[J].首都师范大学学报

（自然科学版），2016，37(3)：29 - 35.

89. 咏梅，冯立昇. 清末译自日文的物理学书籍考[J]. 自然辩证法通讯，2012，34(3)：44 - 49.

90. 于冰. 中学物理教科书的意识形态研究[D]. 长春：东北师范大学，2015.

91. 于冰，于海波. 教科书的文化再生产：物理教科书插图的性别文化分析及反思[J]. 当代教育与文化，2015，7(5)：79 - 83.

92. 于冰，于海波. 我国"物理"概念的源与流[J]. 物理教师，2016，37(12)：83 - 85.

93. 于海波，黄秋楠，孟昭辉. 物理概念教学的基本策略[J]. 现代中小学教育，2001，17(9)：30 - 31.

94. 于娜，魏薇. 民国时期小学国语教科书识字研究[J]. 教学与管理，2016(6)：80 - 83.

95. 余娟娟，仲扣庄. 高中物理教科书与课程标准的一致性研究：以 3 个版本必修部分为例[J]. 物理教师，2015，36(10)：2 - 6.

96. 袁令民，廖伯琴，李富强. 高中物理教师使用新课程教科书情况调查及影响因素探析[J]. 教育学报，2013，9(2)：76 - 81.

97. 岳辉. 朝鲜时代汉语官话教科书研究[D]. 长春：吉林大学，2008.

98. 岳辉. 朝鲜时期汉语官话教科书体例和内容的嬗变研究[J]. 社会科学，2011(10)：158 - 165.

99. 张广琴. 中美小学主流科学教材对比分析[J]. 开封教育学院学报，2015，35(12)：211 - 212.

100. 张军朋. 高中物理教材的国际比较研究[J]. 物理教师，2003(11)：1 - 6.

101. 张磊. 科学课程设计的认识论考察[D]. 济南：山东师范大学，2013.

102. 张林，特古斯. 民国时期大学教科书的"中国化"(1931—1937)：以物理教科书为中心[J]. 自然辩证法研究，2016，32(12)：63 - 68.

103. 张梅. 晚清五四时期儿童读物上的图像叙事[J]. 新文学史料，2017(2)：45.

104. 张廷志. 情智教学在高中物理教学中的应用：评《普通高中课程标准实验教科书物理 1 必修》[J]. 中国教育学刊，2018(8)：132.

105. 张颖. 新课程高中物理教科书呈现方式的研究[J]. 课程·教材·教法，2011，31(5)：76 - 81.

106. 章莹. 塑造"国民"：清末民初中小学历史教科书中的国民教育[D]. 扬州：扬州大学，2013.

107. 赵亮. 中美高中物理教科书中表征模型的比较研究[D]. 新乡：河南师范大学，2017.

108. 赵长林.明清西方物理学知识的传播和晚清物理教科书的发展[J].课程教学研究，2017(6)：35‐39.

109. 仲扣庄，郭玉英.高中物理课程标准教科书内容难度定量分析：以"量子理论"为例[J].课程・教材・教法，2010，30(4)：67‐71.

110. 仲扣庄，郭玉英.基于科学素养主题的中美高中物理教科书定量分析：以"量子理论"为例[J].课程・教材・教法，2012，32(10)：121‐127.

111. 仲扣庄，郭玉英，彭征.20世纪前期高中物理教科书中近代物理内容介绍与评析[J].课程・教材・教法，2014，34(5)：98‐104.

112. 周安琪.小课本展现社会大变革[J].教育测量与评价，2018(6)：63‐64.

113. 周仕德.基于课标不同教科书同主题的比较与反思：以中关两国"启蒙运动"为例[J].上海师范大学学报(基础教育版)，2010(1)：59‐66.

114. 周星星.民国中学物理教科书内容演变研究(1912—1937)[D].金华：浙江师范大学，2012.

115. 周云.高中历史教师创造性使用教科书的原则[J].教学与管理，2017(34)：63‐65.

116. 周长春.不同版本高中物理教科书资源整合研究[J].课程教学研究，2016(8)：42‐45.

117. 邹爱玲.初中物理教材体现科学素养教育的评价研究[D].大连：辽宁师范大学，2007.

118. 邹诗鹏.高清海与当代中国哲学的启蒙[J].天津社会科学，2015，6(1)：37‐42.

119. 邹诗鹏.高清海与当代中国思想的启蒙[J].哲学基础理论研究，2014(02)：102‐112.

外文文献：

1. Aldahmash A H，Mansour N S，Alshamrani S M，et al. An Analysis of Activities in Saudi Arabian Middle School Science Textbooks and Workbooks for the Inclusion of Essential Features of Inquiry[J]. Research in Science Education，2016，46：1‐22.

2. Aliniya F，Heidarpour M. Representation Vocabulary in Iranian Junior High School English Textbook：A Survey Study Among Iranian High School Teachers[J]. Modern Journal of Language teaching Methods，2016.

3. Bao J Q. A Multimedia Comparison of Value Orientations Between Chinese and

American Elementary Textbooks[M]. Comparative Analysis，1998.

4. Behets D，Vergauwen L. Value Orientations of Elementary and Secondary Physical Education Teachers in Flanders[J]. Research Quarterly for Exercise and Sport，2004，75(2)：156 – 164.

5. Bennett A A. John Fryer：The Introduction of Western Science and Technology into Nineteenth Century China [M]. Cambridge：Harvard University Press，1967.

6. Chiappetta E L，Fillman D A. Analysis of Five High School Biology Textbooks Used in the United States for Inclusion of the Nature of Science [J]. International Journal of Science Education，2007，29 (15) ：1847 – 1868.

7. Cho H H，Kahle J B，Nordland F H. An Investigation of High School Biology Textbooks as Sources of Misconceptions and Difficulties in Genetics and Some Suggestions for Teaching Genetics[J]. Science Education，1985，69 (5) ：707 – 719.

8. Decker T，Summers G，Barrow L. The Treatment of Geological Time the History of Life on Earth：In High School Biology Textbooks[J]. American Biology Teacher，2007，69 (7) ：401 – 405.

9. Jacobs L，Wet C De. Evaluation of the Vocational Education Orientation Programme (VEOP) at a University in South Africa[J]. International Review of Research in Open & Distance Learning，2013，14(4)：68 – 89.

10. Kiyonaga K. A Comparative Study on the Difficulty of Sentences and Vocabulary of Junior High School Textbooks and Public Senior High School Entrance Examinations[J]. Annual Review of English Learning & Teaching，2011：51 – 61.

11. Lebrun J，Lenoir Y，Laforest M，et al. Past and Current Trends in the Analysis of Textbooks in a Quebec Context[M].Curriculum Inquiry，2002.

12. Leonard P. Understanding the Dimensions of School Culture：Value Orientations and Value Conflicts[J]. Journal of Educational Administration & Foundations. 1999，13 ：27 – 53.

13. Liang Y，Cobern W W. Analysis of a Typical Chinese High School Biology Textbook Using the AAAS Textbook Standards [J]. Eurasia Journal of Mathematics Science & Technology Education，2013，9(4)：329 – 336.

14. Macgillivray D. In Preparation[J]. The Chinese Recorder and the Protestant Missionary in China，1903(34)：310 – 311.

15. Matsuo H. An Analysis of Japanese High School English Textbooks and University Entrance Examinations: A Comparison of Vocabulary[M]. Arele Annual Review of English Language Education in Japan, 2017.

16. Peter Ninnes. Representations of indigenous knowledges in secondary school science textbooks in Australia and Canada[J]. International Journal of Science Education, 2000, 22 (6): 603 - 617.

17. Pilav S. A Study on the Aesthetic Value of Texts in Turkish Language Textbooks[J]. Journal of Education & Training Studies, 2016, 4(12): 23 - 29.

18. Pozzer L L, Roth W M. Prevalence, function, and structure of photographs in high school biology textbooks[J]. Journal of Research in Science Teaching, 2003, 40 (10) : 1089 - 1114.

19. Rader G. The Vocabulary Burden of a Junior High-School Textbook in Biology [J]. Educational Research Bulletin, 1922, 1 (21) : 223 - 231.

20. Sallabas M E. Analysis of Narrative Texts in Secondary School Textbooks in Terms of Values Education[J]. Educational Research & Reviews, 2013, 8: 361 - 366.

21. Stojanovska M I, Soptrajanov B T, Petrusevski V M. Addressing Misconceptions about the Particulate Nature of Matter Among Secondary-School and High-School Students in the Republic of Macedonia[J]. Creative Education, 2012, 3 (5) : 619 - 631

22. Tou L A. A Study of Work Value Orientations of Chinese-American and White-American Students of the 7th and 8th Grades in Catholic Elementary Schools[J]. Cheminform, 2013, 44(43): 1 - 10.

23. Tse S, Shum W. A Study on the Classification of Types of Writing of Chinese Language Text-Book Writers[J]. Educational Research Journal, 1995.

24. Ukah M O. Value Orientation—A New Emphasis for Teacher Education in Higher Education for the 1990s[M]. Behavior Modification, 1990: 16.

25. Wang Y, Wang Z. The Value Orientation of Higher Vocational Education Evaluation: A Textual Analysis of an Evaluation Program [J]. Chinese Education & Society, 2016, 49 (1 - 2) : 60 - 71.

26. Zhou, LIN, Ito, et al. A Comparative Study on English Textbooks at Senior High School in Japan and in China[J]. 奈良教育大学紀要:人文・社会科学,1999.

后　记

本书是在我的博士学位论文修改基础上完成的。写完论文最后一个字,掩卷回首,三年的博士生活不觉间已接近尾声。回想三年前,在参加工作十一年之后,离开熟悉的城市、熟悉的工作和生活,来到哈尔滨师范大学求学,重新开始学生时代,真是一段值得一生铭记的时光。

2014 年年末,因参与工作单位(牡丹江师范学院)基础教育教科书陈列馆筹备、建设工作的契机,我开始大量接触教科书。在搜集老、旧教科书的过程中,我见到了一本本泛黄的晚清和民国时期的教科书,这些教科书上满是工整的繁体字、竖版印刷,完全不同于当前教科书体例,特别是很多物理教科书中没有英文公式,而是使用"甲、乙、丙、丁"等汉字代替。这些教科书是在什么样的背景下产生的、由谁编写的、谁使用了这些教科书、老师是如何教授、学生是如何学习这些知识的、这些教科书在当时发挥了哪些作用和影响……这些疑惑都极大地引起了我的注意,并在我的心头萦绕,久久挥之不去。

2016 年开始读博士,我有幸成为陈云奔教授门下弟子。在和导师商量博士论文选题的过程中,我提起了"晚清物理教科书"这一选题并得到了导师的认可。曾经的疑惑和兴趣成为今天的论文选题,并在入学那一刻起,我开始了"晚清物理教科书"的探索。

三年的博士生时光有困惑、有彷徨,更有收获和喜悦,想到这些,一个个熟悉的身影出现在脑海中。首先想到是导师陈云奔教授,陈老师年轻有为、执着于学术、学识渊博、站位高远。在论文的酝酿、选题、开题、写作等各个环节,都凝聚了陈老师的智慧。陈老师的每一次点拨,都让我醍醐灌顶,但由于能力和水平所限,很多时候无法到达理想的预期,实为遗憾。

教育科学学院的温恒福院长、王为正教授、杨丽教授、姜君教授、崔英锦教授、周正教授、刘爱书教授等老师,在我博士学习期间和论文开题、预答辩过程中,都给予了我极大的指导和帮助。学院的陈少武、周丽威、赵建芳、李栋、喻聪舟、王雪等师兄师姐,在我考博、读博期间对我帮助颇多,在此一并谢过。博士生同学王枭、杜琳娜、常鑫、林琳、刘锦诺、张旭、孙葛佳、梁丹阳、杨斯博等人陪我一起度过了愉快的博士生活,不论是上课的紧张、复习的忙碌、写论文的郁闷还是发论文的无助;不论是一同徜徉在师大校园还是寝室夜谈,那些思想的交流和观点的碰撞,让我久久不能忘怀。

我的工作单位牡丹江师范学院教育科学学院的领导和老师,在我读博期间给予了我极大的支持与帮助,让我能够安心地完成学业。

宁波大学张宝歌教授、吴小鸥教授,首都师范大学石鸥教授,扬州大学的潘洪建教授,天津市老课本收藏专家李保田老师等人在文本资料的收集、研究方向的选取以及论文的撰写等方面对我提出了许多宝贵的意见,在此谢过。

我的父母、岳父母在我读书期间,虽已年迈,但仍不辞辛劳关心我的学业,帮助照顾孩子;我的爱人张磊更是既当爹又当妈,既要完成中学教师繁重的工作、还要操持家务带孩子,每当看到妻子劳累的身影我都深感愧疚,无以为报,只能不断学习,写出高质量的论文,早日完成学业;每当论文写至艰难之处,我都会放下手中的工作,陪儿子玩一会,看着他天真烂漫的笑容和开心奔跑的身影,所有的烦恼都在不知不觉间消逝,让我重新鼓足勇气面对下一阶段的阅读与写作。

郁闷时,除了陪儿子玩,我还会找朋友聊天、倾诉,诉苦之余心情也逐渐变好,感谢兄弟们的陪伴与倾听。

有人说"The best dissertation is a done dissertation."(最好的毕业论文就是写完了的毕业论文),我深知我的论文还存在诸多的不足,没有得到很好的解决,但历经了博士论文写作的全过程,我更能够体会其中的艰辛。不论是方向的选取、题目的提炼、材料的收集、文献的梳理、框架的设计还是内容的撰写,每一个环节都是对学术能力的一次历练和提升,特别是资格论文的撰写和投稿,更是必不可少的经历。同时,不可否认,作为一个博士生,经历了这些之后,才真正体会到博士学习的不容易,也更能珍惜这段不平凡的人生经历,让我能够更加淡定、从容地面对之后的人生旅程。

二○一九年三月

于牡丹江西山